鄒曉麗 編著

基礎漢字形義釋源（修訂本）

——《說文》部首今讀本義

中華書局

圖書在版編目(CIP)數據

基礎漢字形義釋源:《説文》部首今讀本義/鄒曉麗編
著. —修訂本. —北京:中華書局,2007.8(2025.8重印)
ISBN 978-7-101-05784-3

Ⅰ.基… Ⅱ.鄒… Ⅲ.説文-部首-研究 Ⅳ.H161

中國版本圖書館CIP數據核字(2007)第111979號

責任編輯：俞國林
責任印製：陳麗娜

基礎漢字形義釋源
——《説文》部首今讀本義
(修訂本)

鄒曉麗 編著

＊

中 華 書 局 出 版 發 行
(北京市豐臺區太平橋西里38號　100073)

http://www.zhbc.com.cn
E-mail:zhbc@zhbc.com.cn

北京新華印刷有限公司印刷

＊

710×1000毫米 1/16·16¼印張·4插頁·200千字
2007年8月第1版　2025年8月第13次印刷
印數:32001-33000冊　定價:58.00元

ISBN 978-7-101-05784-3

鄒曉麗

　　1937 年 5 月生，浙江鄞縣人。著名文字學家。現爲北京師範大學中文系教授，博士研究生導師。主要以文字、古音韵、語法及《紅樓夢》評議研究爲主。

　　出版專著有《基礎漢字形義釋源》、《甲骨文字學述要》、《傳統音韵學實用教程》、《古漢語入門》、《文字學概要》、《咬文嚼字紅樓真味》、《解語析言説紅樓》等。主要論文有《論許慎的哲學思想及其在説文解字中的表現》、《從説文解字部首的分類看許慎文字觀》、《説文解字 540 部首述義》、《從文化學的角度看漢字的史料價值》、《古漢語中幾種常見語法現象探源》、《漢語借詞規律探》等百餘篇。

甲骨卜辭

金文

漢太尉祭酒許氏記

銀青光祿大夫守右散騎常侍上柱國東海縣開國子食邑五百戶臣徐鉉等奉

敕校定

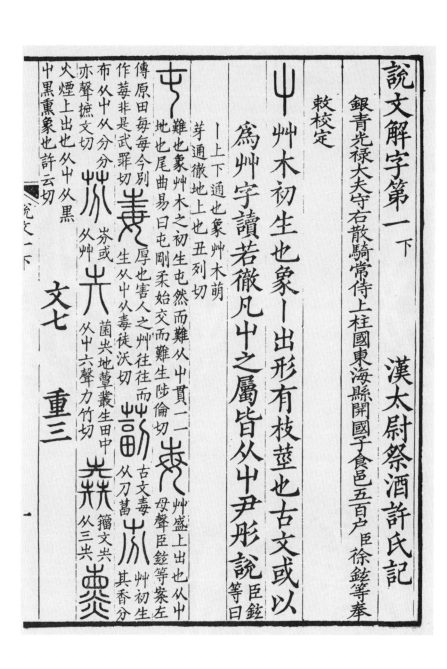

屮　艸木初生也。象丨出形，有枝莖也。古文或以爲艸字。讀若徹。凡屮之屬皆从屮。尹彤說。等曰：屮盛上出也，从屮母聲。臣鉉等案：左

丨　上下通也，象艸木萌芽，通徹地上也。丑列切

屯　難也，象艸木之初生，屯地也。尾曲。易曰：屯剛柔始交而難生。陟倫切

每　艸盛上出也。从屮母聲。臣鉉等案：左傳原田每每，今別作莓，非是。武罪切

芔　艸之總名也。从屮从分，分亦聲。撫文切

熏　火煙上出也。从屮从黑，屮黑熏象也。許云切

㞢　茮或从艸

茻　菌芔地薵叢生田中。从屮六聲。力竹切

毒　古文毒

萬　从刀萬从三芔，其香分

森　籀文芔

炎　从三芔

文七　重三

說文一下

目　録

修訂本前言

　　1980 年,遵俞敏老師囑,爲他老人家的音韵研究班(七九級)開設文字學課。"夫子有事,弟子服其勞",這在我來説,是應盡的義務。經過反復考慮,我提出從甲骨文、金文入手講授《説文解字》五百四十部首形源、今讀、本義。因爲《説文解字》是我國語言學史上第一部説解字義、分析字形、辨識音讀的字典,是學習、研究古文獻必讀的工具書,而其五百四十部首是全書的總綱,只有正確掌握了它們,才能駕馭它屬下的一萬零五百十六個字。所謂"正確掌握",就是必須以甲骨文、金文爲依據,肯定許慎的功績,指出其不足,糾正其錯誤。1981 年開課(七七級本科生隨班聽課),很受學生歡迎,系裏遂將之定爲本科生必修課。經過九年的講授,每年我都對講稿進行修改。1988 年底將講稿定名爲《基礎漢字形義釋源》,副題《〈説文〉部首今讀本義》,並於 1990 年 6 月由北京出版社出版。出版時啓功老師爲書名題簽,俞敏老師作序,還有師姐王寧作序,在序言中轉達已故陸宗達老師對我以及對該書的關心和鼓勵。由於有了教材,我講授文字課更加方便,於是用更多精力時間深入研究《説文》有關學科,如《周易》、《甲骨文合集》以及有關東漢哲學思潮等書。在 1990 年後的十幾年中,對原書的錯誤和不足都有補充修訂,並增加七十多個例字,在每年講課時向學生闡明,如對有的部首後所引"易"作了詳細講解,對"包"、"疋"等也作了具體講解,又爲"于"、"凡"、"方"等增補了甲骨文字形,特別是體現許慎哲學思想的數目字、干支字都有逐字逐句的講解。對這些修訂補充,學生們感到收穫很大,强烈希望能出版修訂本。由於原責編早已改行並離開了北京出版社,而我因患嚴重類風濕頑疾三十餘年,没有精力聯繫新的出版社了却出版修訂本的心願。現在中華書局願意給我機會爲本書重新修訂出版,實現我多年夙願,我深受感動,更要對書局領導和責編表示深深的謝意。

序　一

俞　敏

　　本書的作者是師大的畢業生，留校以後教古漢語。她曾經從陸穎明先生受《説文》，打下文字學的基礎。後來發願研究金文、甲骨。在學金文的時候，我曾經給她指點過門徑。甲骨文純粹是自學的。這本書的初稿我看過。原是照《説文》部首次序排的，每一個部首底下的注釋大致一樣多。有些該細説的話限於篇幅，只好略去。這一次定稿就大不相同了。打破《説文》部首原次序，參考了《卜辭通纂》等書重新分類。我正好眼跟手都不大得勁，看得不細，可是也足夠得出一個"面目一新"的結論來了。

　　1958 年夏天，因爲系裏"百分比"不够（後來知道最後比數是 51%），我也得着了外國高級政治領袖的榮譽——受人民群衆的監督。那陣子會議挺多。會麼，大概分兩種：一種是催眠的，一種是替煙草公司推銷的。在一個催眠性相當强的會上，我有點兒犯睏。作者悄悄塞到我手裏一個小紙條兒，上頭寫着"別打瞌睡"那一類字眼兒。這真叫我心裏熱乎乎的。從那以後，我跟作者的關係就比先前較近一點兒了。我萬分慶幸没碰上一個"血染頂珠紅"的人。其實身邊兒就坐着一位，只不過碰巧了他也正犯睏就是了，真是"間不容髮"呀！人跟人的關係哪兒能完美無缺。我有時冒犯過她，也正像她也有時候給我添了麻煩一樣，可是倆人都没紅過臉。

　　也許是接近了不祥之人的緣故吧——她也遇上了麻煩。當時我大概有點兒瘋了——我總覺着那一陣子全國人都瘋了，最輕的可相當普遍的症狀是犯官兒迷。她的愛人讓人關起來了，撇下她帶着一個常害病的孩子住在一座學生宿舍樓的西北角兒上。陰冷潮濕的環境寒透了她的心，也寒透了她的四肢。她得了一種極難治的病：類風濕。等我精神恢復正常以後，她的手脚已經變形了。這初稿正是用變形的手寫的。我看的時候常是"廢書而嘆"。我同情這個人的遭遇，更讚嘆她這頑强的生命力和精進的氣魄。

這個定稿是在更困難的條件兒底下寫的。她的病孩子犯了幾次大毛病，她自己連走道兒都爲難了。可是就在這個人生最不得意的時候她也没閑着。這個定稿就是在這個時候修改成的。這得有多大的毅力呀！

一般的序都是爲介紹書的内容纔寫的。从老祖師劉子政就這樣兒。這麽做當然能幫讀者的忙，可免不了帶着學者們自己的好惡。年頭兒多了就净剩下一片喝彩的聲音了。這一來，好些人養成一種不好可是可以原諒的習慣——看書从來就不看序——序就成了"贅"序了。我這篇序可是介紹作者的話佔多一半兒。這大概不合講作文法的專家們的心意，可是這是我心裏的話。學術見解可以有千差萬别，允許"各抒己見"。堅忍不拔的性格給人的印象可是深的不得了的。我就用這篇小文章把這個印象介紹出來，并且預祝作者不再接近不祥之人！

一九八八年五月三日

序　二

王　寧

　　鄒曉麗《基礎漢字形義釋源》一書終於能跟讀者見面了。這是一部很有閱讀價值的好書，又是曉麗在諸多艱苦條件下奮力完成的難得的書。曉麗是如何完成這部書的，我們的老師俞敏先生在他的序裏已經説過，老師對她爲人與爲學的評價是真切而公允的。面對着這部書，在讀過老師的序之後，我也有不可遏止的衝動，想把一些話向瞭解曉麗的朋友和不瞭解曉麗的讀者説出來。

　　記得是三年以前，我受曉麗之託把這本書的初稿拿去給陸宗達先生，陸先生饒有興味地看完後對我説：“曉麗的文字學水平當刮目相待。季剛先生説治文字學也當治金文甲骨，是一點也不錯的。”正是因爲這個原因，當曉麗向陸先生訴説自己修改這部稿子準備出版的想法，並請陸先生作序時，陸先生欣然應允，並且後來還時時想起此事，不止一次對我説：“給曉麗這本書寫序，就要談談治《説文》必須同時治金文甲骨的道理。”那時候，曉麗的類風濕關節炎已發展到骨骼變形，每一提及此事，陸先生總是感慨係之，希望爲曉麗做點什麽。曉麗的長子患病，當時在夕照寺的人大分校走讀，學校附近又沒有住處，陸先生四處寫信要給孩子尋一個可住的地方，每封信在介紹情況時都寫得十分動情，並且不止一次對我説：“多照顧曉麗一點，她很聰明，讓她多作點學問。”……現在，曉麗的書已經寫成，而陸先生卻離我們而去，不能再爲她的書作序了。但我想，陸先生在九泉之下也會希望我把他曾對我説過的這些話獻給曉麗這本書的。我的這篇序，不敢説是替陸先生盡責盡意，但傳達這些話，卻是我自己的盡責盡意吧！

　　我和曉麗在大學時就曾有過很深的交往，成爲同行後，有了更多共同的師友，關係更爲誠篤，在人情極大地輕於利害的今天，互相理解的同窗與不相輕傾的同行都是難得而又難得，何況，在文字學上，曉麗也是我的老師。我開始學習金文甲骨很晚，那是因爲我工作了二十多年的青海師範學院，在粉碎四人幫以前，有關古文字的資料比較難找到。1979 年，我來師大進修，除虔誠地跟俞敏先生學習音韻外，還一心想跟俞先生學習金文。但那時俞先生没有親自開文字學，而是囑咐研究生去聽曉麗的課。這樣，我便也去聽曉麗的課，她當時講的就是這本書的題目和材料。曉麗開這門課雖遇到很多障礙，但却很受學生的歡迎，有的學生甚至放棄必修課偷偷來聽。每次下課，講桌前總有人圍着問問題，也總有一兩個人自願而耐心地站着等，等她回答完問題後用自行車送她回去。曉麗是那樣無私而盡責，甚至肯把自己分析字形的卡片整批地借給别人去抄。這些都使我深深感動。我常想，如果没有曉麗那門課墊底，我後來學習古文字，便不會那麼順利。因此，我總是引她爲我的老師的。

近一二年來，我親眼看見曉麗修改、整理和鈔寫這部書稿。她的手變形已很嚴重，家裏負擔重，工作上又有不少讓人心煩的事。但她一有空就坐在那裏，哪怕是寫一兩行就要間斷，她也不放棄那一點時間。每到她家裏，看到她坐在臨窗的小課桌前寫書，那只富有靈性的小猫在身後體貼地靜靜爬着，便使我産生一種静謐的安適感，又使我體驗出一種充溢的勇與力，有時甚至會催我落泪。是的，世間不論有多少不平，人生哪怕有再大的艱難，我們總要做一點事，也總能做成一點事。曉麗在做，而且能够做成；我們就更應當做，也更能够做成。

這本書是運用古文字材料來探求《説文》部首的本義並註明其今讀的。《説文》是一部極有研究價值的書：它顯示了小篆字系，證實了早期漢字的形義統一關係，奠定了以形索義的訓詁方法，在漢字規範上給後人很多啓示。它與甲骨、金文不屬同一文字體制，不必要求它與甲骨、金文處處相合。但是，説到探求本義，追尋原始造字的意圖，它的局限就很大了。許慎看到的文字距造字初期已經較遠，許慎採擷的詞義是五經詞義，就漢語的發生説來，也比較晚。所以，《説文》所釋的本義很多是不妥當的。不過，對於爲數較少、體系尚不成熟的古文字，又需靠《説文》作橋樑來辨識。本書抓住《説文》部首這個綱，用古文字來核證《説文》本義，把《説文》整體系統成熟和古文字構形意圖明確這兩方面的優越性結合起來，在漢字形義探源方面，確實是科學而有效的方法。

自從《説文解字》用 540 個部首統帥了 9353 個漢字從而顯示了小篆字系以來，它便權威地影響了後代的漢字，隸變也好，楷化也好，從總體來看，都離不了小篆字系的基本規模。《説文》部首是篆文的基礎構形材料，是認識漢字形音義的綱，弄清這批字料的源流，不論對研究古漢語、古漢字，還是對研究現代漢語、現代漢字，都是最基礎的工作。曉麗的這本書，把漢字與漢語的很多基本理論，融會到對漢字形音義扎實的考據與淺近的闡釋之中，既用基礎漢字來統帥漢字字群與字系，又用合體字來反證基礎漢字的形音義。讀過這本書後，同行們會發現它總體構思的優長；語文工作者不但會得到許多準確而方便的資料，還會得到漢字與漢語教學法方面的諸多啓示；其他行業的讀者，也會對自己經常使用的漢字，產生一種別有洞天的新鮮感。我相信，這部書會是雅俗共賞的。

不論是從曉麗寫書的精神出發，還是從曉麗這部書的實際價值出發，我都衷心地希望，這部書能盡快印出，順利發行，並擁有更多的讀者。

一九八八年五月十八日

叙　例

一、本書所説的"漢字基礎字",指《説文解字》的五百四十個部首。《説文解字》不僅是我國第一部説解字義、分析字形、辨識音讀的字典,而且第一次按系統整理了漢字,顯示了漢字字系的特點,突出了漢字的表意性能,爲確立以形索義的漢語詞義研究方法奠定了基礎。《説文解字》的部首不僅是爲了查檢,而且是許慎確立的基礎字,也就是説,全書所收的一萬零五百一十六個形體,都是由這批基礎字再度組合而成的,它們的本義,也都與這批基礎字的意義直接或間接相關。因此不論從掌握漢字的形體結構來説,還是從掌握古代文獻的詞義來説,以五百四十個部首字爲綱來講解漢字,都是既科學又便捷的方法。

二、本書依類編排,按五百四十部首的意義,分爲七個大類、二十四個小類:

第一大類是"以人體爲内容的部首"共 197 個。

許慎在《説文解字·叙》中論及古人字形來源時,引用了《易·繫辭》的話,説"近取諸身,遠取諸物"。這是因爲"身"是所有人都熟悉的,易爲人們理解接受。文字本是交流思想感情的工具,彼此熟悉、易於理解接受才能互相溝通。這是文字形成的基本出發點。197 個部首又分爲六小類。首先是與人形體有關的部首 83 個;然後是一些具體部位,它們依次是頭(頁)、目、口、手、足,共五小類。

第二大類是"以器用爲内容的部首"180 個。

"器用"在人類活動中佔有極重要的地位,故在文字中有相應的表現。它們又可分爲七小類。因爲古時祭祀和打仗是生活中十分重要的内容,描摹它們的文字很多,故將其單獨分列。其次則是衣、食、住、用共四小類。另外還有 29 個與器用有關的其他部首爲第七小類。

　　　　動物、植物、自然界都和人類的生存息息相關，在《説文解字》中的有關部首共 129 個。其中動物類 61 個、植物類 31 個、自然界類 37 個，它們分別爲第三、四、五大類。

　　　　最後兩大類是以數目字和干支字爲内容的。數目字、干支字的説解，集中表現了許慎儒道互爲表裏的哲學思想，對這兩部分字的講解，除了幫助讀者瞭解其形音義以外，還兼有使讀者明瞭許慎哲學思想的作用。因此，在講法上與前五類有所不同，着重對《説文》説解原文加以闡釋，並注意數目、干支字的横向聯繫。由於比較抽象，所以置於最後。

三、本書在講解五百四十部首時，下設一部分例字，這些例字是與部首字的形、音、義分別或綜合相關的，既是爲了印證部首字的講解，又是爲了在部首的統帥下幫助讀者掌握更多的古代漢字。這些例字中有一部分在《説文解字》本書中不列在本部首下，不是所講部首的所屬字。

四、鑒於《説文解字》所收字形與字義已不是最早的形義，爲了將字形恢復到更早的狀態，以便科學地分析它的本義，本書大量引用甲骨文、金文、竹簡、印璽等古文字字形，並註明歷史分期，以利讀者辨識。

五、本書在説解部首字及例字時，遵循以下原則：

1.努力展現對古人生活、思想的宏觀認識。

2.努力展示許慎的哲學思想和文字觀。

3.努力使讀者對構成漢字字形的基礎成分有明確的認識。

4.努力溝通《説文解字》和其他古文字學工具書之間的關係，爲讀者進一步查閲諸如《甲骨文編》、《甲骨文字集釋》、《金文詁林》、《常用古文字字典》等打通渠道。

六、本書的書寫格式及所用符號、簡稱的含義如下：

1.置《説文解字》部首爲條首，先出小篆字形，以下括號内依次爲楷書字形，現代讀音，《説文》卷次、部次。讀音按錢玄同《説文部首今讀》，將錢氏所用註音符號改爲拼音字母標出。

2.《文》下所引爲《説文解字》對此部首説解的全文（依大徐本，省去“凡
　×之屬皆从×”的例辭）。

3.【按】下先引出古文字字形及分期，再列本書作者對部首字形義的闡
　釋，如設例字，＊下即是對例字的講解。

4.甲骨文字形後所注“×期”，係按董作賓《甲骨文斷代研究例》提出的
　五期分法，標明其屬於何期。金文則註明“商”、“西周早期”、“西周
　中期”、“西周晚期”、“春秋”、“戰國”等字樣標明其歷史分期。

七、本書書後列有三則附錄。

　附錄一、甲骨文分期表。

　附錄二、金文分期表。

　附錄三、筆畫檢字表（收入《説文解字》部首與例字全部字形）。

一、以人體爲内容的部首

與"人"形有關的部首

尺（人，rén，八，287）

《文》："天地之性最貴者也。此籀文，象臂脛之形。"

部下收字 244＋重文 14＋部首共 259 字。

【按】甲文 ㇏ 一期　㇀ 三期　金文 ㇀ 西周早期　㇀ 春秋

一人側面之形。先秦古籍中指貴族，如"國人"即指國都中的貴族（請結合"民"、"臣"的説解來看）。又如《史記·夏本紀》："皋陶曰：於，在知人，在安民……知人則知能官人，能安民則惠，黎民懷之。"（三九，34 頁）人，貴族爲官者。作偏旁時在左爲"亻"、在上爲"人"或"勹"。

例字：

保。甲文 ㇐ 一期　㇐ 一期　㇐ 一期　㇐ 一期（子在"人"的左右上下）

金文 ㇐ 商

*　人抱幼子之形，故有保護、保全等意思。此字《甲骨文編》以爲"仔"。

企。甲文 ㇐ 一期　㇐ 一期（18984 反）

*　唐蘭以爲是"人"的變體。多數人以爲是人直立之形，故字形上從"人"，下從"止"，所以稱直立行走的鵝爲"企鵝"。《説文》："舉踵也。"故或以爲字形是人踮起脚直立之形，這是一種渴求得到某種東西的姿態，故"企求"、"企望"等從"企"得義。"企業"即站

立起來的事業。

介。甲文⚝一期　⚝一期

＊象古代武士身穿鎧甲之形。古代武士的鎧甲爲一片片皮革綴成，所以字形上用"點"(⚫)表示。因爲鎧甲是硬的，所以甲蟲的甲也叫"介殼"，人身上長的硬痂瘡也叫"疥"。裘錫圭《古代文史研究新探》297頁説，卜辭中(枲)指直系，介指旁系。如"⚝出于⚝⚝⚝"(貞侑于多介兄)"⚝⚝⚝⚝⚝出"(于父乙多介子侑)，故"介"有"副"義。文獻中使者之副稱介，副卿稱介卿。又《禮記·曾子問》稱庶子爲介子·故"介子"、"介兄"爲諸庶子、庶兄。又，介即人身邊許多旁系。⚝爲指事符號。

　　從語音上考察，"介"就是"个"(介，見月入，"个"，見歌去，歌月對轉)，這在周代文獻中有不少例證。如《左傳·襄公八年》："亦有一介行李告於寡君"，這個用法到唐代還保留着，如"一介書生"(王勃《滕王閣序》)。

甸。金文⚝西周中期　　⚝西周晚期

＊佃、甸古同字。人居於有田地之處，今東北有的地方稱村落爲"甸"。甲、金文中多指邊遠地區。或以爲人在田上(種地)也稱"佃"。

⚝(儿，rén，八，311)

《文》："古文奇字人也，象形。孔子曰：儿在下故詰詘。"

【按】奇字，王莽時六書之一。奇字是根據戰國時代齊、楚、燕、韓、趙、魏這六國文字加以改變而成。"儿"是"人"的變體，作偏旁時在下，如兒，⚝甲一⚝甲一，頭頂有囟門的小兒形。古兒、倪同字，今天吳語區讀"兒"爲"ní"，"霓"、"蜺"等字以"兒"爲聲旁。

⚝(勹，bāo，九，343)

《文》："裹也。象人曲形有所包裹。"

甲文 ⌐ 一期　　ʔ 一期　　⍭ 一期　　卜辭爲北方神名。《合集》5 册14295"辛⍭⍰⍰柔于⍭才曰⌐⍰⍳曰⍳⌐⍩"（辛亥卜内貞帝于北方曰勹風曰伇幸）。

【按】"人"的變體，許説非。于省吾以爲是"伏"的初文，周代金文匍、匐、匊、匌、匔等从之。于説爲是，如"鬱"，甲文 ^糸、^糸、^糸、^糸三期　　金文 ^糸西周早期，中間从"**夆**"或"**攴**"，均象一人踏在一伏者背脊之上，从被踏者的角度看，其心境當然是鬱悶、憂鬱的。而"**勹**"即"勹"，故可證明"勹"是"伏"的初文。又，商代金文"伏"作"**夆**"（《説文》："伏，司人也"），故知"勹"可能是"伏"的初文、簡體。《正字通》："勹，包本字。""包"《説文》："象人懷妊，巳在中象子未成形。"《甲骨文字典》1018 頁：勹，"是包之初文"，"勹、包形近義同，許慎强爲之二"。

例字：

軍。金文 **軍**春秋　　**軍**戰國　　**軍**戰國

　　＊周代戰爭，兵車爲主（如千乘之國），宿營時，將兵車車轅向裏圍成一圈作爲屏障，故"軍"从勹从車，戰國時還有从"勻"得聲者。本義是"駐扎"，後來又作名詞軍隊的"軍"。甲文中無"軍"，證明車戰始於周代（東周）。

Ϥ（匕，huà，八，288）

　　《文》："變也。从到（倒）人。"

【按】王筠："此變化之正字。"可信，因爲（化，甲文 **ϯϥ**一期　　**ϯϥ**一期）變化之大莫過於倒轉（倒行逆施），故取人形倒轉以表示變化之意。段注："凡變匕當作匕，教化當作化，許氏之字指也。今變匕字盡作化，化行而匕廢。"

⌐（匕，bǐ，八，289）

　　《文》："相與比叙也。从反人。匕，亦所以用比取飯。一名栖。"

牝。**牝**、**牝**、**牝**、**牝**、**牝**均甲一

牡。牡、牡、鬱、𤘈、牡 均甲一

【按】古"牝"作"匕"。

甲文 匕 一期　匕 三期　金文 匕 商　匕 西周早期　匕中 西周晚期

因甲文不拘方向的反正，故"匕"（huà）、"匕"（bǐ）在甲文中本爲一字，後來才分化：反向爲匕、正向爲匕（huà），小篆中匕（huà）、匕（bǐ）的形體已不按方向的正反劃分，而是匕（huà）的人形向上，匕（bǐ）的人形向下。

反向的"匕"有三個含義：一是人側立向内裏爲"匕"，即與左向的"匕"（貴族）相反而面向右。匕，在卜辭中代表已逝的祖母及祖母以上的女性（不包括逝去的母親，稱逝去的母親爲後起），後來才把"匕"寫成"牝"。又，"匕"加"牛"則成"牝"（雌性的動物）、加"十"成"𣎑"（後寫作"鴇"，鴇鳥），故知"匕"爲女性是其本義，名詞；二是向裏則有反人之道而行之意，如"比周"的"比"。三是"匕"當"飯匙"解。段玉裁："常用器曰匕（牛馬骨），禮器曰栖。""栖"一般不用牛馬之骨，而是用犀牛之肋骨做成，以解食物之毒，取袚除不祥之意，故从簋、毀爲用。故"匙"字从"匕"。又1973年浙江餘姚河姆渡（新石器時代）遺址出土骨匕，刻紋精美（《中國文化精要》94頁）。

從《韓非子》看，食物用箸晚周已盛行，可能始於商末（丁山《商周史料考證》178頁）。

例字：

甚。金文 甚 西周中期

* 从甘从匕，即甘於女色（沉緬於女色）。如《老子》"是以聖人去甚、去奢、去泰"，這"去甚"即聖人應除去（或離開）沉溺女色之事。甚，色情過分，故有過分、盛、極點之義。如湛（zhàn）藍、戡（刀兵盛）、堪（地突出，引申有忍受、經得起、能够、可以等義）、諶（通"忱"，誠信到極點）。小篆中"甚"誤爲从匹从甘。

𠃊。🦅甲

以匕取香鬯（chàng），證明"𠤎"（柶）是禮器。

Ϝ（氐，shì，十二，449）

《文》："巴蜀名山岸脅之自，旁箸欲落壔者，曰氐。氐嵋聲聞數百里，象形。乁（dài）聲。揚雄賦：響若氐隤。"

《玉篇·氐》："氐，巴蜀謂山岸欲墮曰氐，崩聲也。"

《文源》（林義光）："本義爲根柢。姓氏之氏亦由根柢之義引申而來。"

文獻：①《左傳·隱公八年》："天子建德，因生以賜姓，胙之土而命氏。"②《白虎通·姓名》："氏，貴功德。"③《日知録》："姓氏之稱，自太史公始而爲一。"

【按】甲文Ϥ一期　Ϝ一期

衆說紛紜。郭沫若"匙形"說爲較多的人所採用。字形解析：𝝈，圓形爲匙，後半邊（丿）其提，𝝈下的"丨"是匙柄。闕疑待考。

Ϫ（氐，dǐ，十二，450）

《文》："至也。本也。从氏下箸一。一，地也。"

【按】甲文Ϥ一期　Ϥ三期　金文Ϝ戰國　Ϫ春秋石鼓

衆說紛紜。如華石斧、王襄：通作"地"；郭沫若："挈"之初文；唐蘭：通假爲"提"；商承祚："氐羌之"氐"；于省吾："致"之本義……《漢語大字典·三·2130》：氐，人提物之形；王宇信：卜辭"氐"即致送、進貢（《甲骨文通論》104頁）。如Ϫ（有來自南氐龜─有從南方貢龜）。卜辭中載貢龜共491次，凡貢12334版。當時龜主要產自南方，最大者與今馬來西亞產龜同。

⊗結論：人提物之形。總之，考之字形，象人側立、手有所提挈之狀，故初義應爲"提"或"挈"，唐蘭、郭沫若之說較確；考之卜辭，卜辭中屢見，如"王貞，Ϥ其十牛"作"提"、"挈"亦通。《爾雅·釋言》："柢，本也。"故氐是柢的本字。章太炎《小學答問》："氐爲山岸脅旁著欲落墮者，氐則謂其岸根著地。”

因字形與“氐”相近，不少學者（如魯實非、黃約齋等）以爲“氏”、“氐”同，恐非。

尺（久，jiǔ，五，204）

　　《文》：“从後灸之也。象人兩脛後有距（矩）也。周禮曰：久諸牆以觀其橈。”

【按】甲文 尺 五期　戰國簡 尺

楊樹達《積微居小學述林》：“字形从臥人，人病則臥床。末畫象以物灸。長久爲假借義。”

詹鄞鑫：“灸”之初文。卜辭中表示祭祀或刑法中炮烙之法。字形是炮烙之具“銅格”的側視圖，出土的銅格（見下圖）。斗内的短畫可能是“六書”中的指事符號，指出銅格用於人肉或牲肉的部位在斗而不在柄。

弓（卪，jié，九，338）

　　《文》：“瑞信也。守邦國者用玉卪，守都鄙者用角卪，使山邦者用虎卪，土邦者用人卪，澤邦者用龍卪，貨賄用璽卪，道路用旌卪。象相合之形。”

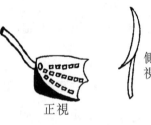

正視　　　側視

【按】甲文 弓 一期　弓 一期

“人”的變體。屈翼鵬以爲“跽”之初文。楊樹達以爲“郄”之初文，引申有“節”義。許慎之説爲後起的假借義。

号（印，yìn，九，339）

　　《文》：“執政所持信也。从爪卪。”

【按】甲文 号 一期　号 一期　金文 号 西周晚期　　号 春秋

一手揪住一人。一是從用手的人的角度看，是“印”，動詞，故羅振玉説“印”訓“按”、“止”，許慎之説爲後起義；二是從被揪的人的角度看，是降服。古“㐆”、“服”、“印”同源，“㐆”、“服”同字。“㐆”、“服”，甲文 号 一期　号 五期

金文 **𦥑** 西周早期　　**𦥑** 西周晚期　　**𦥑** 西周晚期，字形象一手撖住一人，手在前（印）、手在後（服）本無區別，後來才分化成爲兩個字。又，"服"在甲文五期和金文中都從"㇇"加"舟"（月）而成。這是因爲古人爲避洪水灾害，一個部落常聚居在一個山頭，而兩個山頭（即兩個部落所居之處）之間多有水，捉住俘虜要過河才能回到自己的山頭，故"服"從"舟"，後"舟"訛變成"月"。又"報"所以從"㇇"，是報告抓住俘虜、打勝仗。如報喜或報喪。

奴隸制時代，奴隸主的權力是絕對的，所以印信符節不發達。春秋時諸侯兼併，要求各級官吏的職權更明確，因此，私人地位的提高使官印、私印逐漸流行起來、重要起來，所以許慎的説法是後起義。也就是説"印"作名詞是後起義。

𫩏（包，bāo，九，344）

《文》："妊也。象人裹妊，**𠤢** 在中，象子未成形也。元氣起於子；子，人所生也。男左行三十，女右行二十，俱立於巳爲夫婦。裹妊於巳，巳爲子，十月而生。男起巳至寅，女起巳至申，故男年始寅，女年始申也。"

【按】從巳（胞胎）從勹（包裹胎兒的膜），勹亦聲。或説爲會意字。許慎説解的意思是：十二地支由"子"開始，男的左行數到三十，停止於"巳"，女的右行（即倒序），由子亥數到二十停於巳，於是可有"子"（見下圖）。

○男→　　　　三十
○
子丑寅卯辰巳午未申酉戌亥
△女←　　　　△
二十

又，"男左行……女右行"也是爲"**𠨍**"、"**𠨋**"作了注解；**𠨍** 指男子，字形面向左；**𠨋** 爲女子，字形面向右。直至今天仍有"男左女右"之説。胎兒（巳）生下來有了呼吸稱爲"子"，故"巳爲子"證明字形"巳"是"子"的變體。

大（大，dà，十，389）

《文》："天大地大，人亦大焉。象人形。古文 ⋔ 也。"

【按】甲文 大 一期　　金文 大 西周晚期　　⋔ 戰國陶

容庚："象人正立即成年男子之形，大、才爲一字。"兩手兩腿張開，顯得身體大，故卜辭中又引申爲形容詞大小之"大"。作偏旁可在上，可在下，亦可在中間。經典中作"泰"、"太"。

例字：

儒（濡）。甲文 大 一期 大　　金文 需 西周早期 需 西周早期

　　＊象人沐浴齋戒敬神之形。金文後訛爲"需"，需被借爲"需要"之意。把沐浴净身作"濡"。後重禮儀之學派名爲"儒"，則在"需"加"亻"旁。

夸。甲文 夸 三期　　金文 夸 西周早期　　戰國陶 夸

　　＊從"于"（亏、于同，見"于"字説解）從大（人）。"于"，人出氣（聲氣）之意，故有夸口的意思。"夸"，"大"作偏旁在上。

央。甲文 央 一期　　金文 央 西周中期

　　＊⊓象門框，人立於中央，故中央爲本義。或説字象人戴枷形。"殃"之本字。引申有中央意（《甲骨文字典》595 頁）。或説人擔扁擔形，因扁擔在中央，故當"中央"講（王延林《常用古文字字典》302 頁）。《説文》："一曰中央，一曰久。"作偏旁"大"在下。

夾。甲文 夾 二期　　金文 夾 西周早期

　　＊兩人夾住一人之形。"大"在中間。

删。（見本書 138 頁）

乘。（見本書 73 頁）

介（才，dà，十，402）

《文》："籀文大，改古文。亦象人形。"

【按】王筠："籀文大。形雖小變，意仍不變。而從之者如奕、獎、奚、

奰,隷皆从之。"

"才"是"大"的籀文,作偏旁時多在下。

例字:

奚。甲文 一期　三期　金文 商　商

* 奴隷頭頂重物之形;或奴隷被縲絏之形。吳大澂《字説·奚》:
"文象人戴數裏形。今朝鮮民俗負戴於道者,男子多負,婦人多
戴,童僕亦有戴者,猶有三代遺風。故女奴爲奚,童僕亦稱奚。"
郭沫若《釋臣宰》:"奴隷本來自俘虜,故奴隷字多有縲絏之象。
奴从又,童、妾、僕从辛……卜辭有奚字作 、 等形,其爲縲絏
之形尤顯著。"

夰(夰,gǎo,十,401)

《文》:"放也。从大八;八,分也。"

【按】"大"(正面的人)立於"八"(基礎)之上,故有高大或遼遠之意,居
高則望遠,則此二意亦可通。

夨(夨,zè,十,391)

《文》:"傾頭也。从大,象形。"

【按】甲文 一期　四期　金文 西周早期　西周晚期
將頭傾斜(向左向右均可)是身體不正的姿勢,故有"不正"之意(參看
下面"夭"部)。

例字:

吳。甲文 一期　金文 西周早期　西周中期

* 从口从夨。古代大聲説話叫"吳",因大聲喧嘩不合規矩,是"不
正"的一種現象。故字形从夨从口。如《詩·周頌·絲衣》:"不
吳不敖。"又如《世説新語》:"桓玄問羊孚,何以共重吳聲。羊曰:
當妖以浮。"故"娛樂"非正聲。

夭(夭,yāo,十,392)

《文》："屈也。从大，象形。"

【按】吳式芬、許印林等以爲"矢或云夭"。故"矢"、"夭"本爲一字，後來分化成左傾頭爲"矢"，右傾頭爲"夭"，均爲不正的意思。如夭加"女"成"妖"，"妖"不是正神，亦爲不正之意。如《吕氏春秋·慎大覽三》："武王勝殷，得二虜而問焉。曰：'若國有妖乎？'一虜對曰：'吾國有妖，晝見星而天雨血，此吾國之妖也；一虜對曰：此則妖也，雖然，非其大者也。吾國之妖甚大者：子不聽父、弟不聽兄、君令不行，此妖之大者也。'武王避席而拜之。此非貴虜也，貴其言也。"又，對字形容庚以爲"矢象頭之動作，夭象手之動作，故奔、走从，甲文作"可備爲一說。

（交，jiāo，十，393）

《文》："交脛也。从大，象交形。"

【按】甲文一期　四期　金文西周早期　春秋

"大"（正面的人）的兩腿左右交叉，故本義是交叉。

（尣，wāng，十，394）

《文》："尫也。曲脛人也。从大，象偏曲之形。"

【按】金文商（夨馭毁）

象一人一手舉重物時身體傾斜而一腿屈曲之狀。字形即"大"字屈一捺而成"尣"，是曲腿的通稱。王筠："介（尣）隸作尪，跛也。从大而一足。"

例字：

尷尬（尲尬）。

　　*《說文》："行不正也。"即从"尣"得義，从"監"、"介"得聲。今吳語
　　區此二字的讀音證明"尷尬"是形聲字。

（夫，fū，十，403）

《文》："丈夫也，从（大的籀文）一。一以象先（簪，首笄）。周制八寸爲尺，十尺爲丈，人長八尺，故曰丈夫。"

【按】甲文一期　金文西周早期　西周晚期

趙誠:古人當兵,身高必須達到一定的標準,而年齡則不限,如《左傳》載"二毛"(花白頭髮者,其髮有白有黑,故稱二毛)亦可當兵。故"夫"指一定高度的男子。或説男子成年束髮加冠才稱丈夫,故字形爲人頭上加簪束髮之形,亦可。總之,當指成年男子。

Ⅲ(从,cóng,八,290)

《文》:"相聽也,从二人。"

【按】甲文 ⅠⅠ 一期　⅃ 三期　金文 ⅠⅠ 商　ⅠⅠ 西周中期

卜辭中"从"、"比"同字。後來二者在詞義與語法作用上出現區別,"从"象二人同向外走,故有一人跟隨一人,即隨从的意思。

Ⅲ(比,bǐ,八,291)

《文》:"密也。二人爲从。反向爲比。 林 古文比。"

【按】甲文 ⅠⅠ 一期　金文 ⅠⅠ 西周中期　戰國陶 ⅠⅠ

卜辭中"比"用爲"妣"。後"比"有二人同向内走(从二匕)以示親近之意,如"比周"就有結黨營私的意思。

Ⅲ(北,běi,八,292)

《文》:"乖也,从二人相背。"

【按】甲文 ⅠⅠ 一期　金文 ⅠⅠ 西周晚期

二人相背(即許慎説的乖戾之"乖")是"北"。所以戰鬥中,失敗的一方轉過身去逃跑稱爲"敗北"。

ⅠⅠ(卯,qīng,九,341)

《文》:"事之制也。从卯卩。闕(段玉裁:指闕其音)。"

【按】二人相向對食,即"卿"字,見下面"嚮"字解,此二字實爲一字。

嚮(嚮,xiàng,六,230)

《文》:"鄰道也。从邑,从㕥。闕(段注:缺其音)。"

【按】甲文 嚮 二期　嚮 三期　金文 嚮 西周晚期

　　"𨛜"又作"鄉"、"𨠁",是二人相向對食之形。後來在"人"的頭上加"乚",即天子六卿之"卿"(每鄉之長稱卿)。又,王筠以爲從二邑是"巷"的本字,恐非,"巷"爲"𨛜"(戰國印作𨛜)非正反兩個"邑"字。

㣇(仸,yín,八,294)

　　《文》:"眾立也。從三人。讀若欽崟。"

　　【按】眾(众)甲文作𠈌一期　𠈌二期　𠈌四期

　　郭沫若:象多數人在太陽下從事工作,童(僮)、種、豪、農、奴、辱等字是聲相轉而義相襲的。因爲用來耕田的人很多(《詩·商頌·臣工》"十千維耦")故有眾多的意思;又,趙錫元:"眾",是商的族人。商是父權制家族公社組織。族眾的任務是種田、打仗、貢納、徭役,但也可參加祭祀,故雖是被壓迫者,但非奴隸,因此𠈌是太陽光照耀下的廣大人群。此説亦可參考。字形變化:㣇→𠈌→眾。

例字:

　　聚。戰國簡𦱫

　　　*從乑、取聲。或"取"亦意。"聚",奴隸,這是本義。如枚乘《上書諫吳王》:"禹無十户之聚,以王諸侯。""聚",在這裏是奴隸的意思。至於動詞"聚"則較後起。

𠂙(身,shēn,八,298)

　　《文》:"躬也。從人。𠂤省聲。"

　　【按】甲文𠂙一期　𠂙一期　𠂙一期　金文𠂙西周早期　𠂙西周晚期　𠂙春秋　戰國盟書身

　　象婦人有妊之形,今天尚稱有身孕的婦女爲"有身"。或以爲大腹便便的男子的側形,即有身份的貴族。我以爲後説爲確,因爲甲文中有"孕"字,作𡥀一期　𡥀四期等形。又,甲文一期"腹"作𠂙從𠂙,復聲。卜辭"癸酉卜爭貞,王腹不安無延"(《合集》5375),"王"爲男子,故知"身"主要作有身份的貴族講，下面的"月"的説解更證明了這一點。"身"當婦女"有身"爲後起義。

殷（月，yī，八，299）

　　《文》："歸也。从反身。"

　　【按】郭沫若："从卜辭看，殷人始終自稱商而不稱殷。周初銅器銘文中才有殷（殷殷殷西周中期）。起先用'衣'字（卜辭中一個地名，商王畋獵處），後才稱殷。"

　　周金銘文中所以訓"月"爲歸依的歸〔《説文》"月"部只收了一個"殷"字；殷，作樂之盛稱殷，从月、殳，《易》曰"殷薦之上帝"（《説文》）。段注："《豫》象傳：'雷出地奮，豫，先王以作樂崇德，殷薦之上帝以配祖考。'鄭注：王者功成作樂……祀天地以配祖考者，與天同其功。""豫"爲《易》第十六卦名，卦辭"建侯行師"正説明"殷"的字形加"殳"（攴，pū）〕，是因爲殷是被周滅亡的，當然要歸依周人。字形是"身之反"，即貴族的（方向）身份已經反過來向周稱臣了。正如郭沫若所説："楚人不自稱荆，別國因故慍才稱他爲荆，正如中國人決不自稱支那、朝鮮人決不自稱高麗一樣。"所以，"月"在周初，字形是"身之反"；讀音爲歸依的"依"，字義是"歸"（歸順），正是這一歷史現象在文字中的反映。《説文解字》保存了這一史實，是極其可貴的。

　　"殷"則有二引申義：一是盛大，即周人滅商後舉行崇德祭天祭祖的盛大典禮；二是"殷紅"，指商人之鮮血，更引申有"殷切"之義。

民（民，mín，十二，445）

　　《文》："衆萌也。从古文之象。　古文民。"

　　【按】金文　西周早期　　西周晚期　　春秋

郭沫若《釋臣宰》："甲文中還没有民字或从民之字。"康王時盂鼎首見。鄒："我以爲是'盲'之初文，象目中着刺，可能古代奴隸刺盲一目（左目），現在廣東還有盲妹。"始皇喜聽高漸離擊筑，即刺瞎其目，可證。陸宗達老師以爲是手足戴桎梏的奴隸(小篆)，來源多爲俘虜，文獻可證：①《矢令毁》："(王姜嘗令)貝十朋、臣七家、鬲百人。"②《左•定四》："殷民六族"、"殷民七族"、"懷民七宗"賞功臣，知奴隸以家、族計。此風沿至清，《紅樓夢》中奴隸也世襲：鴛鴦"家生子"；小紅可送人。如襲人(賈母—湘雲—寶玉)；晴雯(賈母—寶玉)；紫鵑(賈母—黛玉—惜春)。又，最早對俘虜中不服者是殺，或作人牲。卜辭中有殺人 1000 至 2000 以上者，祭祖殺羌數百人；後生産發展，才刺一目爲勞動力，任務之一是種田。

　　總之，學者們均認爲"民"是奴隸。由此可知古代"人"、"民"二字是有區別的，如《墨子•尚同》："古之生民，不設正長，百姓(有官職封邑的貴族才有姓)爲人，一人一義、十人十義、百人百義、千人千義，逮至衆人之不可勝計，義亦不可勝計……"又如《書•酒誥》："人無於水監，當於民監"〔這句話的意思是：貴族不要用水作自己的鏡子，應當用"民"(奴隸)的馴服與否當作自己行爲對與不對的鏡子〕，足見"人"爲貴族，"民"是奴隸。所以《曹劌論戰》："'衣食所安，弗敢專也，必以分人。'對曰：'小惠未徧，民弗從也。'"人，近臣；民，百姓，故説"未徧"。又，古民(明紐真韻)、盲、萌(均明紐陽韻)每通訓(因均明紐、雙聲)，亦證明郭説確。

　　郭沫若《釋臣宰》："殷文無民字"、"疑民人之制始於周人"。《盂鼎》首見。到了唐代，因避太宗皇帝李世民諱，將古書中的"民"改成"人"，唐以後，又改回去，"人"、"民"二字之義遂有混淆之處。

(臣，chén，三，85)

　　《文》："牽也。事君者。象屈服之形。"

　　臣，禪紐真韻；牽，溪紐真韻。故爲疊韻訓"事君者"爲後起義。本義爲奴隸。見"民"字説解。

【按】甲文一期　三期　四期　金文西周早期　西周晚期

　　此字説解歷來紛紜，如王筠：人跪拜之形；梁啓超：稽顙肉袒之形；馬叙倫：被縛之人……

　　郭沫若在《釋臣宰》中，把"臣"、"民"二字作了比較："臣民均古之奴隸，宰亦猶臣……蓋民乃敵虜之頑强不服命者,即忠於敵族而不甘受異族統治者之遺頑,而臣宰則其中携貳者。古人即用其携貳者以宰治其同族……相沿既久,則凡治人者稱臣宰,被治者稱庶民。"對字形的説解,郭沫若説:"臣民均用目形爲之,臣目竪而民目横、臣目明而民目盲。"以"鑑"之字形證明:

人俯首時,目呈竪形。鑑(監)🖼甲一　🖼甲三　🖼甲四　🖼周早金文。

　　我以爲郭説爲確,俗話説,眼睛是心靈的窗户,今天北京人把不馴服叫"横(hèng)",所以不馴服的奴隸的眼睛也是"横"的,而柔順者則目光下視、不敢瞠視主人,故"臣"把眼睛畫成直的以示眼光柔順。又,于省吾《甲骨文字釋林·釋臣》:"被俘之縱目人(少數民族)爲家奴,引申爲奴隸的泛稱,臣,後之泛稱。"《左·昭七年》(周代奴隸之等級)"王臣公、公臣大夫、大夫臣士、士臣皁(皁,zào,《方言》以爲養馬器。古代奴與牛馬同宿,故稱)、皁臣輿(衆)、輿臣隸(隸屬)、隸臣僚、僚臣僕、僕臣臺",故"臺"爲供賤役地位最低者。

　　總之,"臣"字出現早於"民"字,"民"産生於周初。從歷史上看,如何處理好殷商之遺民,是周武王建國後最嚴重的問題,它關係到周王朝能否鞏固,是存、是亡,皆係於此。故《書·酒誥》説:"人無於水監,當於民監。"〔這句話的意思是:貴族不要用水作自己的鏡子,應當用"民"(奴隸)的馴服與否當作自己行爲對與不對的鏡子。〕從史實看,周人一是安撫,如立殷商之後代爲宋國,使殷商之民有祭祀祖先之所,而且宋的爵位最高(公);二是加强管理,如封周初主要的政治家召公奭於燕(燕,殷的發祥地、大後方,殷氏族以燕子爲圖騰。詳見本書對"燕"字的説解)、設三監,其中之一在燕地,稱"邶"(《詩經》中有"邶風"而無"燕風")。總之,是用"臣"(滅殷前的家奴和臣服的殷人)來管理、鎮壓最頑固的"民"。反映在文字中是"民"字的出現與强調。對"民"反抗力量的認識,戰國末期的"民本"思想(《孟子》"民爲貴,社稷次之,君爲輕")達到最高峰。

🖼(女,nǚ,十二,443)

　　《文》:"婦人也。象形,王育説。"

【按】甲文 〔字形〕一期　〔字形〕一期　金文 〔字形〕西周早期　〔字形〕西周中期　〔字形〕西周晚期

古代“女”、“奴”聲音相同（均爲泥紐魚韻），三字石經中，“怒”作“态”即可證明。字形爲一人斂手踞跪之形，或爲背後縛手之形（反映了遠古搶婚之社會習俗）。漢字隸定時字形左轉而成“女”。又，在前交叉之雙手，表示在勞動。

又，《説文》：“坐，止也，从土从留省。土，所止也。此與留同意。〔字形〕，古文坐。”指母系社會女子留在部落，男子外出尋偶。即行人。

例字：

好。甲文 〔字形〕一期　〔字形〕一期　金文 〔字形〕商　〔字形〕西周中期　〔字形〕春秋

＊从商代銘文看出是女抱子之形，“子”在左、右均可。商爲“子”姓氏族，字作“好”、“孜”，這是母系社會生活之遺留，如舜，姓“嬀”，周，姓“姬”，還有“姜”姓均从“女”。有子即有後代，故好壞之好是後起義。又，卜辭中亦爲武丁之妻之名。

妾。甲文 〔字形〕一期　〔字形〕三期　金文 〔字形〕西周晚期　戰國印 〔字形〕

＊頭上有“辛”（刑具）之女子；或象以頭頂戴重物之女奴（第二説備考）。可知“妾”是女奴，作爲“次妻”乃奴隸主淫威所迫。又，裘錫圭以爲女子頭上有裝飾，與“妻”義同。

妻。〔字形〕甲一

＊手反縛，另外一人之手抓住女子之頭髮。古代搶婚之證明。參見王小莘《漢字文化漫筆》149 頁。裘錫圭説爲女子出嫁時別人爲其梳理頭髮之形。

姓。甲文 〔字形〕一期　〔字形〕一期　金文 〔字形〕春秋　〔字形〕戰國詛楚　戰國印 〔字形〕

＊古代有封邑、官職者才有姓，所以“姓”字从“土”（種植封疆之樹的形象），“土”又兼聲符。从“女”則是母系社會的遺風（因爲字形變化永遠緩於社會的變動）。到了春秋戰國時期“姓”字有的

寫作"伐"（从人，男性），詛楚文的字形所以从"女"，是帶有污辱性。不過後來"伐"未能流傳下來，於是對"姓"的説法就成了"天子因生以賜姓，故从女从生，生亦聲"。這就是傳統的説法。僅以備考。

媚。甲文 ⟨甲骨字形⟩一期　⟨甲骨字形⟩一期　金文 ⟨金文字形⟩西周早期

* 女子之美莫如眼睛，所以"媚"在女子的頭上加一個大目及眉，表示女子的秋波嫵媚，故白居易《長恨歌》"回眸一笑百媚生，六宮粉黛無顔色"的"媚"用的是本義。

婢。甲文 ⟨甲骨字形⟩三期　⟨甲骨字形⟩五期

* 从妾手持大扇（宮扇）。古代持扇的女奴必是君王或貴族們貼身親近之人，故後來稱貼身女奴爲"婢"。以後字形變成形聲兼會意：卑聲，亦有卑賤之義。

　　持宮扇女奴的作用，可以從杜甫《秋興八首》記載他覲見唐皇時的詩句"雲移雉尾開宮扇"（這句詩的意思是：宮女們移開了如五彩雲霞般用斑斕絢麗的雉尾做的宮扇，於是真龍天子出現在面前）爲證。至今，舊戲中帝王、后妃出場時，後面有兩個持大羽扇的宮女，亦可證明。

⟨字形⟩（ㄊㄨ，tú，十四，528）

　　《文》："不順，忽出也。从到（倒）子。易（離卦，九四爻辭）曰：突如其來如，不孝子突出，不容於内也。ㄊ，即易突字也。 ⟨字形⟩，或从倒古文子。"

　　離☲九四："突如其來如，焚如，死如，棄如。象曰：突如其來如，无所容也。"如、然同。九四是上下兩個太陽連接處——前一日已西沉，後一日正上昇，九四陽剛，故後一日爲主體，象徵前一明君逝，後一明君即位之關鍵時刻，正是有權勢之奸臣壓迫威脅君位之際。九四陽剛，激烈壓迫六五，有突如其來之感受。象徵關鍵時刻壓主奸雄必被焚、被殺、被唾棄，死無葬身之地。

【按】毓、育、后三字古同。"去"是"毓"、"育"的省略。急就：異體字。

甲文 一期　二期　一期　金文 西周早期　西周中期　春秋

母親產子之形。从母（每）、从倒子（胎兒出生時，頭先出來，故从倒子）。〣爲產子時的水液（羊水、血水），後來寫成"川"，字亦作"毓"。

（后，hòu，九，335）

《文》："繼體君也。象人之形。从口，易（震卦）曰：后以施令告四方。"

震☳是由象徵大地的坤卦☷的最下方發生一陽。即陰陽相會生雷電，首次交媾得子，故震爲長子。又段注"開創之君在前，繼體之君在後也"。后，君也。

【按】毓、育、后古同字，甲、金文字形同"去"，本爲母親產子之形。"后"，上古爲帝王之稱，這是母系社會的沿留。因字形變化必然晚於社會發展，所以帝王雖已爲男性，但稱謂上仍稱爲"后"，如"夏后氏"、"后稷"等。"后"，作爲帝王妻子的稱呼是後起義。卜辭中"后祖"皆作"毓且"，足見"后"這個字形出現較晚。但在晚商銘文中已見，如《龍后鼎》。唐蘭《古文字學導論》："……後來，形被誤識爲'居'字，因改成，又誤作'后'，遂與'司'字的反文作'后'相混"，"'毓'在卜辭裏却一定得讀作'后'。"

（司，sī，九，336）

《文》："臣司事於外者，从反后。"

【按】甲文 一期　四期　五期　金文 西周晚期　戰國

《甲文字典》997頁："象倒置之柶，柶以取食。以倒柶覆於口上會意進食。自食曰司，飼人亦曰司。故祭祀時獻食於神祇亦稱司，後起字爲祠。氏族社會中，食物共同分配。主持分食者，古亦稱司。故倒柶進食。"又"司"是發號施令之人。柶向左、向右本無區別，如文丁祠母親的"司戊母鼎"的"司"就是"后"（帝王）之意，故銘文中"司馬"也寫成"后馬"。後來才分化成"后"、"司"二字:人右向者尊爲"后"、左向者屈作"有司"的"司"。

另一種説法是,鑒於銘文中"司土"、"司馬"、"司工"的"司"作 ［字形］、［字形］、［字形］等形而指出"嗣"(司)本義爲以手理絲之形,故當"治理"講。"嗣",甲文中未見,所以這種説法是從金文字形出發的後起説法,供參考。

［字形］(立,lì,十,404)

《文》:"侸也。从大在一之上。"

侸,《説文》:"立也,从人豆聲,讀若樹。"段注:"《玉篇》作侸,云今作樹。《廣韻》:侸同樹,蓋樹行而侸、尌廢。"

【按】甲文 ［字形］一期 ［字形］三期　金文 ［字形］商 ［字形］西周晚期 ［字形］戰國

古立、位同字。郭沫若:古代帝王也是站立的。卜辭中"立"同"莅"(立衆人),監臨的意思。

［字形］(竝,bìng,十,405)

《文》:"併也。从二立。"

【按】甲文 ［字形］一期 ［字形］四期　金文 ［字形］商 ［字形］戰國

兩個"立"一樣大小的是"並"。一大一小者,趙誠以爲是"替"字(《説文》:"替,一偏下也。")二人並立故本義是"併",許慎説解正確。

［字形］(士,shì,一,9)

《文》:"事也。數始於一,終於十,从一十。孔子曰:推十合一爲士。"

【按】金文 ［字形］西周早期 ［字形］西周晚期

甲文中無"士"字。"士"是從"立"演變出來的。古代男子到結婚年齡稱"士","士"進而指超群之人如國士、力士、勇士、志士、女士。如《詩·大雅·既醉》"釐爾女士",孔疏"女子有士品行者",即女子中之杰出者。又,奴隸婚配無關緊要,故士至少是臣,由"士"字形是由"立"的兩足併成一竪而成。段玉裁説"士"是"學者由博返約,故云推十合一",《白虎通》"凡通古今、辨然否,皆謂之士",此二説及許慎的説解都是後起義。字形爲了與

"土"區別,下面一横短於上面一横。

⼫ (尸,shī,八,305)

　　《文》:"陳也。象臥之形。"

【按】甲文 ⼫一期　 ⼫一期　 ⼫四期　 金文 ⼫西周早期　 ⼫西周晚期

尸,是古代祭祖時裝扮成祖先接受祭祀的人,故字形是人坐之形。因其代表已故去的祖先,所以"尸"不能動。後來加"死"成"屍"者才是真正的死者的屍體。《儀禮·士虞禮》:"男,男尸,女,女尸,必使異姓,不使賤者,無尸,則禮及薦饌皆如初。"意思是死者爲男子,用男尸。死者爲女子,用女尸。女尸一定選孫輩的媳婦,不用地位低下的庶孫之妾。無尸,則用衣服代。

又,"夷"甲文寫作"尸"。吳大澂:"夷爲東方之人……象人曲躬蹲居形……古者从尸之字均當从夷。許書解尾字爲西南夷所飾繫尾,此从夷之證也。變 ⼫ 爲夷者,始自晚周。"郭沫若考證:殷之官奴,主要來自西南夷,所以牧野之戰"前徒倒戈"者,皆夷,本族的士卒一般不會倒戈。總之,"尸"寫成"夷"始自晚周,因夷尚武,故字形从"弓"。

由於"尸"自晚周寫成"夷",所以周代銘文中从"亻"旁之字感情色彩較好,如伯、位、仲等;从"尸"旁之字多有不尊之意,如屈、居(踞的本字)、尾等。

例字:

尼。甲文 ⼫一期　 是"昵"的本字。

尻(kāo)。甲文 ⼫一期　 指脊骨末端,卜辭"尻其有疾"。

⼂ (了,liǎo,十四,526)

　　《文》:"尦也。从子,無臂,象形。"

【按】"巳"的變體,郭沫若、葉玉森以爲是"子"的別體。"巳"分化成三個字:巳、己(向右)、了(向左)。

⼂ (孨,chán,十四,527)

《文》："謹也。从三子。讀若翦。"

【按】甲文 ⿰ 一期　　戰國陶 ⿰ 　　《玉篇》："孤兒。"段玉裁："字則多叚孱爲孨。"徐灝："孨、孱爲古今字。"

例字：

孱。金文 ⿰ 西周中期

*人已成爲尸（屍），遺下三（多數）幼子，故爲"孱弱"之"孱"。

⿰（尾，wěi，八，307）

《文》："微也。从到毛在尸後，古人或飾繫尾，西南夷皆然。"

【按】甲文 ⿰ 一期　　戰國陶 ⿰

夷（奴隸）的服飾。"西南夷"應爲"東南夷"之誤，郭沫若："殷之官奴，主要來自東南夷。"故表示低微、低賤。許慎説的"微"也是"低微"，而不是"微小"、"微細"的意思。許慎的説解"古人或飾繫尾，西南夷皆然"可證。又如"僕"，甲文一期作 ⿰，頭上有刑器"辛"，服飾有尾，手持畚箕簸米之形（羅振玉説以箕棄物，亦可），西周早期金文作 ⿰，是室內勞動之奴僕。甲文字形證明奴僕之服飾。"尾"不一定細小，如狐狸、松鼠等動物的尾都很大。故知"微"非小之意，"尾"後來才引申爲一切動物以及其他物的尾部，因而輕視的感情色彩也隨之消失。

⿰（兄，xiōng，八，312）

《文》："長也。从儿，从口。"

【按】甲文 ⿰ 二期　　⿰ 三期　　⿰ 五期　　金文 ⿰ 西周早期　　⿰ 春秋

吳大澂："皇、遑、兄、況皆古通字。彝器中兄字多作 ⿰，大澂謂先生爲兄，⿰即先生之省文。"唐蘭《古文字學導論》："是'⿰（欠）'的變體。"黃約齋《字源》："象人跪在那裏向上張着口，本是祝巫的祝，張口向上是對神祝告，古代巫祝地位高，故又有兄長之意。"

其實，古代"祝"多由年長者擔任，所以"先生"和"口"是一致的，春秋金文就把"先生"(羊)和"口"結合在一起了,所以不必各執一端。唐蘭説字形由"欠"(口中出氣)變來,亦與"口"有關,所以本義是與"口"有關(指發號施令或祝告)之年長者。卜辭中指兄長,指巫祝,二形分別劃然毫不混淆(見《甲骨文字典》966 頁,《甲骨文簡明詞典》42 頁、73 頁)。

巴(巴,bā,十四,519)

《文》:"蟲也。或曰食象它(蛇)。象形。"

【按】章炳麟《文始》:"《説文》無蟒,蓋本作莽,古音莽如姥,借爲巴也。"黃約齋《字源》:"'兄'的變體,用手指表示爬伏,後字形變成'巴'。"備考。

老(老,lǎo,八,302)

《文》:"考也。七十曰老。从人,毛匕(化)。言鬚髮變白也。"

毛匕,即毛色變化。

【按】甲文 ⿱ 一期　⿰ 一期　金文 ⿰ 春秋　⿰ 戰國

長髮,以手持手杖之人,即老人。古人以"斷髮文身"爲野蠻人,故年長者頭髮長;又,年長者受尊重,故又有"長老"(名詞)之意,春秋齊鎛等器之銘文中,"老"字頭帶冠狀,長老之意極爲明顯。

長(長,chāng,九,358)

《文》:"久遠也。从兀,从匕(化),亡聲。兀者,高遠意也。久則變匕(化)。亻者,倒亡也。 古文長。 亦古文長。"

兀,即高大突出。如《阿房宮賦》:"六王畢,四海一,蜀山兀,阿房出。"兀,突兀。

【按】甲文 ⿰ 一期　金文 ⿰ 西周早期　⿰ 西周早期　⿰ 戰國

長髮,手持手杖之人。長老之長,名詞,音 zhǎng。長久之長(cháng)是後起義。

鬼(鬼,guǐ,九,346)

《文》:"人所歸爲鬼。从儿⿻。象鬼頭。从厶。鬼陰氣賊害,故从厶(私)。　**⿱**古文。从示。”

【按】甲文**⿰**一期　**⿰**甲一　**⿰**甲一　**⿰**甲一　**⿰**一期　金文**⿰**西周早期　**⿰**戰國　**⿰**戰國

周代鬼皆指人的祖先。鬼,神也,有男有女,如楚辭《山鬼》即山神(女)。後來加“厶”爲厲鬼是後起義,顧炎武《日知録》:“鬼論起於漢末。”又,沈兼士以“鬼”原指猩猩,引申爲鬼神,**⿰**爲尾,備考。古文中“鬼”也作“畎”(見西周早期金文)。畎,戴面具持戈舞以祭祖之形。

⿱(由,fú,九,347)

《文》:“鬼頭也。象形。”

【按】甲文**⿱**一期　**⿱**先周　金文**⿱**西周中期

祭祀時所戴之面具。從由部下所收之字“畏”(由部下僅收二字:畏、禺)可證。

例字:

醜。甲文**⿰**一期　**⿰**一期

＊酒醉爲醜。

畏。甲文**⿰**一期　**⿰**二期　金文**⿰**西周晚期　**⿰**戰國·詛楚文

＊“鬼”(祖先)拿杖教訓人,故可畏。

⿱(壬,tǐng,八,295)

《文》:“善也。从人士。士,事也。一曰象物出地挺生也。”

【按】甲文**⿰**一期　**⿰**一期

一人站在地上,顯出一種昂然直立之姿態。“挺”的古字。與“壬”(rén)之間的區別是:“壬”(tǐng)的中間一横短而“壬”(rén)的中間一横長。

⿱(亦,yì,十,390)

《文》:“人之臂亦也。从大,象兩亦之形。”

【按】甲文🏃一期、三期　金文同甲文。

指事字,兩邊之兩點指腋窩之所在。《玉篇》:"亦作掖。"現在字形作"腋"。康殷:因人腋下最易出汗,故此兩點爲汗液。這樣,"亦"就變成會意字而非指事,康説僅供參考。卜辭中"亦"、"夜"古通,如"亦焚廩"即"夜焚廩"。又如 1972 年出土的銀雀山漢墓竹簡"戰夜勝,不戰夜勝",夜、亦通。《説文》:"夜(🌙)从夕,亦省聲。"夜、亦古音均喻母鐸韻。故後來"亦"寫作"腋"。

介(亢,gāng,十,399)

《文》:"人頸也。从大省。象頸脈形。🦅亢或从頁。"

【按】甲文🏃一期　🏃一期　金文🏃西周中期　🏃西周晚期

衆説紛紜。徐鍇:喉嚨也。玄應《一切經音義》卷二十:"亢,咽也。"今有成語"引亢高歌"。朱駿聲:亦作吭、頏。《釋名》:鹿兔之道曰亢。……甲、金文字形不明(有説象腿部受刑之義,待考)。闕疑。

⊠(囟,xìn,十,406)

《文》:"頭會𡆥蓋也。象形。"

【按】一説是"子"(甲文🧒五期　金文🧒西周早期　🧒西周晚期)之省寫;另一説从"兒"(甲文🧒一期),可知爲男兒總角之形。《禮記·内則》:"三月之末,擇日剪髮爲鬌,男角女羈。"《玉篇》引《蒼頡篇》"男曰角,女曰羈"均可證明後一種説法爲佳。

🧠(思,sī,十,407)

《文》:"睿(容)也。从心,从囟。"

【按】戰國陶⊕　戰國印⊕

甲文中無,是後起的形聲字。古人認爲思考是用"心",故"思"从"心"得義。

心(心,xīn,十,408)

《文》："人心土臧也。在身之中，象形。博士説，以爲火臧。"

【按】甲文 ⟨心⟩一期　⟨心⟩五期　金文 ⟨心⟩西周中期 ⟨心⟩西周晚期　戰國盟書 ⟨心⟩心臟的象形。作偏旁作"忄"、"小"、"忄"。

例字：

懿。金文 ⟨懿⟩西周早期　⟨懿⟩西周中期　⟨懿⟩西周中期　⟨懿⟩春秋

* 從"亞"（后妃所居之宫室，見"亞"字解）、從"⟨⟩"（"子"、"系"爲"孫"，此形表示多子多孫），從"心"（有好的品德）。古代以后妃能生子爲有德，如清咸豐之妃玉蘭生大阿哥（即後來的同治皇帝）即被封爲"懿貴妃"。所以后妃之德稱"懿德"、"懿範"，后妃的命令稱"懿旨"。後來引申爲一切好品德之稱，如《三國志·吴主傳》："斯則前世之懿事，后王之元龜（借鑑）。"

　　從字形看，"懿"後來從"壹"〔"壹"，是"壺"（kǔn）之誤。"壺"，宫中里弄小道，故帝王后妃所居處稱"壺闈"，宫中政事稱"壺政"。注意：壺（kǔn）、壺（hú）是兩個不同意義的字，要區別清楚〕、從"次"（西周金文中已出現）、從"心"，是隸定訛變的結果。

惑。金文 ⟨惑⟩戰國

* 形聲兼會意，"或"是不定之詞，在這裏既表義（疑惑）又兼表聲。

慕。金文 ⟨慕⟩西周中期　⟨慕⟩西周中期

* 形聲字，從"莫"得聲，從"心"得義。

恭。甲文 ⟨恭⟩一期　⟨恭⟩一期　⟨恭⟩二期　金文 ⟨恭⟩西周早期　⟨恭⟩西周中期

⟨恭⟩戰國布

* 《説文》："恭，肅也。從心共聲。"吴大澂：恭、龔古同字，見龍則恭。今天的"恭"字，起自戰國。從"心"得義（敬），從"共"（古"拱"字）得聲，而"共"亦兼義。

忤。戰國印 ⟨忤⟩

＊以杵杵心，午亦聲。《説文》："逆也。"本義是忤逆。

怎。"怎"字大約產生於唐五代以後。在唐代還作"爭"。如唐玄宗《題梅妃畫真》："霜綃雖似當時態，爭奈嬌波不顧人。"到宋詞中已習用。如李清照《聲聲慢》："三杯兩盞淡酒，怎敵他晚來風急。"總之，從五代至宋，是"爭"漸向"怎"過渡時。

（惢，ruǐ，十，409）

《文》："心疑也。从三心。讀若《易・旅》：瑣瑣。"

【按】从許説。左思《魏都賦》："神惢形茹。"後來花心稱爲"花蕊"時又加"艸"（草字頭）而成爲專有名詞。"惢"則消亡。

（冎，guǎ，四，133）

《文》："剔人肉置其骨也。象形，頭隆骨也。"

【按】甲文 ⿰ 一期　　 ⿰ 一期　　戰國印 ⿰

剔去肉的骨架子。王筠："俗作剮。"又，李圃《甲骨文選注》P5 説卜辭中 ⿰ 倒寫則爲冎。

例字：

剮（剮）。甲文 ⿰ 一期

＊从刀从冎（殘骨之形）。動詞。即凌遲處死。

（歺，è，四，131）

《文》："𣦵骨之殘也。从半冎。讀若櫱岸之櫱。"

【按】甲文 ⿰ 一期　　 ⿰ 三期

敲碎的殘骨。名詞。作偏旁時作"歹"。

例字：

殊。戰國布貨 ⿰ （shū）

＊《説文》"殊，死也。从歺朱聲。漢令曰：蠻夷長有罪當殊之"。戰國布貨字形象人被"二"（斷頭、軀幹），从"朱"（血之紅色），"朱"亦聲。

殘〔奴(奴)，cán，四，130〕

《文》："殘穿也。从又冎，冎亦聲。讀若殘。"

【按】甲文 🔸三期　　🔸三期

以右手(又)擊骨使之碎。動詞。王筠："同殘。""殘"(戰國印🔸)的古字又作"歼"，是會意字，"殘"爲形聲。

肌(死，sǐ，四，132)

《文》："澌也。人所離也。从冎人。🔸古文死如此。"

"澌"爲聲訓。劉盼遂先生五十年代爲我們授課時稱：天子死稱"崩"，聲如山崩而震天下；諸侯死曰"薨"，其聲小於崩；大夫死曰"不禄"，聲如石頭投入水中之聲；庶民死曰"死"(音澌)，聲如燒紅的鐵放進水中而澌的一聲就滅熄了。劉老之説精彩而有趣。

【按】甲文 🔸一期　　🔸一期　　金文 🔸西周早期　　🔸西周中期

以俯首弔殘骨之形表示"死亡"。

骨(骨，gǔ，四，134)

《文》："肉之覈(hú，同核)。从冎，有肉。"

【按】戰國印🔸

上半部象折斷之骨，下半部是肉，表明是帶肉的骨頭。

肉(肉，ròu，四，135)

《文》："胾(zì，切成大塊的肉)肉。象形。"

【按】甲文 🔸一期

作偏旁作"月"，俗稱"肉月旁"，字形寫作"月"。

例字：

膳。金文🔸春秋

＊从羊、肉、兩言(交口稱讚)。

肖。戰國陶

* 帶血水的胎兒形，表明有血緣關係。

胤。金文 西周中期 春秋

* 从幺从月，在血統上是後代子孫，但不一定是嫡系。

“幺”，可以用“孫”（甲文 一期 一期 是从下系往上數之形　金文 西周早期 是从祖上向下數至“子”之形 西周早期）來證明。

筋（筋，jīn，四，136）

《文》：“肉之力也。从肉力，从竹。竹物之多筋者。”

【按】从許慎之説。此字出現較晚。

丵（丵，guāi，十二，442）

《文》：“背吕也。象脅肋形。讀若乖。”

【按】王筠：“吕丵、身躬、脊背，一體而六名。脅今作脊。”“脊”即俗謂之“背脊”。

毋（毋，wù，十二，444）

《文》：“止之曶（詞）也。从女一。女有姦之者，一禁止之，令勿姦也。”

【按】戰國簡 　戰國簡

“毋”與“母”（母，甲文 一期，是指撫育過孩子的婦女，故字形从“女”且有二乳）同源。如兮甲盤“母敢不即市……”的“母”即是否定詞。從讀音上看，“無有”二字連讀成“母”。今吳語區“没有”稱“嘸啥”可證。

考“毋”字之來源，則是因母親對孩子最有權威（特别是母系社會），故“母”被借爲禁止詞。後來字形改寫成“毋”。《説文》的説解荒謬。

吕（吕，lǚ，七，271）

《文》：“脊骨也。象形。昔大嶽爲禹心吕之臣，故封吕侯。 篆文吕。从肉,旅聲。”

【按】甲文 ⿱口口 一期　金文 ⿱口口 西周早期　戰國印 ⿱口口

衆説紛紜。《説文》據小篆以爲脊骨之象形,與“膂”爲古今字。于省吾以爲是“⿱口口”(⿱口口、⿱口口)象兩環相偶,當爲“伴侣”的“侣”的初文。趙誠以爲“吕”是古代煉就的銅塊(銅料)。闕疑待考。

⿻毛 (毛,máo,八,303)

《文》:“眉髪之屬及獸毛也。象形。”

【按】金文 ⿻ 西周早期　⿻ 西周晚期

許慎之説爲是。中間有一莖,否則毛將焉附。

⿱毛毛毛 (毳,cuì,八,304)

《文》:“獸細毛也。从三毛。”

【按】金文 ⿱毛毛毛 西周中期　⿱毛毛毛 西周中期

許説是。

⿰弟 (弟,dì,五,202)

《文》:“韋束之次弟也。从古文之象。⿰弟古文弟。从古文韋省,聲。”

【按】甲文 ⿰弟 一期　⿰弟 四期　金文 ⿰弟 西周早期　⿰弟 春秋

吴式芬《攟古録金文》:“弟、叔、弔通”,“弔”(甲文 ⿰弔 一期　⿰弔 一期)字形是人身上背弓矢之形。遠古實行天葬。《易·繫辭下》:“古之葬者,厚之以薪,葬之中野,不封不樹(不堆土也不立標誌)。”弔,《急就篇》顔師古注:“弔,問終者也。於字,人持弓爲弔。上古葬者衣之以薪,無有棺槨,常苦禽獸爲害,故弔問者持弓會之以助彈射。”《吴越春秋》:“古之人民質樸,死則裹以白茅,投之中野,孝子不忍見父母爲禽獸所食,故彈以守之,絶鳥獸之害。”以上文獻説明土葬出現較晚,在土葬之前,人死後用柴薪蓋上,置於郊外,怕禽獸來吃,故送葬親友均帶弓箭以驅趕禽獸。先生則先死,故弟、叔當然爲兄送葬,故"弟"字从"弓"。又,次弟的"弟"由"弋"加"己"(繩)縶住以明其不亂,故"弟"、"第"是古今字,義爲"次第"的意思。

工(工,gōng,五,147)

《文》:"巧飾也。象人有規矩。與巫同意。 古文工,从彡。"

【按】甲文 一期 一期 四期　金文 西周早期

象砧形。或説象雙玉相連之形,皆可通。治玉的人及凡操百工技藝者都稱爲"工"。卜辭中用作官名,與"貢"通。

玉器是有一定尺寸的,如"璧",《爾雅•釋器》:"肉倍好謂之璧"注:"肉,邊;好,孔。"可知"璧"的邊大孔小。又如"環",肉、好相等,即邊和孔的直徑一樣大。所以許説"有規矩"。

吳大澂《字説•工》:古文有工作 (鄭惠鼎),漢時"女工"作"女紅"即 之沿誤。又周秦設官爲司土、司馬、司工,漢成帝時司工更名司空。《白虎通•封公侯》:"司馬主兵、司徒主人、司空主地。王者受命爲天地人之職。""司空主土,不言土言空者,空尚主之,何況於實,以微見著。"從這段文獻,一可看出漢人"天人感應"之哲學觀;二可看出今文學派之强解文獻。事實上,空,是古文有 形而誤寫成"空"之故。

于省吾:(1)"工"與"貢"古通用,甲文中有"工"無"貢","工"加"貝"爲"貢"是後起的字形;(2)卜辭中祭祀用牲稱"工"(貢獻),動詞;(3)貢納;(4)管工匠的官吏稱"工"。

例字:

矩。金文 西周早期　 西周早期　 西周早期　 西周中期　 春秋

＊象正面人手持"巨"(曲尺)之形。後假借爲巨細之巨。古巨、矩同字。

(玨,zhǎn,五,148)

《文》:"極巧視之也。从四工。"

【按】象積疊和展示,下面例字可證明。

例字:

塞。甲文⿱⿱宀工三期　金文⿱⿱宀工春秋　⿱⿱宀工春秋

　　*古人冬季用土坯砌死北向窗,如《詩經·七月》:"塞向墐户"(向,

　　甲文⿰一期　北向之窗)。後來,把東西塞入穴(本爲住所,後

　　指一切洞穴)中也叫"塞"(字形見春秋金文)。

展。

　　*王筠《文字蒙求》作⿱,"展衣"之"展";"展轉"之"展"作⿱,本爲

　　兩個字,今天合二爲一了。王説確。

⿱巫(巫,wū,五,149)

　　《文》:"巫祝也。女能事無形,以舞降神者也。象人兩褏(袖)舞

　　形。與工同意。古者巫咸初作巫。⿱古文巫。"

【按】甲文⿻三期　金文⿻春秋　戰國盟書巫　⿱

唐蘭、郭沫若因《詛楚文》"巫咸"之"巫"作⿻,故釋甲文巫爲⿻。學

界多同意此説。巫爲古代跳舞降神之人。古巫、無(舞)同字。巫和無

(舞)(甲文⿻一期　⿻四期)後來才分化成兩個字:"巫",名詞。"無(舞)"

動詞。"巫"字所以從"工",是因爲"巫"能降神,即是"神"、"祖"的代言人,

所以在當時地位高、極受人尊敬。在崇古敬神的商代、周代,是人們的典

範、規矩,故"巫"字從"工"。又,巫在卜辭中也用作人牲。

⿰男(男,nán,十三,487)

　　《文》:"丈夫也。从田力。言男子力於田也。"

【按】甲文⿰一期　⿰一期　⿰二期　金文⿰西周晚期　⿰
春秋

以"力"(農具,見"耒"字的説解)從"田",最早的字形作"助",即致力

於農田耕作之意。"男"爲後起的字形(參看于省吾《甲骨文字釋林·釋

男》)。後來才成爲男子的通稱。男部下僅收"甥"、"舅"二字。

亨（克,kè,七,251）

《文》:"肩也。象屋下刻木之形。 亨 古文克, 来 亦古文克。"

【按】甲文 一期 三期　金文 西周早期 西周晚期 戰國

一人頭戴冑而手叉腰、武士勇武之形,故義爲勝任,能。又,《新方言・釋言》:"江南浙西謂以單肩任物爲克。""單肩任物"即用一個肩膀就可以把重物扛起來,故有勝任的意思。此説亦可。

方（方,fāng,八,310）

《文》:"併船也。象兩舟省總頭形。 方或从水。"

【按】甲文 一期 五期　金文 西周早期 西周中期 春秋

古代不同部族居住於不同的山頭（故酋長稱"嶽"）,而兩山之間必有水焉,故"舟"在古代很重要。故"方"在卜辭中爲方國。又,吳式芬:古旁字,借作四方之方。又,居延漢簡中"有方"爲旁出利刃的兵器（戟）。可證明"方"爲"旁"。

葉玉森:象架上懸刀;徐中舒:象末形;束世澂:"大方"即"大邦"等説法均可備考。

兎（兎,gǔ,八,315）

《文》:"廱蔽也。从儿。象左右皆蔽形。讀若瞽。"

【按】兎、兒合成"兜"（兜鍪）,古代的戰帽,象人頭受掩蔽之形。《新方言・釋言》:"今人言被廱蔽者曰謾在兎裏,猶言在術中墮其調中耳。……黃州謂以身蔽人雍害其事爲兎住。"今天誤寫成"蒙在鼓裏"的"鼓",實爲"兎"之訛誤。

文（文,wén,九,333）

《文》:"錯畫也。象交文。"

【按】甲文 一期 一期　金文 西周早期 西周早期 春秋

古人在身上畫（或刺）花紋,稱"文身"。古有黥刑,直至宋代猶存"文面"（即在臉上刻字，見《水滸》）之刑，均可證明。字形爲象形，動詞。後來引申爲"文章"（文采之意）的"文"則是形容詞。

彣（彣，wén，九，332）

《文》："㦰也。从彡文。"

【按】文章、文采（形容詞）的本字。段玉裁："凡言文章皆當作彣彰。作文章者（寫成"文章"的——注）省也（省去彡而成）。"後來"文"引申爲"文章"、"文采"，"彣"即消亡。

注意，這裏的"文章"不是名詞而是指文采，《考工記》："畫繢之事，青與赤謂之文，赤與白謂之章。"故先秦所謂"文章"主要指刺綉品。如《莊子•逍遙遊》："瞽者無以與乎文章之觀。""章"是光明的意思。不要和今天通行的"寫文章"的"文章"相混。

彡（彡，shān，九，331）

《文》："毛飾畫文也。象形。"

【按】甲文彡一期　彡三期　彡四期　彡五期

花紋的"紋"。名詞。卜辭中"彡"亦用爲肜（zhēng）祭的"肜"。"肜"，船行。

"文"（動詞）、"彣"（形容詞）、"彡"（名詞），不同的詞性造三個字，歸爲三部，這在《說文解字》五四〇部首中有九組：屮（名，左手）、左（動，佐佑）；皮（動，製革）、革（名）；壴（名）、鼓（動）；豊（名）、豐（形）；之（動）、屮（名）、生（形兼動）；采（動）、雺（花，名）、華（形）；幺（yāo，形）、丝（形）、糸（mì，名）、絲（名）；白（虛詞）、自（名，鼻）、鼻（名）。

臥（臥，wò，八，297）

《文》："伏也。从人臣，取其伏也。"

【按】一説是"監"之省；一説是"見"或"臨"的變體。暫從許慎之説。

臤（臤，qiān，三，84）

《文》："堅也。从又，臣聲。讀若鏗鏘。古文以爲賢字。"

【按】金文 商　西周早期　戰國魏刻石

以右手（又）拉"臣"（奴隸），讀作"牽"，是强迫人屈服之形。後來分化成兩個意思：一是强迫，字形變成"臤"加"土"而成"堅"，高本漢："從又持臣，捕俘必堅"，作"堅固"、"堅硬"則爲後起引申義；二是善於做此事之人，故賞"貝"以嘉獎，字形作"賢"（金文 西周中期）。

辛（辛，qiān，三，59）

《文》："辠也。從干二。二，古文上字。讀若愆，張林説。"

【按】辛、辛同字，古刑具。詳見干支字中"辛"字的説解。

菐（菐，pú，三，61）

《文》："瀆菐也。從丵，從𠂇（拱），從𠂇亦聲。"

【按】黄約齋《字源》："丵、菐即今之簇字，草木叢生之形，加'取'成'叢'，加'木'成'業'。"黄説備考。又，學者多以爲"菐"即"僕"的本字。段注：瀆菐，疊韻字。瀆，古定紐，屋韻；菐，並屋韻。《孟子》作"僕僕"，趙注："煩猥貌。"又，菐部下僅收了"僕"字，亦作𦸣（從臣）、龡（bān）（是社祭時賦事之意，讀若頒，一曰讀若非），段注説明此爲"僕"之本字。"僕，甲文

一期，金文 西周早期　甲文字形是頭上有"辛"（刑具，指奴隸）、有尾（奴隸服飾）、手持畚箕簸米之形（羅振玉説以畚棄物，亦可）。金文字形是人在"广"内，是室内勞動的奴隸。這些，都是"僕"的本義。

丵（丵，zhuó，三，60）

《文》："叢生草也。象丵嶽相並出也。讀若促。"

【按】從許慎之説。"丵嶽"，疊韻，蓋爭高競長之狀。又作，"巀嶽"（王筠《説文名讀》），但"丵"不是"草"而是"小樹苗"。從"丵"部下收的字"對"可證。

例字：

對。甲文 二期　五期　金文 西周早期　西周中期

＊“對”从又（右手）持“丵”種植於土壤之中以示疆界。本義爲疆土分界。銘文中接受封地時多用“對”（敢對揚丕顯休命）。爲什麼接受封地與樹苗有關？从“封”（甲文 [字形]二期　金文 [字形]西周晚期）知道古人封邦建國是在邊境上種上樹苗作爲疆界的標誌。故守邊境的官吏稱“封人”，如《左傳・隱公元年》：“潁考叔，潁谷封人也。”由此可知“丵”是繁茂的樹苗（因爲要求成活率高，故必須繁茂，且有人護理），而不是如許慎所説是“草”。又《説文》：“對，譍（應）無方也。”無方，是互稱而非指某一方，故而“應對”“回答”是其引申義，指讚頌君主之册封。“對”在文獻中爲多義詞，尚有“向”、“當（相配）”、對仗等。

[字形]（幸，niè，十，397）

《文》：“所以驚人也。从大，从羊（gān）。一曰大聲也。一曰讀若瓟。一曰俗語以盗不止爲幸。幸讀若籋。”

【按】甲文 [字形]一期　[字形]一期　金文 [字形]戰國　[字形]戰國

桎梏、手銬之形。于省吾：籋（niè，今作“鑷”）之本字。籋，箝兩腕之刑具。

凡从“幸”之字隸定之後都寫作“幸”。爲什麼“幸”又有“幸福”的意思？不爲桎梏所箝即爲幸運，幸福。這是古文字中常見的“反義爲訓”的現象。

例字：

繫。甲文 [字形]一期

＊象拘繫罪人並加手銬之形，故字从 [字形]（幸）从 [字形]（糸）。“繫”在小篆中寫作 [字形]（𩢸），意思是“絆馬也”，即馬足被繩索纏住。作“絆馬”講的“繫”是後起義。

報。甲文 [字形]一期　[字形]一期　金文 [字形]西周早期　[字形]西周晚期

＊抓住囚犯（或奴隸）之形。于省吾：以手扼住被箝的人之頸。

敦。甲文 ![字形]一期 ![字形]一期

　　＊《説文》無敦字。《集韻》敦同"撻"。字形是以棒打桎梏(以桎梏
　　代表罪犯、俘虜)之形,故本義是"打"。

圄。甲文 ![字形]一期 ![字形]一期 ![字形]一期 ![字形]五期

　　＊从夲从囗,象拘人於图圄之中。有監獄之義。

　　《文》:"法也。从卩辛,節制其罪也。从口。用法者也。"

【按】甲文 ![字形]一期 ![字形]五期　金文 ![字形]西周早期

一人跪着,背後有"辛"(刑具)。即犯人受刑的形狀。有的字形還加
"口"以表示宣告此受刑者所犯之罪狀,亦有説加"口"爲"璧"字者,備考。
總之,"辟"的本義是"法"。後來分化成兩個字:"犀"(xī,遲也。《玉篇》:
"犀,今作栖")、"辟"。

例字:

　　譬。《甲骨文編》、《金文詁林》(包括《補》、《附録》)中均未見"譬"字,
　　　可見是後起字。《説文》:"譬,諭也。"即明白的意思。

許慎《説文解字・叙》中爲形聲字下的定義是:"以事爲名,取譬相
成。"許慎爲什麼不説"取聲相成"? "聲"不是比"譬"更明確嗎? 而許慎偏
偏選取了"譬",可見"譬"有其不應忽視的道理。我以爲"譬"字从辟(法)、
辟亦聲,从言(發出的聲音),即指標準音的意思,換句話説,"譬"是以某一
標準方音爲法的意思。衆所周知,中國地域廣大、且因"老死不相往來",
故方言極多。古人造的"形聲字"究竟以哪一方音爲準呢? 許慎提出了
"譬"的原則,即以當時當地的某一標準方音爲準。而這種方音是大家都
明白都懂的。這就是諭(喻)的含義。史實是,所用的是"雅言",即當時政
治中心的語音作爲形聲字聲符的音值。

與"頁"有關的部首

頁（頁，yè，九，324）

《文》："頭也。从百，从儿。古文䭩如此。"

【按】甲文 （圖）一期　　（圖）三期　　金文 （圖）西周中期　　（圖）西周晚期

上半部是"首"（頭），下半部是人，去人成"百"。"頁"、"百"都作"首"用。

例字：

顯。金文 （圖）西周早期　　（圖）西周中期　　（圖）春秋

＊日光照射下，絲縷看得清清楚楚，故有明顯的意思。又，从"㬎"亦得聲。

顏。金文 （圖）西周中期

《説文》"顏，眉目之間"，後稱爲印堂。

＊臉上眼睛下面那個部位有文采，有兩個意思：一是顏面；二是顏色。後來才表示一切顏色。

題。金文 （圖）戰國　　古鉢 （圖）

＊从中山王墓宫室圖金文看，从木是聲，本義當爲堂室前木制之匾額，本爲前端之稱，即今天所謂"標題"。而人額頭之義，如《楚辭·招魂》"雕題黑齒"，"雕題"即刻其額的意思。是後起義。後字形才从頁作題。《説文》："頟也，从頁，是聲。"頟即"額"。總之，本義是"額"。

顛。

＊本義是頭頂，如《墨子·修身》"華髮隳顛"，指花白頭髮從頭頂脱落；孫詒讓《墨子間詁》則直謂之"秃頂"。頭頂是人體最高處，故引申爲凡頂端之稱，如"山顛"。"顛"是後起的形聲字，从"頁"得

義。顛,端紐真韻,天,透紐真韻,二字爲聲訓。

（百,shǒu,九,325）

《文》:"頭也。象形。"

【按】甲文〔图〕一期　〔图〕一期　金文〔图〕西周早期　〔图〕西周中期

"頁"、"百"相通,"百"是"頁"的簡寫。

（首,shǒu,九,328）

《文》:"古文百也。巛象髮,髮謂之鬊,鬊即巛也。"

【按】"百"的古字。"百"在卜辭中多當"頭"講,而"首"是地名。現在"首"通行而"百"已消亡。

（県,xiāo,九,329）

《文》:"到(倒)首也。賈侍中説,此斷首到(倒)縣県字。"

【按】金文〔图〕西周中期　　〔图〕春秋

"首"(頭)倒過來,即倒縣(今作"懸")的縣的本字。故字形是把"首"倒寫,"目"下的"巛"是頭髮。"縣"字加"系"爲後起字形。王筠以爲是"梟首"之"梟"的正字。亦可。

（面,miàn,九,326）

《文》:"顏前也。从百,象人面形。"

【按】甲文〔图〕一期

臉盤兒的象形。因爲面部五官中最引人注意者爲目,故"面"从"目"。

（自,zì,四,104）

《文》:"此亦自字也。省自者,詞言之。氣从鼻出,與口相助。"

"詞言之"指用在虛詞的構形中。部下收皆、者、魯、舊等字。

【按】甲文〔图〕一期　〔图〕四期　〔图〕五期　金文〔图〕西周晚期

鼻子的象形,鼻梁、鼻翅、皺紋俱全。作爲虛詞構形的一部分爲後起。

注意:此字應與"白"(bái,顏色)區分,"白"(zì)字形瘦長,"白"(bái)

字形扁胖。今天"白"(zì)已消亡。

白(自,zì,四,103)

　　《文》："鼻也。象鼻形。 古文自。"

【按】甲文形體及説解見上面"白"(zì)字。因爲人們説到自我時,常指自己的鼻子,所以後來"自"成了"自己"的"自"。於是,又另造一個形聲字"鼻"表示鼻子。故"自"、"鼻"爲古今字。

鼻(鼻,bí,四,105)

　　《文》："所以引氣自畀也。从自、畀。"

【按】由象形字"自"加聲符"畀"而成的形聲字。後起。

耳(耳,ěr,十二,439)

　　《文》："主聽者也。象形。"

【按】甲文 一期　 四期　金文 商　 商　 戰國
耳朵的象形。

例字：

取。甲文 一期　 四期　金文 西周中期

　＊右手拿一只耳朵之形。古代武士割取俘虜左耳以計戰功,稱"獲馘"。

聖(耴)。甲文 一期　 一期　 一期　金文 春秋

　＊以耳就口,博學多聞的意思。或説聽得多且宣揚之(誨人不倦)。字形从"壬"(tǐng)表示挺立突出。

　　　從造字之初看,以耳就口的説法更符合歷史情況。是"聽"的初文,從語言角度看,"聖"應是由"聽"派生出來的一個詞。本義接近於"聰",聰明人(見裘錫圭《文字學概要》132頁)。據文獻記載,歷史上第一位"誨人不倦"者是孔丘,這時"聖"字早已出現。由此字形可以看出古之人並未將聖人神化。

聲。甲文 三期　 四期

＊右手持槌擊磬之形。Γ 象石磬，中是懸於磬上的飾物，從口表示有聲音，從耳則表示能聽見，會意爲聲音聞於耳。故本義是"聲音"。在卜辭中用"聲"爲馨香義。《説文》聲從耳殸聲，本義"音也"，段注曰指一切聲音。故本義是聲音。

聞（聏、婚）。甲文 〔字形〕 一期　〔字形〕 一期　金文 〔字形〕西周早期　〔字形〕春秋　〔字形〕戰國

＊婚、聏、聞古同字。字形從跽坐之人。耳，振臂舉手，張口。本義聞報。卜辭中用爲向王報告某事之義，如"月有食，聞，八月"。字形於戰國印中作〔字形〕、從門、耳，門聲。在文獻中，聞報機構也稱聞。"嗅"爲後起義。

〔字形〕（臣，yí，十二，440）

《文》："顄（頷）也。象形。〔字形〕篆文臣。"

【按】金文〔字形〕春秋　〔字形〕春秋

王筠《説文釋例》："臣當作〔字形〕，左之圜者，頤也。右之突者，頰旁高起者。中一畫爲臣上之紋，俗稱酒窩。"于省吾："甲文無臣字，有從臣之字，如姬（〔字形〕），知臣是梳比之形。"于省吾之説可信。首先證之以古文獻，《廣雅·釋器》："筓，櫛也"；其次考之實物，筓之有孔者可穿繩佩戴於身上；再查古文中有"臣"無"梳"，"梳"是後起字。大汶口中發現象牙梳二枚17個齒（見《中國文化精要》41頁、45頁），這些，都證明于省吾之説可信。

例字：

宧（yí）。

＊《説文》："養也。室之東北隅，食所居。"因爲食之處故有養育之意。字又作頤（頤和：頤養天年，人和也），段注："東北陽氣始起，育養萬物。以形聲包會意。"

〔字形〕（皃，mào，八，314）

《文》："頌儀也。從儿。白象面形。〔字形〕皃或從頁，豹省聲。〔字形〕

籀文兒从豸。"

【按】王筠：古"貌"字。

（色，sè，九，340）

《文》："顔色也，从人卩。古文。"

【按】，"彡"，畫好的花紋。"昊"，有首有足之人。"炅"，"疑"的古文。疑，甲文一期作、等形，是出門看天色之義。故""當指人的臉色。又，黄約齋：从人巴（氾濫之氾，甲文作一期），本義是"作色"，即怒形於色的"色"。《説文》謂从卩（節），似不妥。

（先，zān，八，313）

《文》："首笄也。从儿，匕象形。簪俗先。从竹、从朁。"

【按】簪的古字。半坡遺址發現束髮的簪子 700 多件，由石、陶、骨料制成（《中國文化精要》40 頁）。又，古人簪髮亦用"匕"〔象形，匙，詳見"匕"（bǐ）字説解〕。直至魯迅筆下的阿 Q，不是還把筷子簪在頭髮上嗎？

金文西周晚期，即"冘"。《説文》："冘冘鋭意也。"也證明"先"爲簪髮之用，因爲不"鋭"是簪不進頭髮中去的。

（而，ér，九，361）

《文》："須也。象形。周禮曰：作其鱗之而。"

《周禮·冬官·考工記·梓人》"天下之大獸五：脂者（牛羊）、膏者（豕）、贏者（虎豹淺毛之屬）、羽者、鱗者（龍蛇屬）……必深其爪，出其目，作其鱗之而。"鄭注："之而，頰頷也。"鱗，頰側上出者曰之，下垂者曰而。以人體之稱施於物。

《考工記》中記之五大獸，均與祭祀有關。後三種爲畫於彝器上之圖形。

【按】甲文一期　一期　金文春秋

頰毛之形，即"鬍子"的全稱。上面一横是鬍子的根脚，下分二層：頤鬍、頷鬚。後來“而”被借爲虛詞才又造出“須”字來稱鬍子。

　　于省吾:而、須古同文,後來才分化爲二。如周器《荀伯盨》,須從而、頁作 。又,“鬚”則泛指動物頰下毛,亦證明“而”、“須”古同。卜辭中每訓“而”爲“汝”(女)。卜辭中“陑”是地名,“胹”是祭名(“胹”後來又寫作“臑”)。

須(須,xū,九,330)

　　《文》:“頤下毛也。從頁彡。”

　　【按】金文 西周晚期　 春秋　 春秋

　　作爲頰毛的“而”被借爲虛詞後,才又造出“須”。“須”,鬚髮之鬚,象形。三根毛即表示多數。當“須要”(字或寫作“需要”)的“須”是假借義。

冄(冄,rán,九,360)

　　《文》:“毛冄冄也。象形。”

　　【按】甲文 一期　 三期　金文 西周晚期　 春秋

　　象下垂的毛。加“彡”成爲長長的鬍子的意思。現在字形寫成“冉”,“冉”行而“冄”廢。

髟(髟,biāo,九,334)

　　《文》:“長髮猋猋也。從長彡。一曰白黑髮襍而髟。”

　　【按】《通俗文》:“髮垂曰髟。”後來凡是髮、鬚之類均以“髟”爲偏旁。如“髭”(口上鬚)、“髯”(頰毛)、“鬚”(“須”的俗字)、“鬍”(頤下毛)等,都是後起的形聲字。

禿(禿,tū,八,317)

　　《文》:“無髮也。從儿。上象禾粟之形,取其聲。王育説,倉頡出見禿人伏禾中,因以制字。未知其審。”

　　【按】王筠:“《玉篇》有籀文作𡱝,禿者之髮但離離如毛而已。”王説可信,今江浙人稱頭髮離離拉拉者爲“氋氋頭”(字又作㿡㿡),故從毛在人上之“𡱝”是本字。“毛”、“禾”的篆體略似(毛、,禾、),因此訛變成從禾從人。

與"目"有關的部首

目（目，mù，四，99）

《文》："人眼也。象形。重童子也。 🔲 古文目。"

【按】甲文🔲一期　🔲一期　金文🔲西周早期　戰國印🔲　戰國印🔲

眼睛的象形。字形變化是由横畫變成竪寫，但作偏旁時尚有保留横畫者。

例字：

眔（tà）。甲文🔲一期　🔲先周　🔲三期　金文🔲西周早期　🔲西周晚期

* 王延林《常用古文字字典》："象眼睛流泪之形，似泪的初文。卜辭中有作地名、祭名、連詞。"朱駿聲《説文通訓定聲》："按以目尾其後。猶孟子之施从而睊也。"

注意，"眔"與"衆"是毫不相干的兩個字，要注意區分。

直。甲文🔲一期　戰國盟書🔲

* 目光直射，本義是"直"。又因爲正直的人敢於正視别人，故又爲"正直"的直。

相。甲文🔲一期　🔲一期　🔲一期　🔲五期　金文🔲西周早期

* 裘錫圭："本義是察看，字形是用目觀察樹木。"（《文字學概要》129 頁）《説文》："省視也。"或以爲本義是盲人的手杖，即起代替眼睛的作用的木棍，故訓爲"視"、"觀"，如《詩經·相鼠》："相鼠有皮。"引申爲"輔佐"，動詞，如《論語》："相夫子。"同時輔佐的人也可稱"相"，如《論語》："願爲小相焉。"總之，"相"爲多義詞。一爲"視"、"觀"，如相機行事、相親；二爲輔佐，如"相助"；三爲輔佐

之人如宰相（相位正式設置於秦惠王時，首置之相爲張儀）；四特指扶持盲人者，如《荀子·非相》：“如瞽無相何悵悵”；五相質（質地）互文見義，如“金相玉質”“吉人天相”。

省。甲文 一期　先周　金文 西周早期 西周中期

　　* 省、眚古爲一字。字形从目生省聲，是睜大眼睛注目的樣子。本義是“視察”、“觀察”，故對自身行爲的觀察爲“反省”。後來當“減省”的“省”講。又被借爲“省市”之“省”。

德。甲文 一期　一期

　　* 从彳从直（直德古均屬職韻，音近）。卜辭中爲動詞，施德。後來才成爲名詞。

昗（夏，xuè，四，98）

　　《文》：“舉目使人也。从乡目，讀若颱。”

　　从部下所收“夐”字看：“从人在穴上。商書曰高宗夢得，使百工營求，得之傅巖。巖，穴也。”（《説文》）夐，傅説立於傅巖之上，夏，使眼色命百工去尋求。

　　【按】甲文 一期　金文 西周早期

　　郭沫若以爲是“民”的異體，即被刺瞎一目的俘虜；王延林：“象手持細針挑眼睛，卜辭中似作人名。”王説與郭説一致；亦有人从許慎之説，以爲是一手舉目，即丟眼色的意思；黃約齋以爲是居高探遠之意。

　　若从字形本義看，郭、王説爲是。但从漢代文獻中的使用情況看，則《説文》之説爲是，但這是後起義。黃約齋的説法是漢代用法之引申義。此字今已消亡。

例字：

　　“奐”从廾夐省，本義取夐也（《説文》），指取得珍貴如傅説者，故奐引申有煥然（燦爛）、盛之義。

朙（朙，jū，四，100）

《文》：“丿（左）又（右）視也。从二目。讀若拘。又若良士瞿瞿。”

【按】金文🐚🐚商　戰國印🔯

李孝定以爲甲文🐚从朙从卪，證明許慎之説“左右視”爲確。但多數人以爲字形本義不詳，故闕疑待考。詳解見下面“瞿”字説解。

瞿（瞿，jù，四，116）

《文》：“癰（鷹）隼之視也。从隹朙，朙亦聲。讀若章句之句。又音衢。”

【按】許慎説“癰隼之視”可信。段玉裁注：“經典中多假瞿爲朙”，“瞿行而朙廢矣”。由此可見“朙”、“瞿”是嗜血成性的鷹隼類猛禽在攫取食物時那種左右逡巡的兇惡、貪婪的目光。

例字：

曌（曌）。

　　＊武則天爲自己取的名字曰“曌”（取日月當空照之意，故讀音爲“照”）。但字典中“曌”還有一個異體字“曌”。武則天爲自己取的名到底是“曌”還是“曌”？二者有無區别？至今無人回答此問題。我的看法如下：

　　　《説文》：“懼……古文🧿（思）。”證明“懼”古作“思”。戰國時的金文“思”已作🧿中山王鼎　即“曌”，可知這一變化戰國時已完成。“懼”的本義是見了有一雙特殊、兇狠、惡毒、貪婪的嗜血成性的眼睛的猛禽而驚懼的意思。古代漢人從來對猫頭鷹一類猛禽懷有惡感，認爲它們的出現必伴随着灾難，所以對它們總是心懷恐懼。

　　　“曌”，首見於駱賓王《爲徐敬業討武曌檄》。駱賓王用“朙”取代了“日”、“月”。這個“曌”字形象地告訴世人：當時“臨朝”當“空”的，不是“日”、“月”，而是一雙兇惡、貪婪、嗜血成性的眼睛。這個“曌”和《檄》中“性非和順”、“豺狼成性”、“殘害忠良、殺姊屠兄、弒君鳩母……"絕妙地呼應着,這個"瞾"真是畫龍點睛之改。可惜對他這一匠心,歷來無人論及,故今天在講解"眮"、"瞿"時從根本上揭示"瞾"的真諦。

眉（眉,méi,四,101）

《文》:"目上毛也。从目,象眉之形。上象額（額）理也。"

【按】甲文 𝌂 一期　𝌂 二期　金文 𝌂 西周早期　𝌂 春秋

眉毛的象形。複雜的寫法多用於"眉壽"二字同用之時。"眉"所以與"壽"合用,因長壽者多長眉。如今民間畫的壽星老頭即長眉。

首（首,miè,四,113）

《文》:"目不正也。从屮目。讀若末。"

【按】"眉",後來分化出"屮"、"首",當眼目不明講,故"屮"加"目"成"蔑"。

例字:

蔑。甲文 𝌂 一期　𝌂 三期　金文 𝌂 西周早期　戰國印 𝌂

*立眉瞪眼,把敵人的戈踏於腳下以示勇武地蔑視敵人。卜辭中"蔑"是商舊臣的名字,是祭祀的對象。"蔑"在商代人心目中地位崇高,與黃尹、伊尹相當。卜辭中亦可通作"勉"（勉勵、嘉獎）。在文獻中還訓"無"、"滅"。

夢（夢,mèng,七,273）

《文》:"寐而覺者也。从宀、从疒,夢聲。《周禮》以日月星辰占六夢之吉凶。一曰正夢。二曰罟（噩）夢。三曰思夢。四曰寤夢。五曰喜夢。六曰懼夢。"

裘錫圭:夢从"疒"（寢之初文）夢聲。《説文》錯解形旁（《文字學概要》158 頁）。

【按】甲文 𝌂 一期　𝌂 一期　𝌂 四期　戰國印 𝌂

古夢字。甲文第一形是夢見有人抓他而醒;第二形是夢中出汗而驚醒;第三形是手壓胸口而醒。卜辭多用本義。《列子·周穆王》:"夢有六侯(占):一曰正夢(平居而夢)、二曰噩夢(驚愕而夢)、三曰思夢(思念而夢)、四曰寤夢(覺時道之而夢)、五曰喜夢(喜悦而夢)、六曰懼夢(恐懼而夢)。"《黄帝内經·靈樞》卷七:"肝氣盛則夢怒;肺氣盛則夢恐懼、哭泣、飛揚;心氣盛則夢羞笑、恐、畏;脾氣盛則夢歌、樂、身體重不舉;腎氣盛則夢腰脊兩解不屬。實盛("實盛"指實有炎症内熱)應泄之,虚則補。"可見古人對夢極重視,也頗有研究。

例字:

病(bìng)。

> *《説文》:"卧驚病也。從𤕫省,丙聲。"是一種不能酣睡極易驚醒之病症。又《正字通·疒部》:"病,多寐也。"是一種嗜睡症。反義爲訓,施受同辭。

寐。

> *《説文》:"卧也。從𤕫省,未聲。"——正常的睡眠。

寤(hū)。

> *《説文》:"卧驚也,從𤕫省從言。一曰小兒號寤寤。"方言(江蘇)睡醒一覺爲寤。

癔(yì)。

> *《説文》:"瞑言也,從𤕫省臬聲。"即説夢話。同"囈"。

見(見,jiàn,八,318)

> 《文》:"視也。從目儿。"

【按】甲文 先周　一期　一期　金文 西周晚期　戰國盟書

人頭上突出一只眼睛,表示看見的意思。"目"字由横寫變成竪寫,約完成於戰國時期。

覞(覞,yào,八,319)

> 《文》:"並視也。從二見。"

【按】《廣韻》:"普視。"王筠:"並視。"

亡(亡,wáng,十二,457)

《文》："逃也。从入乚。"

【按】甲文 ⿰ 一期　⿰ 三期　⿰ 四期　金文 ⿰ 西周早期　⿰ 西周晚期

亡，盲的本字。由"臣"轉化而成，"臣"（⿰），睜開的眼睛眼珠被刺破了，就剩下一個"入"在"乚"上成了"亡"。字形變化：⿰——⿰——⿰（橫寫）——亡。在"亡"上加"勹"成"匃"（甲文 ⿰ 一期　⿰ 一期），是扶杖的人之形，即求乞的盲人。卜辭中爲灾害義，如"疾而亡匃"即急病無害之義。在卜辭中"亡"都作"無"（没有）解，如 ⿰（"亡灾"，即無灾）。而"無"與"舞"同字，是一種祭祀的禮儀。

與"口"有關的部首

⿰（口，kǒu，二，22）

《文》："人所以言食也。象形。"

【按】甲文 ⿰ 三期　⿰ 三期

象人的口之形狀，也代表一切"口儿"。

例字：

向。甲文 ⿰ 一期　⿰ 三期　金文同甲文之形。

　　＊是房屋中向北的窗口。如《詩經・七月》"塞向墐户"的"向"，即
　　　指北向之窗。後來才引申爲"方向"的"向"。

⿰（凵，qiǎn，二，23）

《文》："張口也。象形。"

【按】王筠《說文釋例》：凵，口的變體，不能獨立成字。許慎誤分爲兩個部首。凵爲無字部首，即其部之下未收一字。

⿰（吅，xuān，二，24）

《文》："驚嘑也。从二口。讀若讙。"

【按】從許慎之說，"嘑"，本作"誇"，或作"呼"。《玉篇》釋爲"囂"。

品（品，pǐn，二，42）

《文》："衆庶也。从三口。"

【按】甲文品一期　品四期　金文品西周早期、中期　品春秋

李孝定：本義或以爲象列星之形。卜辭中均爲祭名。徐灝《説文解字注箋》："庶物謂之品物，引申之義也。"郭沫若："依金文例，土田、氏族、國邑、臣僕等均可言品。"徐、郭之説，證明許慎的"衆庶"之説是後起的引申義。

品品（㗊，jí，三，45）

《文》："衆口也。从四口。讀若戢。一曰呶。"

【按】从許慎之説。从例字"囂"、"嚚"更證明許慎之説爲確。

例字：

器。金文器西周早期　器戰國

　　*字形从㗊，犬聲。器，溪紐質部；犬，溪紐元部。質、元旁對轉，故犬、器雙聲部近，犬爲聲符。器，最早指陶器。如《老子》"埏埴以爲器"，埴，即制陶的原料黏土。至先秦時已泛指各種器物了。故《爾雅·釋器》包括玉器、銅器、木器、竹器、兵器等，後進而成爲哲學概念，指世上一切物質。與稱精神的"道"對稱。如《易·繫辭》："形而上者謂之道，形而下者謂之器。"

囂。甲文囂一期

嚚。金文嚚西周晚期

　　*這兩個字均如商承祚所説，象衆口之曉曉。从這兩個字也證明了"㗊"爲衆口的意思。卜辭中多作人名、地名。

告（告，gào，二，21）

《文》："牛觸人，角著橫木，所以告人也。从口从牛。《易》曰：僮牛之告。"

【按】甲文 ☒ 一期　☒ 四期　金文 ☒ 西周中期　☒ 西周晚期

學者們多以爲是“手銬”的“銬”的本字。古人用牛作祭祀的福物，牛觸人即兇而不潔，不能用來祭祀，因此在牛角上著一橫木防其觸人以説明此牛將用來祭祀。今桎梏（gù）的“梏”用的是本義。“告訴”是引申義。

俞敏老師以爲“☒”是象形，兩角雙耳，加“☒”於牛口，防其食苗。以“☒”加牛口，也是桎梏、約束之意，因童牛無角，無所置木，故許愼之説不當。俞敏老師之説爲確。

古（古，gǔ，三，53）

　　《文》：“故也。从十口，識前言者也。☒古文古。”

【按】甲文 ☒ 一期　金文 ☒ 西周早期　☒ 西周中期　春秋石鼓 古

“古”从“十”（古“甲”字詳見干支字“甲”字説解），是指開天闢地的時代，从“口”表示講述。所以“古”是講述開天闢地時的事情。又，郭沫若以爲“鹽”之初文，唐蘭以爲从“冊（guàn）”聲、从口得義，“古”是武丁時貞人名。備考。

谷（谷，jué，三，48）

　　《文》：“口上阿也。从口，上象其理。☒，谷如此。☒，谷或从虙肉。”

【按】《説文》：“口上阿”之“阿”當“曲”講，即人咧嘴笑時口上彎曲的笑紋。甲文、金文中均無此字。今上海方言説好笑爲“噱頭”（字亦作“臄”）可證。又，《廣雅·釋詁》：“笑也。”亦可證明許愼之説爲確。

例字：

　　容。小篆“从宀从谷”即人在屋内笑容可掬，表示胸襟寬和，即本義“盛”（《説文》）。一爲儀容（容貌）莊盛從容，亦即從容、寬容之意。其二，又因心胸寬和能容納一切，故引申有容納、包容、收容（“盛”第二個含意）之義。

哭（哭，kū，二，25）

　　《文》：“哀聲也。从吅从獄省聲。”

【按】甲文 象一人掰踴之形。羅振玉、葉玉森等認爲由"喪"演變而來，故從"喪"説起。

首先，古"喪"、"噩"、"咢"同字；其次，從字形考察："喪"，甲文 一期金文 西周早期 西周晚期　象滿樹未開的花朵之形，且多以桑得聲。這就有兩個意思：一是古"蕚"字；二則有花蕚未開而僵死或花落的意思。古人認爲"花落"和"人亡"是兩個有聯繫的概念，證明有兩點：一是從西周晚期金文看，字形從"喪"從" "（走），即快速地跑掉之意，所以"喪"在卜辭中除作地名外，還有逃亡、亡失之意。如"喪衆"（喪失軍隊），這"喪"失的"衆"，可以是被打散跑了即逃亡者，也有是戰死者。可見古人在造字之初，似就以花落來表示"人亡"。二是從文獻看，如《詩經·摽有梅》的"摽"即"餓殍"的"殍"（詳見"受"字説解）。直至《紅樓夢》中林黛玉的"葬花辭"中還有"花落人亡兩不知"之句。

現在再來談爲什麼"哭"是"喪"演變而來。第一，國家"喪衆"就意味着被敵國打敗，是亡國的徵兆，當然應痛哭之；第二，人的悲哀莫大於喪失親人，此時之人莫不痛哭流涕。所以"哭"由"喪"演變而來是很自然的。

又，于省吾以爲桑（"桑"的本字）爲喪亡之喪，乃借字，"哭"即由"喪"演變而來。亦可。

（曰，yuē，五，151）

《文》："詞（詞）也。从口乚（yǐn）。象口氣出也。"

【按】甲文 一期　 五期　金文 西周早期　 春秋　戰國印

口上加一道，表示從口中出來的氣。這一道有時向上曲，顯示出口中之氣向外出，所以"曰"是口中發出的聲音。"曰"和今天的"説"是有區別的，許慎説"曰"是詞也。"詞"，舊指虛詞，如王引之《經傳釋詞》就是解釋《經》、《傳》中虛詞的專著。古人給"詞"下的定義是"意内而言外"，即只起語法作用的詞。所以"曰"是衹起語法作用的"詞"，和動詞"説"不同。"子曰"即"孔子口中發出的聲音"的意思。當然，今天翻譯古文不必如此拘泥，不過對"曰"和"説"的區別心中應該明白。又，我以爲有一些虛詞除語法作用之外，對其詞彙意義也不應忽視（請參閲拙作《古漢語中幾種常見語法現象探源》，載《北京師範大學學報》1983 年第 4 期）。

（乃，nǎi，五，152）

　　《文》："曳詞（詞）之難也。象氣之出難也。　古文乃。　籀文乃。"

【按】甲文 一期　三期　金文西周早期　春秋

用彎曲的筆道表示出氣之困難。在古文獻中可作代詞、副詞、連詞、發語詞，也相當今天的繫詞表示判斷。不管詞類如何，凡用"乃"都有表示經過慎重思考而鄭重其事的意思。又，"逎"義與"乃"同。又，趙誠以爲"乃"字形不明，其語法意義、語氣在卜辭中並不那麼強，後來才強起來。作人稱代詞是假借義。

（丂，kǎo，五，153）

　　《文》："氣欲舒出丂上礙於一也。丂，古文以爲虧字。又以爲巧字。"

【按】"丂"由"考"簡化而來（詳見"老"字的説解），故本義是年老。後來有氣出受阻的意思，並由氣出受阻的"丂"派生出"兮"、"号"等字。

（亏，yú，五，157）

　　《文》："於也。象氣之舒亏。从丂，从一。一者其氣平之也。"

【按】甲文一期　一期　金文西周早期　春秋

　　＊于初文作，是"竽"之本字，字形象手持樂器竽之形。後借爲虛詞，省形作"于"。

　　胡小石："於爲于之假借字，秦以後始用之……卜辭用'于'有三例：一以示地、二以示時、三以示人。"

（号，háo，五，156）

　　《文》："痛聲也。从口，在丂上。"

【按】從"丂"（呵），表示氣出受阻，但因氣盛（極度悲痛或憤怒，故字從"口"）終於冲破阻礙而出。不少學者亦以爲與"乎"（卜辭用爲"評"，甲文 丷丂　丷丂　金文 乎）同源，今有"乎号"（呼號）可證。"乎"，"丂"上的三點表示氣出之盛而且能及遠。在卜辭中有命令（對下）、呼吁（對上）二種意思。

兮（兮，xī，五，155）

《文》："語所稽也，從丂八。象氣越虧也。"

【按】甲文 丂 一期　兮 三期　兮 四期　金文 兮 西周早期　兮 西周晚期

"丂"上加"八"，顯示出氣痛快，表示語後拖長之聲調，即感嘆之語氣，與今天的"啊"相似。孔廣居：兮，詩歌之餘聲也。又，卜辭中多"兮"，一爲地名、二爲與"昏"對舉的記時字，郭沫若説是"曦"的借字。董彦堂以爲是"昕"的借字。

可（可，kě，五，154）

《文》："肎也。從口𠀎，𠀎亦聲。"

肎，即"肯"字。

【按】甲文 可 一期　可 三期　金文 可 西周晚期　可 春秋　可 戰國

可在卜辭中一有肯、宜義；二爲方圓名。對"可"字的構形，學界衆説紛紜：或説"實爲曲柄斧之柯柄"（《字典》506 頁）；或説"實象枝柯之形……了即可"（李孝定）；或説"從口丂，與号同，爲訶之古文，大言而怒也"（林義光《字源》，引自《常用古文字字典》279 頁）。古文獻中"可"與"能"是有區别的，"可"側重於表示客觀條件許可。如《左傳·莊公十年》："公將鼓之，劌曰未可，齊人三鼓，劌曰可矣。"而"能"則側重於表示主觀上具備的能力。如《孟子》："爲長者折枝，非不能也，是不爲也。"後來"可"、"能"連用，是表示主客觀條件都具備的意思。

只（只，zhǐ，三，49）

《文》："語已詞也。從口，象氣下引之形。"

【按】氣已下咽，表示話説完了（語已詞），如《詩經》"母也天只，不諒人只”的“只”。作爲虚詞“只有一個”的“只”，是假借義。

𧮫（言，yán，三，56）

《文》：“直言曰言，論難曰語。从口，辛聲。”

【按】甲文𧮫一期　𧮫一期　𧮫四期　金文𧮫西周早期　戰國簡𧮫

“言”从“𧮫”（辛或辛，本同字，柴薪的意思。詳見辛、辛二字的説解）从“口”，口上加辛（薪）即口中發出的叢雜的聲音。

“言”、“音”在先秦常常通用，二字同名。

𧮫（音，yīn，三，58）

《文》：“聲生於心有節於外謂之音。宫、商、角、徵、羽，聲也。絲、竹、金、石、匏、土、草、木，音也。从言含一。”

【按】金文𧮫春秋　戰國盟書𧮫

卜辭中“言”、“音”爲一字。字形在西周楚王領鐘的銘文中才開始有區别，但用法上仍相通互用。

許慎明確地指出“聲”（即今天“聲樂”的“聲”）和“音”（即今天“聲音”的“音”）的區别。考之文獻，知“音”指的是“聲音”的“音”而非“音樂”的“音”。“音樂”，古代只稱爲“樂”（詳見下面“龠”的説解）。于省吾：“音”又常與“歆”通。

𧮫（誩，jìng，三，57）

《文》：“競言也。从二言。讀若競。”

【按】饒炯《説文解字部首訂》：“誩者，猶二人直持其説各不相讓，蓋争言也。但争者以手（甲文𧮫）其意有惡無美；誩者以言，其意有惡有美。”

例字：

競。甲文𧮫𧮫一期　𧮫𧮫三期　金文𧮫西周晚期

＊从二人，从言。从金文字形“言”上有“川”，表示説話滔滔不絕。故爲二人各執己説争論不休。

（龠，yuè，二，43）

《文》："樂之竹管。三孔。以和衆聲也。从品侖。侖，理也。"

【按】甲文一期　一期　金文西周早期　西周晚期

古代的樂器。郭沫若以爲象編管之形。字形是：""象竹管，""象竹管之口，""象束竹管之箍。有的字形還加上""（"集合"的"集"），即將竹管集合而箍上。

"龠"加"金"旁成"鑰"。古代的鎖鑰，如《左傳》"掌其北門之管"的"管"，即鑰。

例字：

龢、蹦。金文西周中期　西周中期

＊"音樂"的"樂"的古字。象以""（"力"字）奏樂器之形。

（辡，biàn，十四，522）

《文》："辠（罪）人相與訟也。从二辛。"

【按】《集韻》："辡或从言。"饒炯《説文解字部首訂》："辡即争辯本字。"

（舌，shé，三，46）

《文》："在口。所以言别味者也。从千口，千亦聲。"

【按】甲文一期　一期　戰國陶

舌的象形，字形从口，从分叉的舌形。爲何舌頭分叉？余永梁、于省吾等以爲蛇的舌頭分叉最有特徵，故以蛇舌之形造字。郭沫若等引《山海經》歧舌國之説不可信。

（甘，gān，五，150）

《文》："美也。从口含一。一，道也。"

【按】甲文一期　一期　戰國印

"口"中有一道表示食物。食物含於口中捨不得咽下去表示味道甜美，故"甘美"、"甘甜"爲本義。又，"甘"在卜辭中多爲地名，字形亦作"邯"，因此也有人説"甘美"是假借義。備考。

（旨,zhǐ,五,158）

《文》:"美也。从甘,匕聲。 居古文旨。"

【按】甲文 一期 一期　金文 西周早期 春秋

吴式芬《攈古録金文》:"从千从甘爲旨,言甘多也。"千,指衆多的意思。字形是由舌形變化而來。

由於"旨"有甘美的意思,故"脂肪"的"脂"从"肉"(月)、"旨"得義,亦从"旨"得聲。

（齒,chǐ,二,38）

《文》:"口齗(yín,齒根肉)骨也。象口齒之形。止聲。 古文齒字。"

【按】甲文 一期 一期 一期　金文 戰國

王筠:"口張齒乃見。"可見"齒"指的是門牙。"齒"是象形字,晚周時字形才加"止"聲而成爲形聲字。

卜辭中"齒"有三種用法:一是"疒(病)齒"之占,即指齒牙有疾而言;二是指牛的年齒;三是指差錯、灾害,故卜辭中對人事舛牾和禍祟往往以"齒"言之。如:"王固曰:不吉,氐(致)齒。""王固曰,吉,亡(無)來齒。"這是由齒牙相切相錯的特點引申而來的引申義。

（牙,yá,二,39）

《文》:"壯齒也。象上下相錯之形。 古文牙。"

【按】金文 春秋 春秋　戰國印

王筠:"在頤内謂之牙。"可見"牙"是指今天的"大牙"、"臼齒"。字形象兩臼齒相咬之形。"牙"比"齒"出現得晚,周代銘文中才出現"牙"字。

（欠,qiàn,八,320）

《文》:"張口气悟也。象气从儿上出之形。"

【按】甲文 一期 三期

象一人張大嘴打呵欠之形。打呵欠説明人精神欠缺,故以爲"欠缺"的"欠"。後來嘴變成了"ㄅ"形,字遂寫成"欠"。

龡(歙,yǐn,八,321)

　　《文》:"歠也。从欠酓聲。 𣢺 古文歙,从今水。 𣣆 古文歙,从今食。"

【按】甲文 𣢺 一期　𣢺 四期　金文 𣣆 春秋　戰國印 𣣆

"飲"的本字。一個人低着頭伸着舌頭向酒罐飲酒之形。後來"口""舌"訛變成"今",並作了聲符,"酉"(酒罐)仍保留着,人的身體變成了"欠",於是字形就成了形聲字"歙"。字義也不再局限於飲酒。現在"歙"消亡而"飲"通行。

㳄(次,xián,八,322)

　　《文》:"慕欲口液也。从欠水。 㳄 ,次或从侃。"

【按】甲文 𣨛 三期　金文 㳄 西周早期　㳄 春秋

王筠:古"涎"字。"次",口水外流之形,動詞。同時,外流的口水也叫"次",是名詞。這兩種用法卜辭中都有。又,"㳄"與"次"是兩個字,要注意區别。

旡(旡,jì,八,323)

　　《文》:"飲食屰气不得息曰旡。从反欠。 𣨥 古文旡。"

【按】甲文 𣨥 一期　𣨥 二期　金文 𣨥 商　𣨥 戰國

"既"的古字、簡寫。一個人吃飽了把頭轉過去,所以"既"有"已經"的意思。唐蘭:旡,字形是"欠"的變體。

與"手"有關的部首

手(手,shǒu,十二,441)

　　《文》:"拳也。象形。 𠂪 古文手。"

【按】金文 � 西周中期　戰國印 �

一隻手五個指頭的象形。作偏旁寫作"扌",稱"提手",或寫作"手"。

例字:

折。甲文 𣂖 一期　𣂖 一期

　＊以"斤"(斧)砍木、木折之形,故本義爲折斷。甲文字形"斤"在
　　左在右無區別。後來字形才變成从扌从斤,而且"斤"一定在
　　右邊。

𢏚 (又,yòu,三,76)

　《文》:"手也。象形。三指者,手之列多略不過三也。"

【按】甲文 � 一期　� 五期　金文 � 西周早期　戰國盟書 𢏚

古手的象形,是"右"的本字。清代汪中《述字·釋三九》中指出,"三"
在文獻中指多數而不泥於三個。故手爲三指,實指多個(五個)之意。"又"
的本義是幫助,後來當幫助講的"右"寫成"佑","右"才成爲右邊的"右"。作
偏旁時寫作"又",有時也寫作"ㄠ"。

例字:

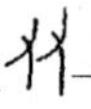

友。甲文 𠬪 一期　𠬪 一期　金文 𠬪 西周中期

　＊从兩只右手,表示二人互相幫助。古代兄弟之間稱"友于"之
　　"友"是本義,朋友的"友"是引申義。金文字形是得友誼而甘,不
　　過這一字形未流傳下來。

及。甲文 𠬝 一期　𠬝 四期　金文 𠬝 西周早期

　＊右手捉住一人,本義是"逮"、"趕上"。現在説的"及格",即逮住
　　那條合格的綫,用的是"及"的本義。

叟(叜)。甲文 � 一期　� 一期

　＊"叜"是"叟"的本字。古人穴居,在探測新居時持火把的人,即引
　　路人,必是經驗豐富的老年人,因爲"老馬識途"之故。故"叟"是

對老人的尊稱。朱駿聲以爲是"搜"的本字(從又持火屋下探物也),恐非。因爲"搜"是引申義。

　　因"叟"是老人,所以年長的女子爲"嫂";食物放久了就"餿"了;水分在人體内潴留久了變成"溲"("尿"的本字);病得久了則"瘦";春天在野外長久地搜捕野獸叫"獀"(字亦作"蒐");在某處查找時間長了叫"搜"。所以朱駿聲説"叟"的本義爲"搜",是把引申義誤當成本義了。"嫂"、"餿"、"溲"、"瘦"、"搜"、"獀"中的"叟"都是既作聲符又兼義符。真正僅作聲符的"叟"衹有"艘"字。

隻。甲文 <!-- 甲骨文字形 --> 一期　金文 <!-- 金文字形 --> 西周早期 <!-- 字形 --> 西周中期　春秋石鼓 <!-- 字形 -->

* 右手捉住一隻鳥之形,本義是"一隻"的"隻"。又,唐蘭以爲古"獲"字。

雙。戰國簡 <!-- 字形 -->

* 右手捉住兩隻(一雙)鳥之形,本義是一雙的"雙"。

啟。甲文 <!-- 字形 --> 一期 <!-- 字形 --> 一期

* 右手打開門户之形。卜辭中多作天晴,即取天門開啟之意。現代方言仍有天晴日出爲"天開"之説。

<!-- 字形 -->(有,yǒu,七,238)

《文》:"不宜有也。春秋傳曰:日月有食之。從月,又聲。"

【按】甲文 <!-- 字形 --> 三期 <!-- 字形 --> 四期　金文 <!-- 字形 --> 西周早期 <!-- 字形 --> 西周晚期

一説在卜辭中"有"是"又"(右)的别體,而金文字形是右手持肉,故爲"有無"之"有",是後起義。又,趙誠以爲甲文中"<!-- 字形 -->一期"爲"有"字,意義上除與今之"有"相同外,在卜辭中還是祭名(侑祭)。

<!-- 字形 -->(丸,wán,九,355)

《文》:"圜也。傾側而轉也。從反仄。"

【按】金文 <!-- 字形 --> 商　<!-- 字形 --> 商

博丸之形,即古民歌"斷竹續竹、飛土逐肉"中"飛土"之形。

史(史,shǐ,三,78)

　　《文》:"記事者也。从又持中。中,正也。"

　　【按】甲文 史一期　史三期　金文 史西周中期　史西周晚期

　　吳式芬《攈古錄金文》:史,又(右手)持中。"中",吳大澂、江永以爲"中"是簡册;王國維以爲是盛筭(籌)的器具,並說"筭"與簡策本爲一物,皆爲"史"所持;馬叙倫以爲是倒筆。"中"和中正的"中"(甲文中一期)、伯仲的"仲"(金文中西周晚期)寫法不同,不是一個字。中,甲文作 中、中,測風向立之旗杆,故飄帶向一個方向。加□成 中,測日影,故"中日"是卜辭中記時之專用詞(約午12時左右)。又西周時(於今3000年前)周公在告城用8尺土圭觀日影,夏至日午時日影長1尺5寸落於正中。故稱中國,豫州處中間故稱中原。以本國爲世界中心,非我國獨有。如《瑞應經》記如來降生之天竺"迦維羅衛者,天地之中央"。而中,是盛簡册之器,與"中"不同。總之,"史"是右手持"中"(一種盛簡册之器),表明是掌管文書的官,《周禮》"凡官屬皆有史掌官書以贊治也"可證。

　　古"史"、"使"、"吏"、"事"四字同源。卜辭"史"、"事"同字。

　　"事"(金文 事乙未敦,吳式芬以爲是"事"最早的字形)从"史"(右手持簡策)出疆界(即出使別國)立於旗下(旗,本國的標誌)。

　　《左傳·成公十五年》:"國之大事,惟祀與戎。"祀、戎均和旗分不開。事,以旗聚衆,是手持旗行進,即打仗時指揮軍隊。

　　"吏"是"使"、"事"的簡化寫法。

　　總之,王國維《觀堂集林》"史之本義爲持書之人,引申而爲史官、庶官之稱,又引申爲職事之稱。其後三者各需專字,於是史、事、吏三字於小篆中截然有別"。"史"掌管歷史,因爲古人認爲最根本的"法"是講述祖先如何行事,故最大的不法行爲是"忤逆"、"不肖"(不像祖先那樣行事)。所以作爲掌管歷史的"史",重要的職責之一是講"法"、"理"。"理"又可寫作"李",故出使别國的使臣(亦稱爲"行人")到别國去説"理"就稱爲"行李",如《左傳》:"行李之往來,供其乏困。"今天"行李"已不能用以指人而專指物了。

　　又,周代諸侯的史官多由王室委派,只對周王負責,故史官"書法不隱",致有崔抒三殺史官的史實(事見《左傳》等史書)。

聿(聿,niè,三,80)

　　《文》:"手之疌巧也。从又持巾。"

　　【按】甲文 一期　金文 商　西周早期　春秋

　　古"聿"、"聿"同字。右手執筆之形,本義是"書寫",動詞。

聿(聿,yù,三,81)

　　《文》:"所以書也。楚謂之筆,吴謂之不律,燕謂之弗。从聿一。"

　　【按】古聿、聿同字。詳見上面"聿"的説解。

例字:

尹。甲文 一期　 一期　金文 西周中期　 春秋

　　* 右手執筆的人,官名。卜辭中有黄尹、伊尹、多尹。黄尹、伊尹爲賢臣。

君。甲文 二期　金文 西周中期　 春秋　戰國簡

　　* 右手執筆而且口中發號施令者,故爲"君主"的"君"。卜辭中尹、君同義。周代金文中"君"才有國君之意。

肇。金文 西周早期　 西周中期

　　*《爾雅》:"始也。"本義是春天撲打北向窗的土坯(《詩經·七月》"塞向墐户"指入冬時以土坯塞北向窗以防寒),是一年農事的開始,值得書寫。故"肇"有"開始"的意思。

畫(畫,huà,三,82)

　　《文》:"介也。象田四介。聿所以畫之。　古文畫、　亦古

文畫。”

【按】甲文 一期　金文 西周早期　西周早期　西周晚期

字形上半是右手執筆,下半是兩脚規。金文則加“田”更明確地指明是畫田地之界。“畫”字王國維以爲初文作“妻”,西周早期字形才定爲“畫”。“妻”在卜辭中亦作人名、地名。

“畫”本可歸入“聿”部或“田”部,許慎所以把它單獨立爲部首,是因爲“畫”字反映了古代重要的政治生活、經濟生活的内容,《孟子·滕文公上》:“仁政必自經界始。”可見經畫田界的重要。這也是許慎“文字者,經藝之本、王政之始。前人所以垂後,後人所以識古”這一文字學觀點的反映。這也證明了許慎《説文解字》的五四〇部首是文字學的部首,它與從《字彙》(明梅膺祚編撰)開始直至《康熙字典》、《辭源》、《辭海》等使用的檢字法部首是不同的。

(隶,dài,三,83)

《文》:“及也。从又尸(尾)省。又持尸者,从後及之也。”

【按】金文 春秋　戰國印 　

右手抓住一條尾巴,“逮”的本字。

“隶”和“奴隸”的“隸”無關。“奴隸”的“隸”字形本爲“㸤”,顧藹吉《隸辨》:“諸碑隸皆作㸤,無从隶者。”《九經字樣》:“周孔女子入於春槀,男子入於罪隸,隸字故从又持米。”可見“奴隸”的“隸”字形本來从“又”(右手)、“米”,而與“隶”無關,是字形訛變後才寫成“隸”的。

(寸,cùn,三,89)

《文》:“十分也。人手卻一寸動衇(脈)謂之寸口。从又一。”

【按】右手下加一個指示符號,指出離手掌一寸動脈所在之處,因而作“尺寸”之“寸”講。从“寸”的字其實都从“”(右手)。

例字:

導。金文 (貉子卣)、(曾伯簠)、(散盤)。字从首从行。或加从手、从止。行、彳均爲行走於路上之義；首，領路人、引導者。加"手"則更明確其"引導"義。是"道"的初文，本義爲引導。"導"之字字形後起。《説文》："導，引也。"

封。甲文 二期　金文 西周晚期

　　*右手拿樹苗種植於土中之形，本義是種樹。古代貴族在受國君册封之命令後，在分給自己的疆土邊界上種植樹木以劃清疆界，這就是"封邦建國"，簡稱"封建"，所以"封"的本義是種樹。

　　　　"封"，後來又引申爲邊界、封疆，名詞。守邊境的官吏也就稱爲"封人"。如《左傳·隱公元年》："潁考叔，潁谷封人也。"又，因種樹時，樹根所帶的舊土越多、樹的成活率越高，故引申爲"大"，如《山海經》"封豕修蛇"（大的野豬長的蛇）。又，今天"封口"的"封"是動詞，是引申義。

尃。甲文 金文 卜辭中用爲"博"。銘文"敷"，頒佈、發佈之意，甫。《説文》爲男子美稱。金文亦爲"圃"之本字。見《金文詁林》四卷 2057 頁。

專。甲文 爲紡磚，字象用手轉紡磚形。本義爲"轉"。卜辭中爲人名。

寺。金文 銘文作"持"（《詁林》四，1854 頁）。"寺，廷也。有法度者也"（《説文》），即官署，"朝中官曹所止理事之處"（朱駿聲）。漢明帝時，迦葉摩騰、竺法蘭始以白馬駝經入中國。明帝使處之鴻臚寺，後選白馬寺居之，取鴻臚寺之義。後隋曰道場，唐曰寺、宋時大者曰寺，次曰院（見宋趙彦衞《雲麓漫鈔》）。

（尺，chǐ，八，306）

　　《文》："十寸也。人手卻十分動脈爲寸口。十寸爲尺。尺，所以指尺規榘事也。从尸、从乙。乙，所識也。周制，寸、尺、咫、尋、常、仞諸度量，皆以人之體爲法。"

【按】王筠:"自肘去腕爲尺脈。"許慎對"尺"的説解很精彩。"咫",是以中等身材婦人的臂長而定的長度,僅八寸,這是因爲中婦人臂的長度短於以男子臂長爲準而定的"尺"的長度之故;"尋",(甲文 ⚹、⚹、⚹)是人兩臂伸開的長度;"常",是"尋"的一倍,段玉裁:"或曰常當作丈","尋即是仞"。

不僅漢民族衡量長度如許慎所説:"皆以人之體爲法。"其他民族亦然。如英文中一英尺就是一脚長,故"尺"、"脚"都是 foot;古法蘭西人、荷蘭人一寸就是一拇指長;古羅馬人一千步叫一里等。

与 (攴,pū,三,92)

　　《文》:"小擊也。从又,卜聲。"

【按】甲文 ⚹ 一期　⚹ 一期　金文 ⚹ 西周早期　⚹ 西周晚期
右手執棍(或柴枝)敲打之形。作偏旁時也寫作"攵"、"支"。

例字:

　　牧。甲文 ⚹ 一期　⚹ 一期　金文 ⚹ 西周早期

　　　＊右手持柴枝趕牛之形。放牧牛或牛群是其本義,後來才擴大爲放牧一切家畜(羊、馬等)。

　　敗。甲文 ⚹ 一期　⚹ 一期　金文 ⚹ 春秋

　　　＊右手持棍撲打貝之形。古"貝"、"鼎"通用,故字形可寫作"敗",也可寫作"敗",後來僅流傳一個"敗"形。本義是"敗壞"的"敗"。

　　攺。甲文 ⚹ 一期(《總集》卷 1,4 頁、113 號正甲)。

　　冠。金文 ⚹ 象以手持冠加於人之頭上。

　　寇。金文 ⚹ 西周中期　⚹ 戰國

　　　＊外來的人右手持棍打屋内的人,意思有兩個:一個是名詞"外寇",即外來的敵人;另一個是動詞"侵入",所以"侵入"也叫"寇"。

⚹ (教,jiào,三,93)

　　《文》:"上所施,下所效也。从攴、爻。 ⚹ 古文教。 ⚹ 亦古

文教。"

【按】甲文 ![字形]三期　![字形]三期　金文 ![字形]西周晚期　![字形]春秋　![字形]戰國

從攴從子，爻聲(或説爭亦"孫"字)，故爲以强制手段(從"攴")教育後代之意，並以甲文 爲與"教"同字來證明"教"的本義。

郭沫若以爲殷商時代，鄰國多派遣子弟遊學於殷。趙誠以爲從卜辭中考察，"教"是地名，與"教學"之"教"無關，而"學"則包含"教"與"學"兩個方面(古文獻中施受同辭者甚多，如受、丐……)，後來由於意義上的區別，導致字形上分化成"斅"(教)、"學"兩個字。後來又將"斅"(甲文 ![字形]一期 ![字形]卜一期　金文 ![字形]西周早期　![字形]春秋)寫作"教"，故"教"是借形字。趙誠將字形變化列表如下：

學 ⟶ 學 ⟶ 學
　　　↘ 斅(增加形符"攴")

教(地名) ⟶ 教 ⟶ 教(借地名"教"之形)

總之，從字形結構看，"教"、"學"二字均從"爻"得聲，甲文"學"從爻從六，作 ![字形]、![字形]等形。慧苑《華嚴經音義·正覺》："覺字從學，學字從教，教字從爭，爭字從爻，圓圓生聲，義轉相生也。"也證明了這一點。

《文》："逐也。從攴，方聲。"

【按】金文 ![字形]戰國

東周時出現的形聲字，"方"，國也。以"攴"驅趕至其他方國即流放，故本義是"放逐"。

《文》："去竹之枝也。從手持半竹。　![字形]古文支。"

【按】金文 ![字形]春秋

本義是用手披竹葉,後來成爲"分支"的"支"。作偏旁與"攵"、"攴"、"寸"、"又"通用。

𠂇(ナ,zuǒ,三,77)

《文》:"左手也。象形。"

【按】甲文𠂇二、四期　金文同甲文形。

左手的象形,名詞。"ナ"、"左"是古今字,"左"通行而"ナ"消亡。

𠂇(左,zuǒ,五,146)

《文》:"ナ手相左也。从ナ工。"

【按】甲文𠂇二、四期　金文𠂇西周早期　𠂇西周中期　戰國印𠂇

王筠:古佐字,輔弼之意。"左",本是動詞,即"佐助"之"佐"的本字。後來,"左"當"左右"之"左"講,才又造出"佐"字,所以"左"、"佐"是古今字。

爪(爪,zhǎo,三,73)

《文》:"虱也。覆手曰爪,象形。"

【按】甲文𠬞一期　金文𠬞西周晚期

高明《古文字類編》:"叉《説文》作𠬞,與爪爲古今字。"總之,是一手抓拿之形。作偏旁時多在字的上部。

例字:

爰。甲文𠬞一期　𠬞一期　秦銅量𠬞

＊授以具,"援"的本字。

受。甲文𠬞一期　金文𠬞西周早期　春秋石鼓𠬞

＊一隻手拿着一個東西交給另外一隻手,傳統的説法這件東西是"舟",今人則以爲是盤子之類的東西。古文獻中"施受同辭",故"受"、"授"同字,都寫作"受"。加"扌"的"授"是後起字。

爲。甲文𠬞一期　春秋石鼓𠬞

＊一隻手牽着一隻象，即人役使象之形。"爲"的本義是"作爲"的"爲"，動詞。又，古文獻載舜用象耕於歷山之野。所以聞一多説"爲"亦"嬀"（舜的姓）的古字，"爲"字與舜的傳説有關。

爭。甲文 三期

＊兩手爭奪一個東西，本義是"爭"。

（丮，jí，三，74）

《文》："持也。象手有所丮據也。讀若戟。"

【按】甲文 一期　 四期　 金文 西周中期

一人雙手有所持的姿勢。在卜辭中作人名。金文中作"持"、"執"用。《説文》指握持之義。作偏旁時寫作"丸"或"丮"。

例字：

執。甲文 一期　 二期　 金文 商　 西周晚期　 春秋石鼓

＊人種樹或種五穀之形，"樹藝五穀"的"藝"、"園藝"的"藝"，是本義。古人學習"六藝"之"藝"是引申義。段玉裁"埶，種也"。六經爲人所治，如種植於其中，故曰六藝。後人種埶作"蓺"，六經又加"云"作"藝"。"藝術"、"技藝"均作"藝"。故"藝術"的"藝""技藝"的"藝"均爲引申義。

　　唐蘭以爲人持木爲火炬形，是"燕"的本字。恐非。

執。甲文 一期　 一期　 金文 西周中期　 西周晚期

＊從"幸"〔詳見"羍"（niè）的説解，"羍"，甲文作 ，隸定作偏旁時作"幸"，即手銬之形〕，從"丸"（即"丮"，見"丮"字説解）。即用桎梏銬住罪人雙手之形（金文中還有梏住雙足之字形者，意同），本義是抓住罪人，動詞。後來"執"的詞義才擴大成爲"捕捉"的意思。

執。甲文 一期　 金文 西周晚期

＊雙手奉""（奴，卜辭中的字形省去"奴"形）獻享於""（宗廟）之形，本義和祭祀有關。因爲祭祀的福物要用熟物，所以"生熟"的"熟"是引申義。後來"孰"被借爲疑問代詞，於是"生熟"的"熟"就在"孰"之下加義符"火"（灬）而寫成"熟"。

巩。金文西周晚期　西周晚期

＊从"工"从"廾"，象雙手捧"工"之形（詳見"工"字的說解，這裏是雙玉之形）。在銘文中有保護好不要失去的意思，後來引申爲"鞏固"之意。字亦作"摯"。

（鬥，dòu，三，75）

《文》："兩士相對，兵杖在後，象鬥之形。"

【按】甲文一期　一期

兩人相鬥之形，第二形則更爲相鬥時怒髮上衝冠之狀。

（奴，pān，三，65）

《文》："引也。从反、、，或从手从樊。"

【按】段玉裁、王筠等均認爲是古"攀"字。

（収，gǒng，三，62）

《文》："竦手也。从、。，揚雄説从兩手。"

【按】甲文一期　金文西周晚期

今之"拱"字，字爲象形。作偏旁時作"廾"、"大"等形。

例字：

弄。甲文一期　一期　一期　金文商　戰國

＊从"工"（雙玉。商代金文中从"壬"更是多塊玉相連之形）从"廾"，象於宀穴中（甲文第三形此意更明確）得玉雙手把玩之形。故引爲"玩弄"之玩。古人有名"弄玉"者，用的是"弄"的本義。又，或説"弄"爲治玉之形，亦可。

樊。金文🈳西周晚期

　　＊用雙手將荆條編成籬笆。“樊籠”、“樊籬”爲本義。如《紅樓夢》寫寶玉去考場爲“冲出樊籠第一關”。

奉。甲文🈳一期　金文🈳西周晚期

　　＊雙手捧小樹之形。銘文中爲“封”之借字。小篆从手从収，丰聲（《説文》）。

戒。甲文🈳一期　🈳四期　金文🈳西周晚期

　　＊雙手持戈形，本義有二，一是戒備、警戒。二是持戈而舞，即“祴”（宗廟祭）的本字。

丞。甲文🈳一期　金文🈳西周早期　戰國印🈳

　　＊人落於陷阱之中，有自上用雙手救之者，“拯”的本字。

承。甲文🈳一期　金文🈳西周早期

　　＊用雙手托人，有兩個意思：一爲“奉承”的“承”。南昌方言説某人善於奉承爲“好會托”可證。二是從被托的人來説有“承受”、“承接”的意思。如“繼承”的“承”就是“承接”的意思。

　　　　在古漢字中，一個字從兩個不同的角度説解字義的現象是屢見不鮮的，這就是所謂的“施受同辭”。“承”的兩個意思，也是這種現象的反映。

　　　　“承”的字形在小篆中作“🈳”，即多隻手托一個人之形。

🈳（臼，jú，三，67）

　　《文》：“叉手也。从𦥑、彐。”

【按】戰國陶🈳

雙手捧物之形，現在寫成“掬”，即“笑容可掬”、“一掬泪水”的“掬”。“臼”與“臼”（jiù）在字形上的區别在於“臼”（jiù）底下一横相連，而“臼”（jú）不連。

𤔽（𤔽，piǎo，四，129）

《文》：“物落也。上下相付也。从爪又。讀若《詩》‘摽有梅’。”

【按】金文 𤔽 西周早期

上面的手表示交付，下面的手表示承接。朱駿聲：“𤔽俗作芰，又誤作莩，亦變作殍。”桂馥：“凡餓殍、莩落、字从孚者，本皆作𤔽，𤔽變爲孚，轉寫訛耳。”

“𤔽”是“浮”、“俘”的本字。

非（非，fēi，十一，429）

《文》：“韋也。从飛下翄（翅）。取其相背也。”

【按】甲文 𦒽 一期　　𦒽 一期　　𦒽 三期　　𦒽 三期　　金文 非 西周中期

𦒽 戰國

從字形看，“非”字从“手”，似應作“排除”的“排”講。在卜辭中是否定副詞。

對字形的變化，容庚説：“《説文》非作 非 ，乃唐人傳寫之訛。魏三字石經尚不如是。”總之，對“非”的本義闕疑待考。

舁（舁，yú，三，66）

《文》：“共舉也。从臼廾。讀若余。”

【按】甲文 𦥑 一期　　金文 舁 西周早期

衆手並用之形。卜辭中不單獨使用。

例字：

與。金文 𦥑 春秋　　𦥑 戰國　　戰國簡 𦥑

＊字形从許多隻手交錯、从“牙”（或“牙”的變體）、有的形體還另外加“口”。大約是許多人共同商討之義，本義是“參與”的“與”，動詞。今天外交用語的“與國”、“與會者”等用的是本義。後來才虛化成語詞。

興。甲文 ![字形] 一期　![字形] 一期　![字形] 三期　![字形] 四期　金文同

　　＊一説四隻手（即許多隻手）共同舉起一個重物，本義是"興起"的"起"；或説數手舉"凡"，"凡"似盤、盆之類的盛水器，故以"凡"代水。總之，是二人傾水形（似與沐浴有關），故有高興的意思。我以爲是共舉銅汁注入"範"之口，如甲文第四形即從"口"，更可證明。故有"起"的意思。又因澆銅鑄鼎等多銘勒祖先功勛，故又有"高興"、"興奮"等引申義。

![字形]（晨，chén，三，68）

　　《文》："早昧爽也。从臼辰。辰，時也。辰亦聲。凡夕爲夙，臼辰爲晨，皆同意。"

【按】甲文 ![字形] 一期　金文 ![字形] 西周中期　戰國印 ![字形]

"晨"的本字。字形从"臼"、"辰"，即雙手拿農具（大蚌片，剷土用，詳見"辰"、"蓐"的説解）之形，或雙手捉蟲（介殼蟲、害蟲）之形。古人"日出而作"，即清晨出去耕作或除蟲，故爲"早晨"的"晨"。

　　許慎的説解提到"夙"（即"夙"），故舉爲例字。

例字：

夙（夙）。甲文 ![字形] 一期　![字形] 三期　金文 ![字形] 西周早期　![字形] 西周中期

　　＊胡小石："象人執事於月下，侵月而起，故其義爲早。"今"夙興夜寐"的"夙"用的是本義。"夙"、"夙"是古今字。

![字形]（共，gòng，三，64）

　　《文》："同也。从廿廾。![字形] 古文共。"

【按】甲文 ![字形] 一期　金文 ![字形] 西周早期　![字形] 西周中期　![字形] 戰國

吳大澂《愙齋集古録》："古共、恭、龔同。"字形是雙手恭敬地捧着器物，是"恭"的本字。"共同"的"共"是後起義。

![字形]（異，yì，三，65）

《文》:"分也。从廾畁。畁,予也。"

【按】甲文 一期 一期 金文 西周晚期 春秋石鼓

衆説紛紜。如清學者以爲象人舉手自翼形;唐蘭以爲人高舉雙手過頂似翼……

其實"異"是一人頭戴"甾"(由)之形(古人行祭祀等禮儀時,常帶面具而舞。詳見"甾"字的説解),字形是雙手拿起面具戴在臉上,故本義是"戴"。因爲面具與本來面目不同,故"奇異"、"差異"的"異"是引申義。許慎的説解是後起的假借義,因借得早,本義反湮没不聞。

與"足"有關的部首

(止,zhǐ,二,27)

《文》:"下基也。象艸木出有阯。故以止爲足。"

【按】甲文 一期 四期 金文 西周晚期 春秋

左右兩脚之形。後來左脚寫成"止"、右脚成"屮"(dá)。"止"當作"停止"講以後,又造形聲字"趾"和作爲脚的"止"區分。這種現象,語言學界稱之爲"本字後出"。

(步,bù,二,29)

《文》:"行也。从止、屮相背。"

【按】甲文 一期 三期 金文 商 西周早期 戰國陶

左、右兩脚各向前邁一次爲一步,故"步"上從"止"(左脚)下從"屮"(dá,右脚),因人邁步多先出左脚,故"止"在上。

(癶,bō,二,28)

《文》:"足剌址也。从止、屮。讀若撥。"

【按】兩足張開是"癶"。王筠:"兩足箕張(像畚箕那樣張開——注)是剌癶也。"

舛（舛，chuǎn，五，199）

《文》："對臥也。从夊（zhǐ）夅（kuà）相背。"

【按】兩足相背爲"舛"，故有乖逆不順的意思，今天的"舛逆"用的是本義。

例字：

舞。甲文 ⛫ 一期　⛫ 三期　⛫ 四期　金文 ⛫ 春秋　⛫ 春秋

＊象雙手執毛飾（如牛尾等）而舞之形。古"無"、"舞"同字，卜辭中"無"即"舞"的本字。也引申有祭名（以舞求雨）、管理舞者的職官名。卜辭中从不用爲"有無"之"無"。後來，"無"借爲否定詞後，才在"無"之下加"舛"以突出是"足之蹈之"的意思，於是"無"、"舞"才分化成兩個字。

"無"後世被借爲"有無"之"無"，遂失去"舞"這一本義而借義通行。

舜（舜，shùn，五，200）

《文》："舜草也。楚謂之葍，秦謂之蔓。蔓地生而連華（花）。象形。从舛，舛亦聲。"

【按】金文 舜 西周晚期

瓊花，即木槿。落葉灌木，高七八尺，花朝開午萎，花瓣有紅、紫、白等色。

字形："匚"象一朵朵火燄似的花，"舛"指此花四處蔓延之狀。即許慎所説"蔓地生而連華"的意思。古爲人名。舜，名重華，證明"舜"爲重疊繁茂之花。

桀（桀，jié，五，205）

《文》："磔也。从舛在木上也。"

【按】甲文 ⛫ 一期　金文 ⛫ 西周中期　⛫ 春秋

"桀"、"乘"同源。字形是一正面的人（大）站在樹上。"大"（即人）身

上或畫出兩只脚而作“太”形,這就是“乘”(“乘風”的“乘”,“在××之上”的意思);有的字形保存“舛”(雙足)而失去“大”,就寫成“桀”。所以“桀”、“乘”同源。

人站在樹上自然顯得高於一般人(這裏主要指品德),所以有“傑出”的意思。“傑出”可以是正面的、好的“傑出”,故有褒義,如“豪傑”等;也可以有反面的壞的“傑出”,故又有貶義,如“桀黠”的“桀”,又如古“謚法”中:“賊人多殺曰桀。”故“夏桀”爲有名的暴君。

凵(出,chū,六,213)

　　《文》:“進也。象艸木益兹上出達也。”

【按】甲文凵一期　屮四期　金文屮西周中期　春秋石鼓凵

吳大澂《字説·出反説》指出“出”是脚穿上鞋出門之形。吳説:“古人出則納履,返則脱履。”並指出今天朝鮮、日本等仍保留着這一習俗。許慎對“出”説解的錯誤,早有定論。又,楊樹達“从人足在坎内向外出之形”(《中國文字學概要》)。

屵(此,cǐ,二,30)

　　《文》:“止也。从止、匕(bǐ)。匕,相比次也。”

【按】甲文屵三期　屵四期　金文屵西周中期　屵春秋

陳邦福以爲是“祡”〔燔燒柴袞(liáo)祭天〕的省文。黃約齋以爲是雌性動物之稱,因字从“匕”(女性,詳見“匕”字説解)、从“止”(足)。

從字形看不出“此”的本義,僅知作代詞的“此”是假借義。

韋(韋,wéi,五,201)

　　《文》:“相背也。从舛。囗聲。獸皮之韋(熟皮),可以束物枉戾相韋背。故藉以爲皮韋。韋古文韋。”

【按】甲文韋一期　韋一期　韋一期　韋三期　金文韋商

“囗”(指國邑)的四周有四只脚,有的省寫兩只脚或三只脚,表示圍繞的意思。有的字形還加"行",表示在路上巡邏保衛。古"韋"、"圍"、"衛"
同字。是"違"的初文(裴錫圭《文字學概要》128 頁)。

□(口,wéi,六,226)

　　《文》:"回也。象回帀(zā)之形。"

【按】説解同"韋"。

例字:

　　囿。甲文 一期　 一期　金文 春秋　春秋石鼓

　　*豢養動物的園林,是供貴族打獵的場所。甲文是象形字,春秋金
　　文已寫成形聲字"囿"。又,因園子有一定的範圍,所以又引申有
　　"局限"——被限制的意思,如"囿於成見"的"囿"。

　　國。金文 西周早期　 西周中期　 西周晚期　 西周晚期

　　*"□""□"是四足(或兩足)圍城巡邏的簡寫,"□"是國都,以
　　"戈"保衛之。古文獻中"國"既是"國都"又代表"國家",所以也
　　當"國家"講。

　　　　字形原作"或"、"□",加一個"□"表示國家的範圍則是較
　　後起的字形。"或"後來被借爲不定詞。

　　囚。甲文 一期　 一期

　　*人被四面圍住,"囚禁"爲其本義,動詞。被囚之人(囚犯、囚徒)
　　是引申義,名詞。

　　回。甲文 一期　金文 商

　　*迴環之狀,或説水流、河道迴繞之狀(如殷墟邊的洹水)亦可。本
　　義是"迴繞"的意思。後來"回"當"來回"講,才又造一"迴"字。

屨(履,lǚ,八,308)

　　《文》:"足所依也。从尸服履也。从彳、夂、从舟象履形。一曰尸
　　聲。𩕄古文履。从頁、从足。"

【按】朱駿聲《説文通訓定聲》:"古曰屨、漢以後曰履、今曰鞵。"故字形

要從"屨"説起。

"屨",從尸、彳、婁。"婁",甲文　〔圖〕一期　金文　〔圖〕西周中期　〔圖〕西周中期。吳大澂《字説・奚字説》:"婁從女、串。"從商代金文"奚"(〔圖〕)字看,"串"(即"奚"人頭上頂的部分)有兩個含義:一是重疊(如"樓"、"數"、"屨"、"廔"等均從"婁"得聲、得義);二是中空〔如"簍"、"窶"、"鏤"、"寠"(家徒四壁,室中空空,如"楊朱曰,原憲窶於魯,子貢殖於衛")等字均從"婁"得聲、義〕。

"屨"從"尸"(人,見"尸"字説解)、從"彳"(凡從"彳"的字均與行走有關)、從"婁"(中空,不中空無以納足;重疊,凡鞋均成雙)。所以"屨"的本義是"鞋子"。

至於"履",在西周銘文中與"步"同義,有丈量土地的意思(見"五祀衛鼎")。在先秦時是動詞,當"踐踏"講。如《詩・大雅・生民》"履帝武敏歆"(踏了天帝大足趾之迹而心中迅有所動)。"履"當"鞋子"講首見於《韓非子》。如《外儲説下》:"冠雖穿弊,必戴於髮;履雖五采,必踐之於地。"這是動詞"履"之引申義。朱駿聲説"漢以後曰履"不確。

〔圖〕(足,zú,二,40)

《文》:"人之足也。在體下。從口上。"

【按】甲文〔圖〕一期　〔圖〕一期　金文〔圖〕西周中期　〔圖〕西周晚期

"口"是什麼? 王筠:"○象脛骨。"今之學者從甲文〔圖〕和商代金文〔圖〕形證明王筠之説正確。

〔圖〕(疋,shū,二,41)

《文》:"足也。上象腓腸(今俗稱爲腿肚子),下從止。《弟子職》(《管子》篇名)曰:問疋何止(段注:"謂問尊長之卧,足當在何方也。"止,趾也)。古文以爲《詩・大雅》字(《詩・大雅》字作"大疋","疋"、"雅",二字上古同爲魚部)。亦稱爲足字("足"之別體)。或曰胥字(胥(xū),段注"胥徒之胥",府吏之假借)。一曰:疋,記也(疋、疏古今字）。"

【按】從許慎的説解可以看出東漢時對"疋"即衆説紛紜、莫衷一是。其實"疋"是"足"的變體。唐蘭從甲文 形説"疋"是全足形。"疋"後來被借爲"雅"字（《説文》中有記載），字形又與"布匹"的"匹"（金文 西周中期）相混，所以字義就模糊不清了。

（正，zhèng，二，31）

《文》："是也。從一。一以止。 古文正。從二。二，古文上字。 古文正。從一足；足，亦正也。"

【按】甲文 一期 四期 金文 商 西周中期 西周中期

卜辭中"正"從"止"從"口"（亦省寫爲"一"），即向國邑進伐之意，故本義是"征伐"。許慎之説乃引申義。從字形看是"足"的變體。《五音集韻》："疋，古正字。"可見"足"、"疋"、"正"本爲一字，後來才分化爲三個不同意義的形體。

（是，shì，二，32）

《文》："直也。從日正。 籀文是。從古文正。"

【按】金文 西周中期 春秋 戰國簡

"是"，從"早"從"止"。"早"，從"日"從"十"（"甲"字，本義是裂縫。詳見"甲"字的説解）。即太陽沖破黑闇而出，故本義是"破曉"，有光明的意思。光明遍及各地，故當"正確"講，這就是"是"的本義。字形後來變成從"日"從"正"。許慎之説非本義。

（夊，suí，五，198）

《文》："行遲曳夊夊也。象人兩脛有所躧也。"

"躧"（xǐ），屣、跣之異體字。是把鞋拖着走路之意。如《後漢書・王符傳》"衣不及帶，躧履出迎"，即來不及穿好鞋子，拖着鞋就出來迎接。

【按】甲文 一期　　一期

象"止"之形,意亦與"止"同。字形後來變成了"夂"。作偏旁時在字的下部。

例字:

夏。金文春秋

＊一人手足俱全,古代中國人的自稱。

《方言》:"秦晋之間,凡物壯大謂之嘏或夏。"所以"夏"有"大"的意思。自古以來,世界上各民族都自認爲自己是最偉大的,至今有"大民族主義"這一應批判的説法,古代中國人也如此,這就是"夏"成爲古代中國人自稱的社會思想根源。

又,草木盛長的季節也叫"夏",這和《方言》的説法是一致的;或説"春夏"之"夏"是假借,亦可。"夏"亦通"厦"。

慶(庆)。甲文五期　五期　金文西周晚期　戰國印

＊"慶"從"鹿"、從"心"、從"夂"。這是因爲古時去賀喜往往以鹿皮
　爲贄,一是因爲鹿皮美麗、二是"鹿"、"禄"聲音相同,故以爲吉
　祥;從"心"是表示帶去美好的心願;從"夂",即從腳,是走到被賀
　之人的家裏去的意思。有的"慶"字形或從"文",這是指帶去的
　贄禮是有文綵的鹿皮。

總之,"慶"的本義是到朋友家裏去賀喜慶祝的意思。

夂(夂,zhǐ,五,203)

《文》:"從後至也。象人兩脛後有致之者。讀若黹。"

甲一

【按】吴大澂《字説‧出反説》:足向左作夂、夂(zhǐ),向右作氏(kuà)。此"夂"(zhǐ)即足向左之形。"夂"作偏旁時在字之上〔如"降",甲文一期　金文西周晚期,從"阜"(山)、"夂"(zhǐ左足)、"牛"(kuà右足),本義是從高處下來〕,這是因爲人走路總是先出左足之故。

又，屈翼鵬以爲"夊"與"夊"（suí）實爲一字。備考。

"夊"（zhǐ）和"夊"（suí）的區别在於"夊"的第三筆（即一捺）不出頭而"夊"（suí）的這一捺出頭。

麥（麥，mài，五，197）

《文》："芒穀。秋種厚薶（埋）。故謂之麥。麥，金也。金王（旺）而生，火王而死。从來，有穗者也。从夊（suí）。"

金，指金屬制成之農具。故説金旺而生。

【按】甲文 ⿱ 一期　⿱ 三期　金文 麥 西周早期　⿱ 西周早期

詳見下面"來"的説解。

來（來，lái，五，196）

《文》："周所受瑞麥來麰（móu，大麥）也。二麥一夆，象其芒束之形。天所來也。故爲行來之來。詩曰：'詒我來麰。'"

【按】甲文 ⿱ 一期　來 五期　金文 ⿱ 西周中期　⿱ 西周晚期　春秋石鼓 ⿱

"來"是麥子的象形，"麥"的本字，名詞。麥子秋天下種，來年收穫，古人認爲麥子是"天所來也"（許慎），从西周早期金文"鵜"（祖乙鵜侯叔敦）的字形从"鳥"，也可以證明古人認爲麥種是鳥从天上銜來的。（關於鳥銜種子，現在流傳的許多民間故事、傳説，都説明古代人的這一認識。）因此，从名詞的"來"又引申出動詞"行來"的"來"，不過字形是在名詞"來"之下加一隻脚"夊"而寫作"麥"，以表示是動詞行來的意思。豈料歷史發展的結果是文字分配顛倒了："來"成了動詞，而加"夊"的"麥"反而成了名詞。古人是吃麥粥，麥餅漢代才有。

行（行，xíng，二，37）

《文》："人之步趨也。从彳、亍。"

【按】甲文 ⿰ 一期　⿰ 三期　金文 ⿰ 西周早期　⿰ 西周中期

十字路口之形。本義是道路,名詞,讀音是 háng。如《詩經》:"置彼周行"(放在周的道路上)、"遵彼微行"("微行",小路)等。現在之"銀行"即"銀錢通行之路"的意思。

在道路上行走也叫"行",動詞,音 xíng。如"行人"等。許慎指的就是這一用法。

總之,"行"在古文獻中是兼類詞,讀音也因詞類的不同而不同。

彳(彳,chì,二,34)

《文》:"小步也。象人脛三屬相連也。"

【按】用半個"行"表示行走之意,只作偏旁。單獨使用只有"彳、亍",又寫作"踟蹰"。

例字:

律。甲文 ![圖] 一期

  *从聿(右手執筆)从彳。指通行頒佈的命令,本義疑爲法律。卜辭中僅一見,爲地名。

徹。甲文 ![圖] 一期 金文 ![圖] 西周中期 ![圖] 春秋

  *从手、鬲會手移鬲之意,即食畢而徹去之意。本義爲食畢。引申有徹除等義項。

徒。金文 ![圖] 西周中期 ![圖] 西周晚期 ![圖] 春秋

  *从"彳"从"止"从"土",土亦聲。在土地上行走,即不憑藉其他交通工具、徒步而行。所以"徒"有"僅僅地"、"白白地"等意思,如"徒手"、"徒勞"、"家徒四壁"等。字形又作"辻"。

徙(xǐ)。甲文 ![圖] 一期 ![圖] 二期 金文 ![圖] 商 戰國印 ![圖]

  *"遷徙"的"徙"。字形是在道路上行走,从"彳"、从兩個"止"(即兩隻左腳),這就表明不是一個人至少是兩個(或以兩個代表多數),因爲遷徙多是一個部落的集體行動,當然不止一個人。

得。甲文 ⿰ 一期　⿰ 一期　金文 ⿰ 商

*手持貝形。或从彳表示於道路上得到。本義是得到。卜辭中用
本義。

後。金文 ⿰ 西周早期　⿰ 春秋　戰國盟書 ⿰

*足上纏着繩索,表明受到牽制所以落後。或説用繩子把足向後
拉,亦可。

復。甲文 ⿰ 一期　⿰ 一期　金文 ⿰ 西周早期　⿰ 西周中期

*⿰爲⿰之形變,金文可證。从止,會脚圍繞城邑行走,即往來之
意。卜辭用本義或爲人名。

御。甲文 ⿰ 一期　⿰ 一期　金文 ⿰ 西周早期　⿰ 西周中期

*从彳从午(馬鞭)作御,象人持鞭趕馬形。本義爲駕馭。古人駕
馬出征前要行祭(十二生肖“午”爲“馬”),故有“防禦”(打仗)之
意。引申爲治理,因皇帝爲最高軍事統帥,故指皇帝的一切,如
御醫、御膳、御林軍等。

⿰（先,xiān,八,316）

《文》:“前進也。从儿之。”

【按】甲文 ⿰ 一期　⿰ 三期　金文 ⿰ 西周早期　⿰ 春秋　⿰ 戰國

“足”在“人”前,即走在前面的意思。字形寫成足在人之上,是把平面
的形象直立起來的結果。

二“先”成“炗”,本爲在前面引導賓客的人。加“貝”成“贊”,即以貝爲
贄給賓客或賓客以貝給“炗”以示贄禮之意。

唐蘭以爲“先”是毛髮盛之形。備考。

⿰（走,zǒu,二,26）

《文》:“趨也。从夭止。夭者,屈也。”

【按】甲文 ⿰ 一期(2・73・2326)　金文 ⿰ 西周早期　⿰ 西周中期　⿰

西周中期　　春秋石鼓 走

"大"象人奔跑時擺動雙臂並大邁步之形。加"止"或加"彳"都是爲了表示在跑動，本義是奔跑。成語"走馬觀花"的"走"用的是本義。

後來引申爲自謙之詞，即奔走於前後的"走使之人"，如《史記》中載司馬遷自謙曰："太史公牛馬走。"現代漢語中"走狗"一詞即此種用法的沿留，不過因加了"狗"而成爲貶義了。

辵（辵，chuò，二，33）

《文》："乍行乍止也。从彳从止。讀若《春秋傳》曰：辵階而走。"

【按】"辶"由"止"、"彳"、"走"、"辵"演變而來，它們在古代作偏旁時常通用，如"躍"、"趯"、遷、趲"是異體字。下面的例字亦可證明。

例字：

追。甲文 字形一期　字形先周　金文 字形西周早期

　*字形从"自"、从"止"，或从"彳""止"。"自"（自）"古"師衆"之"師"字。"止"（止），指追逐敵師。

逐。甲文 字形一期　字形一期　字形三期　字形一期　金文 字形西周中期

　*字形从"止"，追逐"豕"（野豬）、雙"豕"、"鹿"、"虎"等野獸，故本義是追逐野獸。字形最後固定爲"逐"。

進。甲文 字形四期　金文 字形西周中期

　*追趕飛禽之形，造字之初義當與"逐"同。在遊獵時代，獵取的對象不同，造的字也不同，這是歷史的遺跡。"進"，後來只作前進不退講，本義淹没不聞。字形从"隹"（鳥），从"止"或"彳止"。

道。金文 字形西周早期　字形西周晚期　字形戰國

　*人在路上行走。从首。首，始也，即領頭的人的意思。是"導"的初文，即《説文》"所行道也"。"導"爲後起字。

通。甲文 字形一期　字形一期　金文 字形西周中期

＊从“辵”、“甬”（用）聲。行路通達之意。

造。金文 𦨶 西周中期　𤰔春秋　𦩹春秋　𧼫戰國

＊从“舟”（舟）、“金”、“貝”、“戈”，即所製造的東西或爲船、或爲戈、或爲錢幣（金、貝）。字形本與“辵”無關，从“辶”是字形訛變的結果。又，“告”是“告”（今無此字）的訛變。所以从現在的字形“造”已完全看不出本義，但用法仍保存着“製造”這一本義。

達。甲文 𣥐 二期　𣥐三期　金文 𨒫 西周晚期

＊从彳从大从止，象人在路上行進通順之意。本義當爲通達。卜辭用爲“往”或人名。

迂。甲文 𧾷 二期　金文 𨑡 春秋

＊从“走”（走）或“屮”，从“于”得聲。又因“于”有氣受阻不暢但終於越過之意，故聲符“于”亦兼有義（詳見“于”字説解）。又，从字形上看出“走”、“止”在造字之初常常通用。

逆。甲文 𣥂 一期　𣥂一期　金文同甲文

＊从倒人从止或从彳，表示來者或迎接。卜辭用本義。

遣。甲文 𤶒 一期　𤶒四期　金文 𤶒 西周早期　𤶒 西周中期

＊从𠂤（師、軍隊）从雙手或从口，爲雙手指揮軍隊，以口示命令。本義爲派遣。

遘。甲文 𧮫 二期　𧮫二期

＊象二魚相遇，从屮或从彳，表示於路上相遇。

返。金文 𢕦 戰國　戰國簡 𢔶

＊“反”、“返”古今字。“返”後起，从字形可看出“彳”、“辵”通用。

還。甲文 𢕦 先周甲　𢔶四期　金文 𢔶 西周中期　𢔶西周晚期

＊从目从衣从行或从方。从金文看，“方”作○，當爲人衣上佩之玉

環。疑本義是歸還。

適。甲文 一期　金文 西周晚期

* 从止从商(邑名)。本義當爲往。金文字形从帝聲作啻、適。

途。甲文 一期　 一期

* 从余从止,本義是行走。卜辭中爲途行、屠或人名。

遲(遲)。甲文 一期　 三期　金文 西周晚期

* 用刑器(辛)施罪人於路上。即後之凌遲之本義。羅振玉以爲是
"避"字。

(廴,yǐn,二,35)

《文》:"長行也。从彳,引之。"

【按】"辵"、"走"的異體字。《玉篇》:"今作引。"即由"彳"的末一筆拉
長而成,所以讀音同"引"。"引"行而"廴"廢。現代漢字"建"用"廴"而不
用"辶"。

例字:

廷。金文 西周早期　 西周晚期

* 上朝時登上殿堂的臺階之形,故本義是"朝廷"。字形从" "
(人,或説壬)从" "(臺階)。

(延,chān,二,36)

《文》:"安步延延也。从廴、止。"

【按】甲文 一期　 二期　 四期　金文 商　 西周中期
容庚等以爲與"延"實爲一字。或以爲"正"、"征"、"延"古實爲一字,
本義都是"征伐"。引申義爲"巡狩"。

二、以器用爲内容的部首

與祭祀有關的部首

示（示,shì,一,3）

《文》:"天垂象,見吉凶,所以示人也。从二(上);三垂,日、月、星也。觀乎天文以察時變,示神事也。川,古文示。"

【按】甲文 丁一期　亓一期　丌三期　亓五期　示五期

从甲骨文看,天的下面原爲一竪,故不是日、月、星辰。卜辭中"示"爲天神地祇、先公先王之通稱,如"三示"指先王大乙、大甲、祖乙,還有"四示""五示"……"十示"均爲若干先王之集合廟主。還有"元示"、"大示"、"上示"等,均爲从上甲爲始的大祭。

後代,"示"則指異常的自然現象(如禾生雙穗、河出圖、洛出書、地震、兩頭蛇……)都預示人事。故文字中凡與鬼神祭祀之事有關的字都以"示"爲意符。這一組字的完成,約於戰國、秦、漢之際。陳夢家从卜辭主壬、主癸又作示壬、示癸,證明"示"即"主"字(示示)(《綜述》440 頁)。故趙誠以爲"示"爲神主牌位之形可信。又,或以爲石祭臺之形。

例字:

祭。甲文 战一期　岁五期　金文 祭春秋　祁戰國

＊右手持牲肉祭祀之形。祭的本義是殘殺,商之人祭一次達 2756人之多。祭時亦用牛、羊等犧牲。从字形看,初期牲肉帶有血水(即生肉),後來則不帶血水而是熟的福物了。

祝。〔圖〕一期　〔圖〕一期　〔圖〕一期　〔圖〕一期　〔圖〕一期　〔圖〕

*从示从口，跪坐張口者，會求神福佑意。本義祈求保佑。卜辭用本義。

視。甲文〔圖〕五期

*本義爲神看，現爲形聲字。

祀。甲文〔圖〕一期　〔圖〕一期　〔圖〕五期

*从示、巳聲。商代稱"年"爲"祀"。這是因爲"商人尚鬼，以祀爲重"（郝懿行），"取四時祭祀一訖也"（孫炎）；換句話説，一年中四時所有的祭祀進行完一遍爲一年。

另外"神"（金文〔圖〕戰國）、"祐"（甲文〔圖〕一期）、"祠"（甲文〔圖〕先周）、"社"（甲文四期〔圖〕、戰國金文作〔圖〕）、"福"（甲文一期作〔圖〕）、"禍"（甲文作〔圖〕，戰國金文作〔圖〕）、"祓"（西周早期金文作〔圖〕）、"禦"（甲文三期作〔圖〕、商代銅器作〔圖〕）、"齋"（春秋金文作〔圖〕）、"禋"（西周中期金文作〔圖〕〔圖〕）等均與祭祀有關。

且（且，zǔ，十四，494）

《文》："所以薦也。从几。足有二横。一，其下地也。〔圖〕古文以爲且，又以爲几字。"

【按】甲文〔圖〕一期　〔圖〕二期　〔圖〕二期　〔圖〕四、五期　金文〔圖〕西周早期 〔圖〕春秋

卜辭中"且"、"祖"同，"且"爲"祖"之古體。祖先崇拜是人類對血親先輩的敬仰，目的是求祖先保佑增進家庭團結、發展。母系社會時祭女（如紅山女神廟），父系是生殖器崇拜，如甘肅、山東等出土的陶祖，見附。

附：紅山文化女神廟。1987年7月24日新華社發佈遼寧西部山區發現一處五千年前的大型女神廟，前有石祭壇，後有積石冢、女神頭像及

大型肢體，説明母系殘餘。一件山字頭玉圭，表明"且"崇拜，"且"或作"几"，羅振玉以爲是神主之形。羅説可信。或根據許慎説是古代祭祀用的陳牲具（放置牲肉的"几"），備考。總之，"且"與祭祀祖先有關。

卜（卜，bǔ，三，94）

《文》："灼剥龜也。象灸龜之形。一曰象龜兆之縱横也。卜古人卜。"

【按】甲文卜一期　卜二期　丫四期　金文卜西周中期　卜西周晚期

商人卜法：先在甲或骨的背面鑽鑿〇或〇形孔洞，目的是使甲骨變薄，易於見兆，使兆璺（wèn）縱横整齊。然後在孔中灸之。裂紋在甲骨正面出現，然後據裂紋斷吉凶。"卜"，是兆璺的象形。卜字斜出之左右，隨兆之方向而定。讀音則是灼龜時發出"pu"的聲音。"卜"，加"口"成"占"，是卜問的意思。附帶談一下"兆"，甲文作兆，在卜辭中作地名。對字形，董作賓以爲象卜龜呈兆之璺。徐中舒以爲象山谷水流入平原，爲"谷"之省（《説文》）。在甲骨上記載着卜問的日期、事件、應驗情況、卜問之人（稱"貞人"）等，稱爲"卜辭"。

馬衡《凡將齋金石叢稿》："今驗之實物，凡以龜甲卜者，皆屬祭祀，其他皆用獸骨。如脛骨皆爲田獵事，肩胛多爲征伐等事。知用甲用骨亦各有其事之宜也。"（103頁）

爻（爻，yáo，三，96）

《文》："交也。象易六爻頭交也。"

【按】甲文爻一期　金文爻商　爻西周中期

卜辭中爻同敎（效），人名，義不明。可見陰陽爻之説爲商代後之哲學觀，故至周代時，"爻"即用幾個交叉表示事物錯雜混淆，故"爻"是《周易》中述説世界萬物變化的符號。"——"稱陽爻，"– –"稱陰爻。

卦象爲什麼畫六道（如乾卦爲☰）？孔穎達《周易正義》："初有三畫，雖有萬物之象，但於萬物變通之理猶未盡，更重之以六畫備萬物之形象，窮天下變化之能事。"（詳見"三"、"六"的説解）。

稽（稽，jī，六，221）

《文》："留止也。从禾，从尤，旨聲。"

尤，甲文二期作 🔲，象一指有特殊之處，故本義爲特殊、特别。用於稽中表示一種特别的禮節。

【按】金文 🔲 西周早期　　🔲 西周中期

占卜時行禮，頭至地停留片刻再抬起來，故本義是"停留"。"稽"在"稽首"中用的是本義。《周禮·春官》："一曰稽首，二曰頓首。"鄭玄注："稽首，拜頭至地也。頓首，拜頭叩地也。"賈公彦疏："頓首者，引頭至地，首頓地即舉，故名頓首。稽首，稽是稽留之義，頭至地多時則爲稽首也。稽首，拜中最重，臣拜君之禮也。"

禾（禾，jī，六，220）

《文》："木之曲頭止不能上也。"

【按】王筠："音、義同稽，又音礙。"

《説文》本義誤。注意，"稭"、"稽"在《説文解字》中从"禾"不从"禾"。

苟（苟，jí，九，345）

《文》："自急救也。从羊省，从勹口，勹口，猶慎言也。从羊，與義、善、美同意。 🔲 古文不省。"

【按】甲文 🔲 一期　🔲 一期　金文 🔲 西周早期　🔲 西周晚期

古"苟"、"敬"同字。字形郭沫若以爲犬形，非。實爲牧羊人，故从人之頭上有羊角。

"苟"、"羌"同源。"羌"，甲文 🔲 一期　🔲 四期　金文 🔲 西周早期　🔲 戰國是我國古代西北方一牧羊民族，故字形从"羊"。羌族和殷商古代曾互相征戰不已，殷人祭祖時多以羌人爲犧牲，故字形多爲受桎梏、受繫縲的牧羊人形。

"🔲"加"口"成"苟"，表示宣告對羌人要警惕。"苟"加"攴"成"敬"，即敬從戎事（小心謹慎地征戰）之意。丁山以爲殛（）之本字。象以繩磬殺人（見《商周史料考證》56 頁）。文獻載"殛鯀於羽山"，即用此義。又，丁山、郭沫若以爲"芐甲"即"沃甲"。

（亯，xiāng，五，191）

《文》："獻也。從高省。⊟象孰物形。《孝經》曰：祭則鬼亯之。篆文亯。"

【按】甲文一期　四期　五期　金文西周早期　西周晚期

"享"本字。字形是建於高高的基礎之上的廟堂形，本義爲"獻享"、"享祭"。因爲與神通，故亦有"通"義。字作"亨"，如乾卦"元亨利貞"之"亨"，即通之義。

古代"亯"兼有"享"、"烹"二字的意思。後來，在"亯"上加一橫成"享"，下面加"火"（灬）成"烹"，遂分化成三個字。

例字：

享。一期　三期　五期

＊以羊獻祭於廟堂之形。

（垕，hòu，五，192）

《文》："厚也。從反亯。"

"反亯"即將"亯"字倒過來寫。

【按】甲文四期　金文春秋　戰國

字形是一器皿（大口、深底），多用以盛酒，上加"厂"蓋住，表示勿使器中的酒香味逸出，故爲"醇厚"的"厚"的本字。古文獻中字形也作"垕"。

（畐，bì，五，193）

《文》："滿也。從高省，象高厚之形。讀若伏。"

【按】甲文二期　三期　金文西周早期　戰國簡

"畐"與"酉"（酒罎之象形，詳見"酉"説解）形相近，不同的是"畐"內有

“十”，表示器中充實之意。後來凡與“充實”有關的字，大多從“畐”。如“福”（甲文福—一期　金文樂西周早期），是祈求充實（即富足）。“富”（金文富戰國），是“宀”（屋內）中充實。

又，室內東西太多太滿，就使人產生逼迫感，所以“逼”字也從“畐”。《集韵》：“偪，侵迫也。”“偪”，俗作“逼”，（甲文福—一期）王筠：“《説文》無偪字，此即也。”換句話説，王筠認爲“畐”是“偪”的本字。

（鬯，chàng，五，179）

《文》：“以秬釀鬱艸芬芳攸服以降神也。从凵，器也。中象米。匕（bǐ）所以扱之也。《易》曰：不喪匕鬯。”

“秬”，黑黍。“鬱艸”，鬱金香艸。“扱”，以匙取。

【按】甲文一期　四期　金文西周早期　西周中期

“鬯”是用黑黍（秬）、香草（鬱金香）釀成的香酒。古人祭祀時取其馨香遠聞以享神，如《左傳》：“黍稷非馨，明德惟馨。”字形是“”象盛酒的容器，“⋮”象釀酒的米。器中充實爲“吉”，器中空無一物則爲“凶”。

許慎説字形從“匕”（匙）。其實“匕”本作“凵”（器皿的一部分），訛變而爲“匕”形，正如“既”、“即”的左邊原爲“”，小篆訛變爲“皀”是一樣的。故許慎之説不準確。

（凶，xiōng，七，260）

《文》：“惡也。象地穿交陷其中也。”

【按】盛“鬯”的容器（金文西周早期，見“鬯”説解）簡化，去掉下半部而成“”形。而且器中空無一物。器空則神不保佑，故“凶”。又，魯實先説甲文中“”凡二見。“”象二人相鬥形，此爲“凶”之古文，字又作“兇”“兇”。許慎的説法缺少證明，備考。

（角，jiǎo，四，142）

《文》：“獸角也。象形。角與刀魚相似。”

【按】甲文一期　一期　金文商　春秋

字形爲獸角(牛角等)之象形。"乆"象紋路,後來角尖出一杈爲裝飾品,於是字形寫成"角"形。

從殷墟出土的原始形狀的"觥"(🜚)看,作牛角橫置形,如山西石樓桃花莊出土的龍紋觥作▱形,故知牛角曾爲古人最早的飲酒器,故酒器多從"角"。如"觚"、"觶"、"角"等。商多酒器,到商代晚期,青銅酒器的品種和數量之多,在古代世界中是沒有先例的。據大盂鼎銘文記載,商亡國的重要原因之一是貴族多酗酒,故周初的法令周人如有群飲酗酒者,當處以死刑(見《書·酒誥》)。

例字:

解。甲文 一期　金文 西周中期　 戰國

* 商承祚:雙手解牛角,丶丶象其殘屑。卜辭中从 之字或省成 ,與刀形相似而非刀。

觚。甲文 、 　金文 (見《觀堂集林·卷三·説觚》)

* 是形狀似瓜類的大酒杯。如《紅樓夢》中妙玉的"㼚瓟斝"。

盉。金文 (見郭寶鈞《商周銅器群綜合研究》)一種似缽而小的酒器。如"點犀盉"。

爵。甲文 一期　 一期　 一期　金文 商　 西周早期　 西周晚期

* 三足、深腹、口外有槽稱"流",有柱、有尖形尾、有把手之酒器。二柱爲頂住面部,免得傾爵時酒流入衣領。

觴。金文 西周晚期　 西周晚期

* 从"爵"(酒器,字形是有口、有足、有柱之酒杯。古人最初的酒杯是牛角,爲了讓牛角能立住,用兩個小木棒夾住、扎上而成 形,所以後來的"爵"就鑄成 形)"易"聲。"觴"是"爵"的一種,篆文誤爲从"角"。

卮(卮,zhī,九,337)

《文》:"圜器也。一名觛。所以節飲食。象人,卩(節)在其下也。易曰:君子節飲食。"

【按】"卮"爲盛酒漿的器皿,較後起。形爲 。

鼎(鼎,dǐng,七,250)

《文》:"三足兩耳和五味之寶器也。象析木以炊。貞省聲。昔禹收九牧之金,鑄鼎荆山之下,入山林川澤者,离魅蝄蜽莫能逢之,以協承天休。易卦巽木於下者爲鼎。古文以貝爲鼎,籀文以鼎爲貝。"

【按】甲文 一期 一期 先周　金文 商 西周晚期

古代一種烹調用具。多圓形,亦有方者,兩耳三足。殷、周初鼎耳直立,春秋戰國多附耳。直耳則爲直足,附耳則多曲綫足。另外,殷鼎之足亦有扁足。殷末周初有尖足。周初有馬蹄足。

又,國之重器所以是九鼎,《書·禹貢》禹令九州貢物,鑄九鼎,鑄其出産百物。夏亡遷商,商亡遷周,故爲國運之象徵。商周真正用來烹煮的是"鑊",又稱"鼎鑊",今天南昌人稱煮飯的鍋爲"鑊"可證。《周禮·天官·亨人》:"掌共鼎鑊。"鄭玄注:"鑊所以煮肉及魚腊之器,既熟,乃脀于鼎(已煮熟,再放到鼎裏去)。"周代接受商酗酒亡國的教訓改爲重視"食",西周"列鼎"的制度是表示等級的,如《公羊·桓公二年》:"天子九鼎、諸侯七、卿大夫五、元士三也。"

古"貞"、"鼎"同字。加"卜"成"貞"。古代鑄鼎是大事,要占卜之後決定開鑄的日期,故卜問的人也稱"貞人"。又,"鼎"加"刂"爲"則"(古字形作"鼑"),是鑄刻在鼎上的"法則",如《左傳》記載晋鑄刑鼎等。"則"從"貝"是後起的字形。貝、鼎通用發生於戰國時代。

員(員,yuán,六,227)

《文》:"物數也。从貝,口聲。 ,籀文从鼎。"

【按】甲文 四期 四期　金文 西周早期 春秋

鼎上加"○"表示鼎口爲圓形。鼎的形狀隨時代與地區的不同而各異。如商末與西周早期之鼎多大耳、腹深且大而下垂；西周晚期及春秋早期則流行鍋形體、獸蹄足之鼎；春秋晚期後，南方多長足鼎，稱爲"鐈"，三晉多扁圓體短足之蓋鼎等。

珡（珡，qín，十二，455）

《文》："禁也。神農所作。洞越、練朱五弦。周時加二弦。象形。𤴐古文珡从金。"

《白虎通》："琴，禁也。以禁止淫邪，正人心也。"段玉裁："禁者，吉凶之忌也。"引申爲禁止。琴、禁是聲訓，二字均侵部字，故以疊韵爲訓。洞，當作迥，通達的意思。越"琴瑟底之孔"（段注）即樂聲從中空之琴底孔通達而出。初制琴爲五弦。練，琴弦之質，音濁。朱，弦之色。古人寓政於樂，重視樂教，音樂爲"六藝"之一。

【按】"琴"的本字。字象琴瑟之形。琴身作𦥑形，中空，故畫成○。中象弦，"珏"爲弦柱。後來字形變成从"今"得聲的形聲字。

豆（豆，dòu，五，163）

《文》："古食肉器也。从○，象形。𣅱古文豆。"

【按】甲文𠯀一期　𠯀四期　金文𠷡西周中期　𠷡西周晚期

古代盛黍稷之陶器，至周代始爲盛肉漿一類食物的食器。木制、高脚、圓口，春秋以後有的有蓋。外面用黑漆裝飾，豆的裏面漆朱紅色。後亦有青銅豆。後世只用它祭祀。《爾雅·釋器》："木豆謂之豆，竹豆謂之籩，瓦豆謂之登。"

豆類植物古代稱"菽"（或"藿"）。後來"豆"才被借爲豆科植物之稱。

例字：

登。甲文𤼲一期　𤼳一期　𤼲一期　𤼳一期　金文𤼲西周晚期　𤼳春秋

＊雙手捧着裝祭品的禮器"豆"登階而上之形（雙足，即向上進獻之意），本義是向上進獻之祭名，字形也作"𤼱"。古代以收穫之新穀首先薦之祖先神，後來進入精神文化、道德範疇，即尊長者嘗

新、敬老嘗新。如《紅樓夢》中劉姥姥將第一起收穫的瓜菜敬獻
賈府。後來引申爲上昇、登高之意。

（豐，fēng，五，165）

《文》："豆之豐滿也。从豆，象形。一曰禮飲酒有豐侯者。
古文豐。"

【按】甲文三期 四期　金文西周早期　戰國印

豐，卜辭中是國名。後坐酒亡國。古"豐"、"豊"同字。"豐"是形容
詞，"豊"是名詞。字形是"豆"（祭器）中盛雙玉之形。"玉"是古人祭祀的
重物，如《周禮》："蒼璧祭天，黃琮禮地。"知玉璧、玉琮爲西周時祭祀天、地
的貴重祭品；又如，玉鉞代表權力、武功。從字義看，因器中豐滿，故當"豐
盛"、"豐富"講。遂又造"豊"字表示祭祀之禮儀、禮器，名詞。於是"豐"、
"豊"才分化成兩個字。

（豊，lǐ，五，164）

《文》："行禮之器也。从豆，象形。讀與禮同。"

【按】"豊"字形成於周代。名詞。"禮儀"、"禮器"的"禮"的本字。但
不僅指禮儀，更重要的是指制度。《論語》"克己復禮"即恢復西周的各種
制度（詳見"豐"字的説解）。

（虘，xī，五，166）

《文》："古陶也。从豆、虍聲。"

【按】繪有虎紋的陶器或豆（祭器）。表示威武勇猛，如周人的《大武》、
藏戲《格薩爾王傳》等。故"戲"从戈从虍从豆。"虘"則是祭器。

例字：

戲。金文西周中期　西周中期

＊字形从"戈"、从"虍"、从"豆"，是古人祭祀祖先時演唱祖先武功、
勇猛的儀式。是今天"唱戲"的"戲"的本義。

字形爲什麽从"虍"（虎頭，詳見"虍"説解）？商代人崇拜虎，認爲虎有

鎮攝邪異的能力,故商代玉器上有虎食鬼怪的圖像。據《山海經》載,度朔山上的神人把鬼魅捉來餵虎的故事可證。又,商代龍虎尊就鑄有虎食鬼怪之像、還有虎食人卣等均可證明。

又,"戲"在銘文中也作國名。

王(玉,yù,一,6)

《文》:"石之美有五德者。潤澤以温,仁之方也。䚡理自外,可以知中,義之方也。其聲舒揚專以遠聞,智之方也。不撓而折,勇之方也。鋭廉而不忮,絜之方也。象三玉之連,丨其貫也。 㺿 古文玉。"

"䚡",角之外骨。音 sāi。理,紋理。中,内部,即从外部紋理可知其中之狀。實指"中庸"之儒家思想。義,宜也,即適合,合於制度。撓,彎。即雖折而不彎。鋭,堅決而急切。廉,清廉不貪。"忮"(zhì),嫉妒,不忮即不妒。"絜"通潔。此取圓轉之義。

【按】甲文 羊 一期　羊 一期　丰 三期　金文 王 西周晚期　玉 戰國

象一條繩子連着三塊(表示多數,故甲文中亦有連多塊玉的字形)玉之形,繩子的兩端由外露而不露。後來爲了與"王"(wáng)區别而加一點成"玉"。作偏旁時字形作"王"稱"斜玉旁"。

古人除以玉爲祭祀重器之外,還以爲"德佩",即代表佩戴者的道德水準或身份。天子執玉版,諸侯執圭,用玉璽,死後口含玉,死後用玉衣。(從科學的角度看,玉石中含錫、鋅、錳等微量元素,長期佩玉,按摩人體,有利於體内各器官功能的平衡。)在文獻記載"德佩"者極多。如枚乘《諫吴王書》:"得全(純玉)者昌,失全者亡。"(這句話的意思是:得到佩戴純玉權力的人,他的國家就能昌盛,失去佩戴純玉資格的人,他的國家就要滅亡。)又如《史記・項羽本紀》"鴻門宴"中,劉邦"脱身獨去"之後,留下張良替他謝罪,並將"白璧一雙"獻於項王,項羽"則受璧,置之坐上"。這是因爲"璧",古爲有權勢者所佩,秦始皇時,更定和氏璧爲帝王所有,故劉邦獻璧是表示他承認項王的絶對統治權,所以項王將璧"置於坐上"以表示他接受了劉邦的擁戴(參看下面例字"璧"的説解)。劉邦還請張良將"玉斗一雙"送給"亞父"范增，"亞父受玉斗，置之地，拔劍撞而破之"，並大罵項羽爲"豎子"。這是因爲，劉邦進玉斗即表示請亞父"斗量"（寬宏大量）不要總和他爲難，因此更激怒了范增，才"置之地，拔劍撞而破之"，以示其與劉邦勢不兩立之意。

"玉"在古代政治生活中如此重要，無疑是石器時代風習的遺迹。

許慎石五德之説，是五行説的哲學觀在文字説解中的反映。請參閱拙著《紅樓真味·説玉》（遼寧人民出版社 1997 年 8 月出版）。

例字：

環。金文 西周中期　西周早期　西周晚期

　　* 西周早期金文爲衣上佩飾玉環之形，早期直寫二玉環形。周晚爲形聲字，或从環聲，或又从"止"表示外出之行人所佩，諧"還"（回還）之意。

璧。金文 西周晚期　春秋

　　* 玉佩名，从玉从辟，辟亦聲。"辟"，法也，故知佩璧者爲有權力的立法者。如"和氏璧"，秦始皇定爲傳國玉璽，鐫刻由李斯手書的"受命於天，既壽永昌"八個字。秦以後則代代相傳，直至後唐廢帝李從珂時於戰亂中失落。

　　　　郭沫若：周秦圜幣即從環形石斧演化成璧玉，又演化成方孔圓形的貨幣，後人笑稱的"孔方兄"即指錢幣。

玨（珏，jué，一，7）

　　《文》："二玉相合爲一玨。 ，玨或从殼。"

【按】甲文 一期　五期

甲文本不拘形體的多寡，所以"玉"和"珏"在甲文中本無區別。許慎所以把"珏"另立爲一部，是因爲"珏"下收的"班"、"瑞"二字反映了石器時代政治生活中重大的内容。故段玉裁説："因有班（《周禮》以"頒"爲"班"，見例字"班"的説解）、瑞（音 fú，古代出使別國的使臣所奉"玉"以"瑞"盛之）字，故珏專列一部，不則綴玉部末矣。凡《説文》通例如此。"

例字：

班。金文 🖼 西周早期　　🖼 春秋

* 以刀分瑞玉於諸侯（册封之意）。同"頒"。故字从分開的雙玉中有"刀"。

🖼（壴，zhù，五，160）

《文》："陳樂立而上見也。从中豆。"

【按】甲文 🖼 一期　🖼 四期　金文 🖼 春秋

鼓的象形，名詞。古時鼓横置 🖼，頂上可以放裝飾物，故字形在鼓之上有"中"、"半"等飾物。

例字：

彭。甲文 🖼 一期　🖼 一期

* 擊鼓之聲。指事字。或説"鼓"的初文，備考。

嘉。甲文 🖼 五期　金文 🖼 西周晚期　戰國印 🖼

* 以手持槌擊鼓，从"口"（頌祝之意）或以爲以"加"爲聲符。《周禮·地官》："保氏……乃教之六藝、五禮……""五禮"指吉、凶、賓、軍、嘉這五種禮儀。

"嘉"禮爲何？古"魯"、"嘉"同意。吳大澂《愙齋集古録》："魯祉猶言嘉祭。"這就要从"魯"説起。

"魯"，甲文 🖼 一期　字又作"魯"。字形象置魚於器皿之中，魚，是古代重大祭典中不可少的祭品，這是因爲魚多子之故。所以"嘉"禮指重大的祭祀時的禮儀，今天湖北嘉魚縣的縣名亦可爲證。因此《戰國策》中《馮諼客孟嘗君》一文記載，馮諼彈鋏而歌曰"長鋏歸來兮，食無魚"者，即馮諼要求成爲能參加重大祭典的有身份的貴客，這和下文中"出無車"、"無以爲家"是一脈相承的。

因爲鐘鼓是祭祀鬼神和宴享賓客時不可缺少的禮器，故"嘉"字形从"壴"取義，以"加"爲聲。

又,"嘉"有"美"之意,李孝定以爲嘉美之義古無正字,卜辭契、假(毛傳:假,嘉也)、賀等爲之,金文始以嘉有美之意。

鼓(鼓,gǔ,五,161)

《文》:"郭也。春分之音,萬物郭皮甲而出,故曰鼓。从壴,从屮又。屮象垂飾,又象其手擊之也。周禮六鼓,靁鼓八面,靈鼓六面,路鼓四面,鼖鼓、皋鼓、晉鼓皆兩面。 鼛籀文鼓从古。"

郭、廓古今字,外障曰郭。《周禮·鼓人》:"鼓人掌六鼓四金之音聲,以節聲樂,以和軍旅,以正田役。"以雷鼓鼓神祀(天);以靈鼓鼓社祭(地);以路鼓鼓鬼親(宗廟);以鼖(fén,大"賁"之省)鼓鼓軍事;以皋鼓鼓役事;以晉鼓鼓金奏。又,還有一種騎鼓稱"鼙鼓"。"春分之音",春分正值"九九加一九,耕牛遍地走"春耕之時,而野生植物已出芽破皮而出,故音鼓,本義爲廓(外殼)。

【按】甲文 一期　 三期　金文 商　 西周晚期

手持槌擊鼓之形,本義是動詞。元代戴侗《六書故》中就指出了這一點,甚爲可貴。

"鼓"作爲名詞是後起義。鼓在樂器中爲掌節奏之器,重要。

豈(豈,kǎi,五,162)

《文》:"還師振旅樂也。一曰欲登也。从豆、敳省聲。"

"登",祭也。

【按】戰國印

王筠:"此凱歌之正字。"王説準確。"豈"、"壴"本爲異體字,後來分化成"凱"、"鼓"二字。

"豈"頂上的" "是鼓上的飾物。

喜(喜,xǐ,五,159)

《文》:"樂也。从壴从口。 古文喜,从欠,與歡同。"

【按】甲文 一期　 二期　金文 西周早期　 西周晚期

“壴”（鼓）置於“凵”之中，是古樂器，故有喜樂之義。或説從甲文二期字形看，“凵”非置器而是鼓聲起開口笑之形，朱駿聲：“聞樂則喜。”

“喜”在卜辭中作人名、地名、祭名。

（亞，yà，十四，506）

《文》：“醜也。象人局背之形。賈侍中説，以爲次第也。”

“局”，踽也，即駝背。局、踽古今字。

【按】甲文一期　五期　金文同。春秋石鼓

王國維《明堂廟寢通考》所繪明堂、宗廟、大寢、燕寢的平面圖均爲“亞”形。

從殷墟發掘情況看，小屯爲殷人宗廟宮室所在地，侯家莊爲殷人陵寢所在地。侯家莊殷陵分東西二大區，西區大墓六，皆亞字形。東區亞形大墓一、長方形大墓二。中國先秦時代所以將墓道修成大型四面斜坡式（考古學上稱“亞”形墓），建築上象徵帝王居住的四面開門的宮殿表示眼觀四方、耳聽八隅，是最高禮制“待遇”的形式之一，只有“普天之下，莫非王土，率土之濱，莫非王臣”的帝王死後才能享用。故“亞”，是帝王陵墓平面圖。古代彝器多用“亞”字作款識，表明此爲祭器。

至於“亞”的本義，衆説紛紜。吳式芬以爲“堊”之本字。阮元以爲是廟室墻垣四周形。丁山、陳夢家以爲“亞”是爵名，與“侯”名異而實同；于省吾以爲象隅角之形，是“阿”的初文，“阿”是“亞”的後起通用字。我以爲于省吾説更符合帝王“亞”形墓眼觀四方耳聽八隅的本義，而清人及丁、陳之説爲後起引申義。

又，許慎訓“亞”爲“惡”，段玉裁《説文解字注》中説“亞”與“惡”音義皆通，並舉《詛楚文·亞馳》、《禮記》作“惡池”，宋代玉印“周亞夫”爲“周惡夫”爲證。“亞”爲什麼與“惡”有關？那是因爲“惡”假借“亞”字爲之所致。“亞”。魚部影紐；“惡”（wù），魚部影紐；“惡”（è），鐸部影紐。“鐸”乃“魚”之入聲，章太炎以爲同屬魚部，故“亞”、“惡”二字爲雙聲疊韵，可以假借。朱駿聲“‘亞’假借爲‘污’”。馬叙倫“偓亞音同影紐，古或借亞爲偓”。高田忠周：“按亞醜之亞與室亞之亞，形音皆近，古互通用，此謂象形假借”（《金文詁林》十四卷下，7855 頁）。總之，亞有醜義，是污、傴等字之假借字。故許、段訓“亞”爲“惡”都是錯把後起的假借義誤認爲是本義了。

另一説法是“亞”有醜惡之義是由“壺”（hú）演變而爲“亞”（詳見“壺”字的説解），故象屈曲不伸之醜惡狀。

與戰争有關的部首

予（干，gān，三，47）

《文》：“犯也。从一，从反入。”

【按】甲文 予 四期　金文 予 西周晚期　予 春秋

竹竿之象形。“干”，是古人田獵時的一種工具，後來發展成一種防衛武器。又，或曰旗杆（裘錫圭《文字學概要》196 頁），或曰盾。

戈（戈，gē，十二，451）

《文》：“平頭戟也。从弋，一橫之。象形。”

【按】甲文 戈 一期　戈 五期　金文 戈 商　戈 西周早期

古兵器之一種，頭部象今天的刺刀，橫插在柄上，柄有脚似叉可插入地。出土的西周早期戈形 戈（不包括柄的部分）。

例字：

戍。甲文 戍 三期　戍 三期　金文 戍 西周早期

＊人背戈之形，本義是“戍守”。今天“衛戍區”的“戍”用的是本義。

臧（臧）。甲文 臧 一期　臧 一期

＊卜辭中有“善”義。如“其佳丙臧其惟乙臧”（丙日善？乙日善？），後加聲符“爿”作“臧”，如臧否人物。

或。甲文 或 一期　金文 或 西周早期

＊“口”象城邑形，以“戈”守衛之。本義是“國家”的“國”。後來被

借爲虛詞，才又造出“國”字來。

伐。甲文 一期　四期　金文 商　商　商

＊持戈砍人頭之形。商代金文此意更爲明確，不過後來“手”省去了。本義是“砍伐”、“討伐”。或説人肩戈之形，恐非。

何。金文 商　西周早期　春秋

＊人荷戈之形。“何，儋也。从人可聲。”（《説文》）段注：“何，俗作荷……猶儋儋作擔。《詩》‘何戈與祋’、‘何簑何笠’，《傳》皆云：揭也。揭，舉也……凡經典作荷者，皆後人竄改。”爲“負荷”的“荷”的本字。

（戉，yuè，十二，452）

《文》：“大斧也。从戈，丿聲。司馬法曰，夏執玄戉，殷執白戚，周ナ（左）杖黄戉，又（右）把白髦。”

古代以五行與五色相配：金白、木青、水黑、火赤、土黄。

又，古人以五德終始循環解釋王朝興替。

【按】甲文 一期　五期　金文 商　西周中期

“戉”，是象形字，从字形看，是刃口呈半月形的大斧，長柄，有脚。出土的商代青銅戉呈扁方形，刃口分平口、圓口兩種，都有相當的寬度。“戉”主要是刑具（此刑具一直沿用至鐵器時代），也有小型的戉是戰士的武器。據文獻載，周武王即位時，周公把大戉（主掌對内鎮壓，治内）、召公把小戉（主掌征伐，對外）以輔佐武王，所以“戉”在某種意義上代表權力。從墓葬看，大的或甚大的戉表示墓主的尊貴。

今天“戉”只在“越”中作聲符，而在“鉞”中則是既有意義又兼有聲符的作用。

（王，wáng，一，5）

《文》：“天下所歸也。董仲舒曰：古之造文者，三畫連其中謂之王。三者，天地人也。而參通之者王也。孔子曰：一貫三爲王。，古文王。”

【按】甲文 一期　二期　五期　金文 西周早期　西周晚期

“王”横視即大斧之形。《詩經》:“干戈戚揚。”毛傳:“揚,鉞也。”“揚”,古音陽部、喻紐、平聲。“王”,古音陽部、匣紐、平聲,故“揚”、“王”雙聲疊韵,假借,按毛傳,“王”即“鉞”也。又,許慎在說解“戉”時,也把“戉”、“戚”相提並論。可見“王”與“鉞”、“揚”都是大斧;都和“干”、“戈”、“戚”一樣是武器。因爲“鉞”代表權力(詳見“戉”說解),所以“王”既與“鉞”同,當然也是權力的代表。又,吳大澂《字說》:“……二爲地,地中有火其氣盛也。火盛曰王(旺),德盛亦曰王,故王(wàng)天下之號。”

許慎按董仲舒天人感應說說解“王”的本義是不正確的,是歷史局限的反映。

(矛,máo,十四,497)

《文》:“酋矛也。建於兵車長二丈。象形。 古文矛,从戈。”

【按】金文 西周早期

黄約齋《字源》:“即現在的竹葉槍,頭象竹葉,柄端有圈備繫纓毛之用。”矛上的纓毛實爲擦去手上人血(敵人的血)之用,目的是以免因血手打滑而握不住矛,故纓爲紅色。

段玉裁引《考工記》,有酋矛、夷矛,酋矛長四尺,夷矛長三尋,酋之言遒也。從段注可知“酋矛”是矛的一種,“酋”即“遒”,是迫近有力的意思。也就是說“酋矛”較短,爲迫近敵人時所用,換句話說,即“短兵相接”時用的武器,故有力量。《考工記》說法與許慎不同。

(我,wǒ,十二,453)

《文》:“施身自謂也。或說我,頃頓也。从戈手,手,古文垂也。一曰古文殺字。 古文我。”

【按】甲文 一期　一期　五期　金文 西周早期　春秋石鼓

古兵器,似斧而有三鋒,已失傳。可能是十八般兵器中的“撾”(zán)。在卜辭中就已借爲自我之稱。許慎說“施身自謂”即此後起的假借義。

例字：

娥。甲文　一期　　　一期

从女手持兵器形，从女从我，我亦聲。卜辭中爲女神名。

（亅,jué,十二,454）

《文》："鈎逆者謂之亅,讀若橜。"

【按】王筠："即今之倒須鈎,故曰逆。"王説正確,"亅"正是鈎子的象形。

（殳,shù,三,86）

《文》："以杖殊人也。周禮,殳以積竹,八觚,長丈二尺,建於兵車,旅賁(bēn)以先驅。从又,乙(shú,見卷三88部"乙"字解)聲。"

觚,八稜之兵器。

【按】金文　西周中期　　春秋

古兵器名,長柄勾頭,以竹爲之,長丈二,有稜而無刃。"殳"的特點是能及遠,所以加"扌"成"投"("投擲"的"投")。作偏旁與"攵"、"支"通。又,唐蘭：金文中有　,象投石形,即"殳"。備考。

（殺,shā,三,87）

《文》："戮也。从殳,杀聲。　古文殺。　古文殺。　古文殺。　古文殺。"

【按】甲文　一期　　一期　　金文　西周晚期　　春秋　　戰國

以創傷一肢表示凌遲的意思。李孝定以爲"殺"乃借"希"(yì)爲之,備考。古文字中"殺"、"蔡"同字。卜辭中借爲"祟"。

（盾,shùn,四,102）

《文》："瞂也。所以扞身蔽目。从目,象形。"

【按】甲文　一期　　二期　　金文　西周早期　　西周中期

于省吾《釋盾》説,地下發掘之盾作　形,面上繪雙虎,目的是鎮邪(因

盾面是對着敵人的,故繪虎以示威懾),另一面中間繪有圖形圖案,故稱
"畫盾"。甲文的"盾"爲象形。

　　西周中期字形變成"ᚎ"(師史毀),既脱離古文字方盾的形體,又成爲
後代"盾"字的開端。

个(矢,shì,五,186)

　　　　《文》:"弓弩矢也。从入,象鏑栝羽之形。古者夷牟初作矢。"
　　栝(kuò),《釋名》:"矢末曰栝。"

　　【按】甲文ᚎ一期　ᚏ一期　ᚐ二期　金文ᚐ西周早期　ᚐ西周中期

　　象形。箭頭、杆、羽俱全,後來字形訛變,看不出"矢"形了。矢鏃爲青
銅鑄造。矢鏃發展的總趨勢是兩翼逐漸縮小,以便命中敵人肌肉之中。
從考古發掘看,矢鏃能深深刺入敵方的骨骼。

例字:

　　疾。甲文ᚎ一期　ᚏ一期　金文ᚐ西周早期

　　* 矢射中的目標。

　　函。甲文ᚎ一期　金文ᚏ西周中期

　　* 盛矢的袋子,後來字形訛變成"函",看不出本義了。詞義也擴大
成裝其他東西的袋子,如"函授"、"信函"的"函"。

　　躲。甲文ᚎ一期　ᚏ四期　金文ᚐ商　ᚐ西周中期

　　* "射"的本字。字形象射箭之形,後來訛變成从"身"从"寸",看不
出本義來了。

弓(弓,gōng,十二,463)

　　　　《文》:"窮也。以近窮遠者,象形。古者揮作弓。周禮六弓,王
　　弓、弧弓,以躲(射)甲革甚質,夾弓、庾弓,以躲(射)干侯(疾)鳥獸,唐
　　弓、大弓,以授學躲(射)者。"

　　　　干侯鳥獸,畫鳥獸形的布箭靶。"干"或作"豻"。《周禮・地官・
　　司弓矢》:"司弓矢,掌六弓四弩八矢之法,辨其名物而掌具守藏與其

出入。仲春獻弓弩，仲秋獻矢箙，及其頒之。王弓……"鄭注：王、弧、夾、庾、唐、大六者，弓異體之名(孔疏：六弓强弱相對而名)。孔疏，天子用王弓、弧弓(强弓)射虎侯，射遠。用唐弓、大弓(弱弓，近射)射熊侯，用夾弓、庾弓(用"中"，習射)射豹侯。爲五、七步之近射。又"甲革甚質"之"甚"同"椹"，桑木名。以桑作弓，質地堅韌。

【按】甲文 弓一期　弓一期　金文 弓商 弓西周中期　春秋石鼓 弓

象形。古人用弓，平時鬆弦，戰時緊弦，故甲文中"弓"有兩個形體。唐蘭以爲緊弦爲"引"，鬆弦爲"弓"。

例字：

引。甲文 引一期　金文 引西周早期

　　* 徐中舒：象弛弓有臂形，當爲"弩"的本字；唐蘭則以爲是緊弦之形。徐、唐二説正好相反。從字形看，徐説爲佳；從古文獻看，唐説爲確。故從唐蘭之説。字形也解爲用緊弦器("弓"形上的一小斜筆)把弛弓撐緊之形。

弢。甲文 弢三期　弢三期　金文 弢西周中期　弢春秋

　　* 校正弓之意。

弜(弜，jiàng，十二，464)

　　《文》："彊也。重也。從二弓。闕。"

　　將濕竹用夾使之直。"弗"即此形。字又作弜、弻。引申有"輔"義。

【按】甲文 弜一期　弜三期　金文 弜商 弜西周中期

衆説紛紜。羅振玉疑爲"弻"之古文；王襄釋"從"；魯實先釋"比"……均不妥。王國維認爲是"柲"的古文，故本義爲"弓檠"(矯弓器)，引申爲"輔"、"重"(chóng)義。又，葉玉森釋爲"拂"("法家拂士"的"拂")亦可通。

卜辭中"弜"已有否定詞的用法，與"弗"、"勿"同意。

(弦,xián,十二,465)

《文》："弓弦也。从弓,象絲軫之形。"

【按】甲文　一期　　一期

一説"弦"是指事字,"♦"及斷弦皆指"弦"之所在。指事的符號,後來變成"♀"而成"弦"字;或説甲文形象爲"彈"的本字。備考。

(至,zhì,十二,433)

《文》："鳥飛从高下至地也。从一,一猶地也。象形。不上去而至下,來也。　,古文至。"

【按】甲文　一期　　五期　　金文　西周早期　　春秋

今學者多以爲是"矢"从遠處射來降至地的形象,因而有"到來"的意思。許慎之説有誤。

(勿,wù,九,359)

《文》："州里所建旗。象其柄,有三游,襍(雜)帛。幅半異,所以趣(趨)民,故遽稱勿勿。　,勿或从㫃。"

【按】甲文　一期　　二期　　金文　西周早期　　西周晚期

古時州里召集民衆用的一種旗,柄上有游,游的顔色單一則説明事緩,游的顔色雜(即多種顔色)則説明事情緊急。又,郭沫若以爲"笏"之初文。《禮·玉藻》:笏……凡有指畫於君前用笏,造受命於君前則書於笏。天子以球玉,諸侯以象(牙),大夫以魚鬚文竹,士竹木象可也(《甲骨文字研究·釋勿勿》)。備考。"勿"在卜辭中已借爲否定副詞。又,趙誠以爲卜辭中"勿"又當天上可辨灾變的雲氣講,與"物"通。物,本雜色牛之名,後引申"雜帛爲物"。

(㫃,yǎn,七,234)

《文》："旌旗之游㫃蹇之貌。从中曲而垂下㫃相出入也。讀若偃。古人名㫃(偃)字子游。　古文㫃字,象旌旗之游及㫃之形。"

古人名與字相應,王引之將名字關係歸爲五類:同訓(公孫僑字子產)、對文〔漆雕哆(diě,開口)字子斂〕、連類(陳道字子行)、指實(漆雕啓字子開)、辨物〔衛公子鱄字子鮮(鮮本義美味之魚、引申泛指魚)〕,見《經義述聞·春秋名字解詁》。

【按】甲文 ⌐ 一期　⼤三期　金文 ⼤商　⼌西周晚期　戰國印 ⼤

徐灝《説文解字注箋》:"㫃者,旌旗飛揚之貌,非旗游之名。"或説代表旗上的"游"(飄帶)飄盪之形。二説均可通。

中(⼌)本旗幟之類,有九、六、四斿,當以四斿者最古。古時有大事聚衆於曠地,先建"中"焉,群衆來自四方而趨附,則建中之地爲中央,後引申爲一切之中。旗因質料、徽幟之不同而有不同的等級,《周禮·春官·司常》:"王建大常(日、月),諸侯建旗(熊虎)、孤卿建旜(通帛)、州里建旟(鳥隼)、縣鄙建旐(龜蛇)、遂車載旝(全羽)、斿車載旌(析羽)。"車和旗是商周奴隸主等級身份之重要標誌。

例字:

斿(遊)。甲文 ⼿一期　⼿三期　金文 ⼻商

* 从子執旗,"遊學"的"遊"。殷商時代,鄰國多派遣子弟遊學於殷(郭沫若)。卜辭中"斿"亦爲地名。

旅。甲文 ⼌一期　⼌·三期　⼻四期　金文 ⼻商　⼻西周早期　⼻西周中期

* 商代金文字形是士兵們集結在戰車的旌旗之下;周代金文則是戰車上有戎士立於旌旗之下,西周中期金文字形簡化爲二人(即師衆)立於旗下之形,故"旅"的本義是"軍旅"。引申爲"衆"、"陳"(陣)。假借爲"盧"、"魯"。

斻(旂)。甲文 ⼻一期　金文 ⼻西周早期　⼻春秋

* "旂"的本字。旂,《周禮·地官·司常》爲繪有交龍形的旗幟。銘文中借爲"祈求"的"祈",字形於春秋時始固定爲"旂"。

族。甲文 一期　一期　金文 西周早期　春秋

　　＊从"㫃","㫃"爲標記。古代一個家族、氏族是一個戰鬥單位,故

　　字又从"矢"。《唐書·突厥傳記》載可汗分國爲十設,一設賜一

　　箭,稱十箭。可證明"矢"與戰鬥單位有關。

| （ | ,gǔn,一,10）

　　《文》:"上下通也。引而上行讀若囟(xìn),引而下行讀若退。"

【按】甲文、金文中未見有獨立使用者。如當部首時讀如"棍"(gùn),
是棍子的象形。從此部之下所收的"㫃"(yǎn,旌旗的杆)可證。王筠:
"唐韵古本切與此二音皆不合。"

車（車,chē,十四,498）

　　《文》:"輿輪之總名也。夏后時奚仲所造。象形。籀文車。"

【按】甲文 一期　一期　一期　金文 商　西周晚期

　　車子的象形,商代金文輿、輪、軸、轂、轅、軏俱全,後來才省寫成"車"。
從甲文及商代金文看,殷商時一車只駕二馬。傳説開始爲黄帝所造(黄帝
時已有車服,故謂之"軒轅")。少昊時用牛拉車,夏禹時的車正奚仲開始
改爲用馬拉車,因此有奚仲造車之説。在車戰中,車用以載物、住宿、防守
(見前"軍"字説解)。

例字:

　　輔。金文 西周晚期　西周晚期

　　　　＊附在車輪輻條上的直木,用以幫助車輪負重。故字形从"車"从

　　　　"甫"(甫,用工具使直木附於輪上),"甫"亦聲。後來引申爲"輔

　　　　助"義。

　　庫。金文 戰國　戰國　戰國

　　　　＊字形是"广"内有"車",所以是停放車的場所。

　　載。金文 春秋　春秋　戰國

　　*　高明《古文字類編》：“金文‘庫’同‘載’。”大約是放置戰車及武器（戈）的地方。作“載重”的“載”爲後起義。

輿。甲文🔲一期

　　*　衆手抬一個車廂之形，故本義是“車廂”。

古人認爲天圓地方，故説天如“蓋”，地爲“輿”。如《史記·三王世家·索隱》：“天地有復載之德，故謂天爲蓋，謂地爲輿。”又如《易》坤卦爲地，又爲“大輿”，所以稱地爲“地輿”、“輿地”。“地圖”也稱爲“地輿圖”。這些，都是“輿”的引申義。

與“衣”有關的部首

🔲（衣，yī，八，300）

　　《文》：“依也。上曰衣，下曰常（裳）。象覆二人之形。”

【按】甲文🔲二期　　🔲三期　　金文🔲西周早期　　🔲西周中期
象衣之左右襟交複之形。作偏旁時作“衣”或“衤”。

例字：

裏。金文🔲西周早期　　戰國簡🔲　　🔲

　　*　从“衣”，“里”聲，本義是衣裳的裏子。作爲與“外”對稱的“裏”是引申義。

襄。金文🔲春秋

　　*　字形是：外作“🔲”，象寬衣之形；中爲“🔲”，象人兩口互相喧嚷、號召；左邊是“🔲”（土，田地）；右邊是“又”（右手）。有兩個意思：一是解衣耕田；二是有喧嚷號召之意，所以今天的“嚷”从“襄”。

　　　　又，陸宗達老師以爲“衣”指“地衣”（即表層土壤），即春旱之時用犁按行壠把表土推開把種子置於水分多的土層之中。因字形从“土”从“又”有推開之意，故“推讓”的“讓”从“襄”。

　　總之,"襄"字形與耕地有關,所以謚法"襄"有兩個意思:"辟
地(開拓疆土)有德"和"甲胄(征伐,亦開拓疆土意)有勞"。貴族
是不親自耕作的,所以"甲胄有勞"的"勞"是指領兵打仗開拓疆
土的勞苦。

　　從"襄"的字還有"攘"、"壤"等。

初。甲文 三期　五期　金文 西周早期　春秋

* 以刀裁衣之形。天寒裁衣也是一種祭祀禮儀。字形從"衣"(衤)
從"刀",故本義是裁衣(寒衣)之始進行的一種祭祀之名。本義
即裁衣。古人認爲能平安度過隆冬是很不容易的,所以對做寒
衣十分重視。做寒衣意味着冬天初至,故有"最初"的意思。

裨。金文 西周中期

* 從"衣"、"卑"聲。《説文》:"接也,益也。"許慎爲什麼訓"裨"爲
"接"?"益"? 古人做衣服如遇見尺寸不夠的布料時,另以別的
布帛接上。這就是"裨"的本義。既然"接"了,則有"益"於所做
的衣服(或説"益"爲"增益"的"益",與"接"義近,亦可),所以許
慎訓"裨"爲"接"、"益"。

　　段玉裁:"(裨)本謂衣也。引申爲凡埤(裨、埤、鼙皆字異而
音義同)益之稱。"換句話説,把布料接好了、有用了,起到了"補
益"、"裨益"的作用,如主將的副將稱"裨(pí)將"等,都是這種引
申義的用法。

卒(卒)。甲文 三期　三期　金文 春秋

* "卒"本字作"卒"。是古代當差人所穿有標誌的衣服(號衣),故
當差人也稱爲"卒"。字形訛變成"卒"後看不出本義了。

(裘 qiú,八,301)

　　《文》:"皮衣也。從衣,象形,與衰同意。古文裘。"

【按】甲文 一期　金文 西周中期　西周中期

古"求"、"裘"同字。毛皮衣服的通稱。字形是衣上有毛的形象。

冖（冖，mì，七，275）

《文》："覆也。从一下垂。"

【按】金文冖西周早期

王筠："古幂字，音覓。"《玉篇》："冖以巾覆物，按後多作幂、幎，又作幏、帟、鼏。"金文中同"冕"。

例字：

幎。甲文鼏一期

＊以"巾"覆於酒尊之上，即《周禮》注"覆尊巾之幎"的"幎"字。

冃（冃，mào，七，276）

《文》："重覆也，从冖一。讀若艸苺。"

苺，"艸盛上出也。隸作每。《左傳》輿人誦曰：原田每每，舍其舊而新是謀。杜注：晋君美盛，若原田之草每每然"（段注）。

【按】"冖"、"冃"、"冃"同爲遮風帽的象形。後來字形作"冒"。詳見下面"冃"字説解。

例字：

冠。甲文冠

＊象人頭戴苛形。冠，象武士所戴插雉尾之華冠。字形作莞，當爲冠的本字（丁山《商周史料考證》95頁）。小篆作冠：冖，帽子；元，人頭（从上从人），故爲以手持帽戴於人頭之上。

蒙。

＊小篆作冡，从冃、豕。本義"覆也"，即以冃蓋於豕上。"今字多作蒙，蒙行而冡廢"（段注）。

冃（冃，mào，七，277）

《文》："小兒及蠻夷頭衣也。从冖，二其飾也。"

【按】甲文冃一期　冃一期　春秋石鼓冃

古"冒"(帽)字。卜辭"冃"以羊角形爲帽飾,當爲古代蠻夷所戴之帽形。今天湖南等地小兒的頭衣常繡各種獸類的頭作爲裝飾,上面出來的兩耳據說可以避邪,與甲文字形相符,可證。王筠:"古帽字。"段玉裁:"即今之帽字。"總之,"冃"是帽子的象形。字形作"冒"則爲春秋時後起的形體。

例字:

胄。金文 🔸西周早期　🔸西周晚期

* 古代武士的戰帽(兜鍪)。"胄"與从"月"(肉)作"胤"(如"帝室之胄")的"胄"原是不相干的兩個字。

冂(冂,xià,七,280)

《文》:"覆也。从冂上下覆之。讀若晋。"

【按】徐鍇:"表裏反覆也。"王筠:"反覆蓋之也。"

巾(巾,jīn,七,281)

《文》:"佩巾也。从冂,丨象系也。"

【按】甲文 巾 一期　金文同

"巾"是古人繫於身上的手帕,"丨"象繫帶。

例字:

布。金文 🔸西周早期　戰國布貨 🔸

* 从"巾"、"父"聲。古代凡用棉、麻等織出的稱"布"。又,因古人最初以物易物,"布"起到貨幣的作用,如《周禮·天官·外府》"掌邦布之出入"(掌管邦國貨幣的出入)的"布"就當"貨幣"講。

帚。甲文 🔸一期　🔸三期　金文 🔸商　🔸西周早期

* 掃帚置於架子之上。"帚"本不从"巾",从"巾"是字形訛變(將架子"冂"誤寫爲"巾")之故。

巿(巿,fú,七,282)

《文》:"韠也。上古衣蔽前而已,巿以象之。天子朱巿,諸侯赤巿,

卿大夫蒽衡。从巾，象連帶之形。𩎌篆文市，从韋从犮，俗作韍。”

【按】金文 市 西周早期　 市 西周中期　 戰國簡 市

許慎説解精彩，“市”上古爲古人遮羞布，後來爲貴族專用表示職位的標誌。《釋名》：“蔽前也，所以蔽前也。”“市”形狀與現在的圍裙相似，比“巾”多一腰帶，故字形爲“市”。

“𩎌”是本字，後來又作“韠”、“韠”、“韍”。這説明“市”最早是用“韋”（熟皮革）作的，後來才是絲織品，所以字形从“韋”或“革”，从“糸”。

“市”爲做官的人所繫，官的職位、等級不同，“市”的顔色不同。如杜荀鶴《再經胡城縣》：

　　　　“去年曾經此縣城，縣民無口不怨聲。

　　　　今年縣宰加朱紱，便是生靈血染成。”

又，“市”應與“市場”的“市”嚴格區别。“市”金文 㞷 西周晚期从“止”从“兮”，即止步而交易。“兮”爲吆喝之意。以“市”作爲聲符的字有“肺”、“帗”（書法家米帗），現在不少人都誤从“巿”而寫成“肺”、“帗”，這是應該糾正的。

帛（帛，bó，七，283）

　　《文》：“繒也。从巾，白聲。”

【按】甲文 帛 五期　 金文 帛 西周中期　 帛 春秋

“白”，米的本色（詳見“白”字説解）。“帛”古代本色絲織品的通稱。帛，由本色的絲織品擴展成一切絲織品之稱。

敝（㡀，bì，七，285）

　　《文》：“敗衣也。从巾，象衣敗之形。”

【按】甲文 敝 三期　 敝 四期　 敝 五期

“㡀”即“敝”的本字。右手拿棍子把衣服打得破破爛爛叫“敝”。字形是以“巾”代表衣服，四點（有的字爲兩點）象破洞。謙詞“鄙人”（孤陋寡聞之人）不應寫做“敝人”。

黹（黹，zhǐ，七，286）

　　《文》："箴（針）縷所紩衣也。从㞢丵（zhuǒ）省，象刺文也。"

　　紩（zhì），補綴。㞢丵，敗（破）衣襤褸的意思。

【按】甲文 ⟨字形⟩ 一期　⟨字形⟩ 一期　⟨字形⟩ 一期　⟨字形⟩ 三期　金文 ⟨字形⟩ 西周中期

⟨字形⟩ 西周中期

　　"針黹"，俗稱"綫脚"，即針縫過的痕迹。"黹"爲象形字。又，王國維以爲是"黺"的初文。備考。

幺（幺，yāo，四，123）

　　《文》："小也。象子初生之形。"

【按】甲文 ⟨字形⟩ 三期　金文 ⟨字形⟩ 西周早期　⟨字形⟩ 春秋

　　古"幺"、"玄"同字。李孝定：實爲"糸"之初文，後孳衍爲兩個意思：一是"絲"，這個"絲"是兩縷併合而成，如果只是一縷就是"幺"，是極言其微小的意思，"幺"的俗體寫作"麼"（yāo）；二是"絲長"，所以有"幽遠"的意思。

例字：

　　幼。甲文 ⟨字形⟩ 一期　⟨字形⟩ 二期

　　　*古耕地在前面拉耒者多爲幼者，後扶耒者須年長有力者，幼字形
　　　　象以繩繫於耒上之形。

幺幺（丝，yōu，四，124）

　　《文》："微也。从二幺。"

【按】甲文 ⟨字形⟩ 一期　⟨字形⟩ 五期　金文 ⟨字形⟩ 西周晚期

　　"絲"的初文，象形。段玉裁：从幺爲么，以爲二么者，幺之甚也。

　　"丝"在卜辭和銘文中均被借爲"兹"（代詞），指代事、物、時間。

例字：

　　幽。甲文 ⟨字形⟩ 一期　⟨字形⟩ 三期　金文 ⟨字形⟩ 西周晚期　⟨字形⟩ 西周晚期

＊“幽”從“山”從“丝”，“丝”亦聲。是山間的羊腸小道，所以“幽”必然有以下三個意思：一是説明小路極長、通往深山，所以“幽”有“深”的意思，如《孟子》：“出於幽谷，遷於喬木。”二是因爲深山裏古木參天，必然陰闇，所以“幽”又有“暗”的意思，如《楚辭・山鬼》：“余處幽篁（陰闇的竹林）兮，終不見天。”《荀子・王制》“爲不善於幽而蒙刑於顯”（在陰闇的角落作了壞事，就要在大庭廣衆中受到懲罰）。三是深山老林必然安静，所以“幽”又有“清静”的意思，如張籍《入若耶溪》：“蟬噪林逾静，鳥鳴山更幽。”

（玄，xuán，四，126）

《文》：“幽遠也。象幽而入覆之也，黑而有赤色者爲玄，古文玄。”

【按】同“幺”，爲“黑而有赤色”是後起義。清代避玄燁（康熙）諱改“天地玄黄”爲“天地元黄”。詳見“幺”字解。

（糸，mì，十三，467）

《文》：“細絲也。象束絲之形。讀若覛。古文糸。”

【按】甲文一期　一期　一期　四期　金文商　西周早期

絲的象形。徐鍇：一蠶所吐爲“忽”，十“忽”爲“絲”。“糸”，五忽也。備考。

例字：

終。甲文一期　一期　金文西周早期　西周中期

＊一根絲兩端各打一個結，表示“終結”。字形到戰國時加“糸”成“終”（金文戰國）。

冬天是一年的終結，所以後來字形加上意符“”（冰）而成“”，隸定後寫成“冬”表示“冬天”。加上“糸”成“終”表示終結。

索。金文商　戰國印

＊冬天奴隸在室内搓絞繩索之形，故字形從“”（室内）從“”

(雙手)从“”。所以本義一是當動詞“絞”講;二是當名詞“繩索”講。如《詩經·豳風·七月》“晝爾於茅,宵爾索綯”用的是本義。

絶。甲文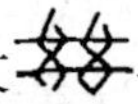一期　金文戰國

*以刀斷絲之形,故有“斷絶”的意思。又因爲斷絶而有到頭的意思,所以有“頂點”的含意。如杜甫《望嶽》:“會當凌(攀登)絶頂,一覽衆山小。”又如“絶色”、“絶頂聰明”、“絶望”、“空前絶後”等。

編。甲文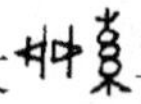一期

*把竹簡按次序編排,本義爲“次簡”。後來也當動詞“編排”講。

(絲,sī,十三,469)

《文》:“蠶所吐也。从二糸。”

【按】甲文一期　二期　五期　金文西周中期　西周中期

甲文不拘形體的多寡,所以“絲”與“糸”本義相同。後來分化成作偏旁時作“糸”,單用時爲“絲”。

(素,sù,十三,468)

《文》:“白致繒也。从絲垂,取其澤也。”

【按】金文作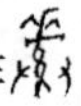　戰國簡

金文字形象雙手織絲形,本爲本色絲織物。後來字形訛爲由“𠂹”(“垂”的本字)“糸”合而成“素”(“素”本字)。古人以白色飄帶爲飾,故白色稱“素”。

(系,xì,十二,466)

《文》:“緐(懸)也。从糸、厂(yì)聲。”

【按】甲文一期　一期　金文商　西周早期

一隻手抓兩束(或三束)絲以顯示彼此之間有聯繫,故本義是“聯繫”。朱駿聲《説文通訓定聲》:“垂統於上而連屬於下謂之系,猶聯綴也。”又,王

國維釋“鱻”（圝），謂以手治絲，所以引申爲“治”、“理”。亦可。

　　幺、玄、絲、糸、絲在甲文中是一個字，作 、 等形。漢代已分化爲幺（小）、丝（微）、玄（遠）、絲（茲）、糸（作偏旁）、絲（獨用）。其中糸、絲較後起，幺、丝較早。從此例可知甲文所以難識，異體字多是一重要原因。

朮（朮，pìn，七，261）

　　《文》：“分枲莖皮也。从屮，八象枲皮。讀若髕。”

　　　　甲文朮一期

【按】“朮”、“ ”、“麻”同源。“朮”指麻的皮。王筠：“ 則古麻字，見《説文》、《玉篇》。種麻櫛比，故重復以象之。麻則既治者（已經劈好的麻），故藏於广（室内）中。”

　　今學者或以爲“麻”是山崖邊生長的麻的形象（如黃約齋）。

 （ ，pài，七，262）

　　《文》：“葩之總名也（葩，枲實——段注）。 之言微也。微纖爲功，象形。”

【按】整治好、收藏好的麻。見“朮”的説解。

麻（麻，má，七，263）

　　《文》：“枲也。从 ，从广。 ，人所治也，在屋下。”

【按】金文麻春秋　戰國盟書麻

原爲山崖邊生長的麻，故字从“广”从“ ”，後來當在屋内劈麻講。今天成爲名詞。

革（革，gé，三，70）

　　《文》：“獸皮治去其毛曰革，革更也。象古文革之形。 ，古文革从卅。卅（卅）年爲一世而道更也。臼聲。”

【按】金文 西周中期　 西周晚期　戰國簡

把獸皮剥下、去毛、曬干就制成“革”。字形“廿”是獸的頭、“ ”是兩爿正身、"木"是尾巴。所以本義是"皮革"的"革"，名詞。製革一定有一人工加工的過程，故"革"又引申爲"改革"、"革新"等意思。動詞。

良（皮，pí，三，90）

> 《文》："剝取獸革者謂之皮。从又，爲省聲。 良 古文皮。 良 籀文皮。"

【按】金文 号 西周中期　　号 西周晚期　　皮 春秋

把製好的"革"疊起來（故字形从半個"革"）用右手（字形从"又"）拿起來收藏好的意思，故本義是動詞。在先秦時也專指獸皮。如《書·禹貢》"島夷皮服"。今天"皮"成爲名詞是後起義。

閃（鞣，ruǎn，三，91）

> 《文》："柔韋也。从北，从皮省，夐省聲。讀若夐（軟），一曰若儶（俊）。 肉 古文鞣。 夐 籀文鞣，从夐省。"

【按】"柔"，鞣治獸皮。"韋"，鞣治之後可以使用的熟皮。此字已消亡。

"鞣"是"鞣"的古字，"鞣"字形結構不明，"鞣"則爲形聲字，从革柔聲。"鞣"，徐灝《説文解字注箋》："錢氏坫曰：今人治皮俗猶曰鞣。"動詞。《廣韻》以熟皮爲鞣，則鞣又爲名詞。

與"食"有關的部首

食（食，shí，五，180）

> 《文》："亼米也。从皀、亼聲。或説亼皀也。"

【按】甲文 金 一期　 含 一期　 鼻 三期　 金文 含 西周早期　 食 西周晚期

"皀"是米在碗中（詳見"皀"説解），上面加"亼"（集）成"食"。一説从"亼"（集）从"皀"，即許多米，所以是"食"；二是"亼"是開口吃碗中的米之形；三説从"皀"、"亼"聲。

皀（皀，bì，或讀 xiāng，五，178）

《文》："穀之馨香也。象嘉穀在裹中之形。匕所以扱之。或説皀，一粒也。又讀若香。"

【按】甲文 ⬇ 一期　 ⬇ 四期

"豆"，祭器。"豆"中的東西是黍稷，是供祭祀所用，如《左傳》"黍稷非馨，明德惟馨"可證。祭祀的黍稷必須是"馨香"的，製作時往往加入鬱金香等香料（參看"鬯"的説解），所以許慎説"皀"是"穀之馨香也"。所以"皀"是指祭祀用的精潔的米。很清楚，"皀"字的産生和時代分不開，今天消亡也是時代發展之故。

"皀"和"皁"（"皀"zào，即穀之堅者，指磨出的面今稱"黑面"）在形、音、義上都不同。

例字：

即。甲文 ⬇ 一期　 ⬇ 二期　金文 ⬇ 西周早期　 ⬇ 西周中期

＊人正在喫飯，故本義是"正在"、"就食"的"就"。

既。甲文 ⬇ 一期　 ⬇ 二期　金文 ⬇ 商

＊人已經吃飽，把嘴掉過去了，故當"已經"講。

毁（簋）。甲文 ⬇ 二期　金文 ⬇ 西周早期　 ⬇ 西周中期

＊右手拿瓢舀飯之形。是古人盛黍稷的圓器。字形後來又寫作"簋"（音 guǐ），從竹從皀從皿。

禾（禾，hé，七，253）

《文》："嘉穀也。以二月始生，八月而熟，得之中和，故謂之禾。禾，木也。木王（旺）而生，金王（旺）而死。從木，象其穗。"

【按】甲文 ⬇ 三期　 ⬇ 四期　 ⬇ 五期　金文 ⬇ 西周中期　 ⬇ 春秋

"木"上加一撇以象穀穗之下垂，于省吾以爲指一切穀類。

例字：

季。甲文 [甲骨文] 一期　[甲骨文] 四期　金文 [金文] 西周中期　[金文] 春秋

　＊从禾从子。卜辭中爲人名。現在作"季節"講當與从禾，即與收
　穫有關。又爲兄弟排行中最少者，當與字形从子有關。

穆。甲文 [甲骨文] 三期　[甲骨文] 三期　金文 [金文] 西周早期　[金文] 西周中期

　＊字象芒穎之穗下垂之形。由於芒穎微細，故引申爲"幽遠"、"幽
　微"的意思，段玉裁《説文解字注》："凡言穆穆、於穆、昭穆，皆取幽
　微之意。"昭穆皆爲宗廟中先祖之牌位，故有幽遠之義。

　　　金文的字形加"彡"，"彡"者，有文采之意，因以形容静穆之
　美，故有"静穆"、"肅穆"之意。

稷。甲文 [甲骨文] 一期

　＊从禾从兄，亦隸定爲秔。卜辭爲地名、人名。《説文》粢即穀子
　（小米），五穀之長，故从兄。

秦。甲文 [甲骨文] 一期　[甲骨文] 四期　金文 [金文] 西周中期　[金文] 春秋

　＊雙手持杵舂米之形。本義舂穀。卜辭中爲人名、地名。《説文》：
　"伯益之後所封國，地宜禾，从禾舂省。"

秋。甲文 [甲骨文] 一期　[甲骨文] 三期　戰國簡 [簡] [簡]

　＊字形从秋蟲，从"山"，以秋蟲由山中入室，表示秋凉，又以秋凉表
　示秋天。如《詩經·七月》"十月蟋蟀入我牀下"，而"十月獲稻"則證明十
　月是收穫的秋天。字形於戰國時始作"秋"。

年。甲文 [甲骨文] 一期　[甲骨文] 三期　金文 [金文] 西周中期　[金文] 春秋

　＊人肩禾之形，本義是"收成"、"年成"。清代天壇的"祈年殿"是行
　祈求豐收禮儀的祭壇。作爲一年一度的"年"是周代的事（商稱"年度"的
　"年"爲"祀"）。字形从春秋金文起訛變爲从"禾"从"千"。

[篆文] （秝，八，七，254）

　　《文》："稀疏適秝也。从二禾。讀若歷。"

【按】甲文 [字形]—期　[字形]—期

象田中稻禾行列很均匀的樣子。朱駿聲:"適秝,均匀之貌。"

例字:

歷。甲文 [字形]四期

 * 卜辭中爲貞人名。字形象人足一步步走如稻禾行列之均匀,以
   喻人或國走過的歷程,故有歷史之義。

[字形](黍,shǔ,七,255)

　　《文》:"禾屬而黏者也。以大暑而種,故謂之黍。从禾,雨省聲。
孔子曰黍可爲酒,故从禾入水也。"

【按】甲文 [字形]—期　[字形]—期　[字形]二期　金文 [字形]西周晚期

羅振玉:黍爲散穗,與稻不同,故作 [字形]、[字形]以象之。

黍子或稱糜子,去皮殼之後稱爲"大黄米",是商代主要的穀類作物。
商代人多飲酒,而"黍"可釀酒,故字形在畫出散穗下垂之狀時又加"水"
字,取"黍"可以變成水酒的意思。

[字形](香,xiāng,七,256)

　　《文》:"芳也。从黍,从甘。《春秋傳》曰:黍稷馨香。"

【按】甲文 [字形]—期　[字形]—期　[字形]二期

李孝定:象以器盛黍稷之屬以見馨香之意。从"來"(麥子)从"黍"均
可(參看"皀"字説解)。又,郭沫若:从禾从甘。可能是祭祀之黍稷有馨香
之義、有甘美之義,因甲文字形看不出是从"甘"(實爲从"口"),故備考。

[字形](白,bó 或 bái,七,284)

　　《文》:"西方色也。陰用事,物色白。从入合二。[字形]古文白。"

【按】甲文 [字形]—期　金文 [字形]西周早期　[字形]春秋

古"白"、"伯"同字。字形是一粒米的象形。或説是瓜子仁之形,亦
可。因爲米色白,故以爲"黑白"之"白"。又,古人平日吃"菽"(豆飯),稻

米爲貢品，爲貴族所食，故"伯"、"白"同字（參看下面例字"稻"的説解）。

米（米，mǐ，七，257）

《文》："粟食也。象禾、黍之形。"

【按】甲文 ⺤ 一期 ⺤ 四期

象米粒瑣碎縱橫之形，米在卜辭中亦指去殼之粟米。

例字：

粟。甲文 ⺤ 三期 ⺤ 三期 ⺤ 五期 戰國印 ⺤

* 甲文三期字形象禾上結米之形。五期从手持卣，下之禾有酒滴，
  表示粟可釀酒。至戰國字形已訛變。

稻。金文 ⺤ 西周中期

* 字形从"弙"（⺤，進貢時使臣所持之標誌旗）从"米"（⺤，米粒縱
  橫形）从"爪"（⺤，手）从"臼"（⺤）中取出米之狀。

　　从字形中看出"稻"在古代是貢品，貴族所食之精米也。又，
　　从"稻"字形中看出"米"（⺤）爲象形字，後來訛變成"米"而看不
　　出象形了，但意義未變。又，唐蘭釋"糧"爲稻。

毇（毇，huǐ，七，258）

《文》："糙米一斛。舂爲九斗也。从臼米，从殳。"

【按】"糙（lì）"即"糲"，糙米的意思。王筠説爲八斗。或説"毇"是糲米
再舂者，故可當"細"講。今此字已消亡。

尗（尗，shú，七，264）

《文》："豆也。尗象豆生之形也。"

【按】徐灝："尗，又作叔，从又者，采擷之義。"後因"叔"爲"叔伯"所專
用，故又造"菽"爲豆類植物之稱。又，古代食器謂之"豆"（器形爲 ⺤，有的
有蓋），這和豆類食物的"豆"毫不相干，古代豆類植物稱"尗"、"菽"。直至
漢代仍然如此。

"叔伯"的"叔"，古與"弔"、"弟"通，説解於下。

例字：

叔。甲文 𠬝 一期　𠬝 三期　𠬝 三期　金文 𠬝 西周早期　𠬝 春秋

　　＊吴式芬《攈古録金文》：“古叔、弔、弟通。”古人野葬，爲防禽獸，弔
　　　喪者均帶弓箭。先生則先死，所以弟弟爲兄送葬，故古“弔”、
　　　“弟”、“叔”通。字形是人身上紮弓箭之形（參看“弟”字説解）。

韭（韭，jiǔ，七，266）

　　《文》：“韭菜也。一種（種）而久生者，故謂之韭。象形。在一之
上，一，地也。此與䪒同意。”

【按】象一蔟蔟韭菜長在地上之形。許慎説字音爲“久”是指其一年可
收割三四次的緣故。

瓜（瓜，guā，七，267）

　　《文》：“𧯦（yù）也。象形。”

【按】金文 瓜 戰國

字形象瓜藤上掛着一個瓜。

“𤓰”（yù）兩個瓜並列，表示藤細瓜多、載重不起，故有力量薄弱之義，
如《孟子》“苦𧯦之器”（粗糙不結實的器具）的“窳”（yù）就從“𤓰”得聲且兼
得義。

瓠（瓠，hú，七，268）

　　《文》：“匏也。从瓜，夸聲。”

【按】葫蘆的一種。果實細長橢圓者曰“瓠”；扁圓者曰“匏”；“匏”之中
短柄大腹者爲“壺”；“壺”之中兩端大而腰細者曰“蒲蘆”。古人亦多混稱。
古時以之作浮水工具。如《鶡冠子》“中流失船，一壺千金”。

亼（亼，jí，五，181）

　　《文》：“三合也。从人一，象三合之形。讀若集。”

【按】卜辭中未見有單獨用者。許慎説三面集合之義只在偏旁中使
用。許説似牽强。

例字：

令。甲文 🜨 一期

＊羅振玉：集衆人而命令之。後加口作"命"，才分化成命、令二字。

合。甲文 🜨 一期　　🜨 一期

＊象器皿與其蓋相合之形。本義是"相合"。

侖。甲文 🜨 一期　　金文 🜨 戰國

＊一説把竹簡集合在一起而成爲一册書，故有"理論"等意思；或説
用口宣揚典册的意思，故"倫理"等從之。

🜨（倉，cāng，五，183）

《文》："穀藏也。蒼黄取而藏之，故謂之倉。从食省，口象倉形。

🜨，奇字倉。"

【按】甲文 🜨 一期　　金文 🜨 西周晚期　　戰國印 🜨

收藏穀物的地方。"🜨"是屋頂，底下的"🜨"是"廩"（放穀的櫺子），中
間是"户"（倉門）。圓倉稱"囷"，方的稱爲"倉"。漢墓中出土的陶倉作
🜨 形。

🜨（會，huì，五，182）

《文》："合也。从亼曾省。曾，蓋也。🜨 古文會如此。"

【按】甲文 🜨 二期　　金文 🜨 春秋　　🜨 春秋　　🜨 戰國　　戰國印 🜨

上面是蓋下面是器，中間有穀物積聚，故有"會合"、"聚會"的意思。
卜辭中當聯合以行酒祭之義講。

🜨（靣，lǐn，五，194）

《文》："穀所振入也。宗廟粢盛。蒼黄靣而取之，故謂之靣，从入
从回。"

振，即"賑"字。

【按】甲文 🜨 一期　　🜨 一期　　金文 🜨 西周中期

"㐭","廩"的本字。指榖倉藏榖的部分,"个"象蓋,底下分成兩邊的櫺子,爲的是通風。後來寫成"回"或"田"。卜辭中"㐭"都用爲"鄙"。

畬(嗇,sè,五,195)

《文》:"愛濇也。从來、㐭,來者㐭而藏之,故田夫謂之嗇夫。一曰棘省聲。畬古文嗇,从田。"

愛,"以王爲愛"之愛,吝嗇的意思。濇,嗇。《廣韵》引作澀,不滑也。

【按】甲文 𥞟 一期　𠣪 一期　𤲶 一期　金文 𤲶 西周早期

古"嗇"、"穡"同字。字形是从"來"("麥"的本字),藏於廩中,所以當"收穫"講。如《詩經·碩鼠》"不稼不穡"的"穡"即收穫的意思。

井(井,jǐng,五,177)

《文》:"八家爲一井。象構韓(韓,井上木欄),𤭯(汲瓶,瓦器)象也。古者伯益初作井。"

【按】甲文 丼 一期　井 一期　金文 丼 西周晚期

"井"象井欄,中間或加一點,原來是爲字形填空的裝飾,後來認爲是汲瓶。現在發現的井爲河姆渡文化(4000B.C—7000B.C)时。

"邢"古亦作"井"。"邢"、"邦"同字。

鬲(鬲,lì,三,71)

《文》:"鼎屬也。實五觳(hú)。斗二升曰觳,象腹交文三足。瓹,鬲或从瓦。𤭖漢令鬲从瓦厤聲。"

【按】甲文 𣇾 三期　𣇾 三期　金文 𣇾 西周早期　𤮺 春秋

古代烹調器,似鼎,大腹三足,足中空可灌入水,因而與火的接觸面大。故燒時能迅速熱起來。

从字形看,或从"瓦"、或从"金",知"鬲"爲瓦器或青銅器,此爲"鬲"的本義。後來以"鬲"代表從事炊事的奴隸。郭沫若《奴隸制時代》:"鬲和人鬲就是古書上的民儀或黎民。黎、儀、鬲(歷)是同音字。鬲是後來的鼎鍋,推想用鬲字來稱呼奴隸,大概就是取其黑色。"又,"黎",卜辭中已由"犂"(甲文𤔣、𤛿)引申變化而成,即"黎民"之"黎"(黑。因在太陽下勞動之故),字又作"𪎭"。從"鬲"可知古代奴隸多以生產工具命名。這種現象在漢字中很多,如"兵",既當"兵器"講,又作"士兵"講一樣。

　　鬲發源於殷,衰落於周末,絕迹於漢代(容庚)。初爲土器,後爲青銅器。初有二耳(受鼎之影響),與甗(yǎn)同類。

鬲 (鬻,lì,三,72)

　　《文》:"鬲也。古文亦鬲字,象熟飪五味氣上出也。"

　　【按】王筠:"鬲、鬻爲一字。古文兼象釜上氣。"從下面兩個例字(《説文》中没有此二字)可證明"弜"爲煮熟東西時的蒸氣。

例字:

　　鬻。金文𪔂春秋

　　鬻。金文𪔂西周晚期

爨 (爨,cuàn,三,69)

　　《文》:"齊謂炊爨,𦥑象持甑,冖象竈口,𠬞推林内火。𤏷籀文爨省。"

　　【按】許慎説解正確。

卤 (鹵,lǔ,十二,435)

　　《文》:"西方鹹地也。從卤省。□象盐形。安定有鹵縣。東方謂之㡿,西方謂之鹵。"

　　㡿,"序"的異體字。

　　【按】甲文🜏一期　金文🜏西周中期

　　"鹵"字由"卣"(果實的象形。有一種盛酒器的形狀就象這種果實,所以這種盛酒器也就稱"卣",音 yǒu)轉化而來。"鹵"象盐滷罐,也代表罐中的盐滷,字形又作"滷"。

盥（鹽,yán,十二,436）

《文》:"鹵也。天生曰鹵,人生曰鹽。从鹵,監聲。古者夙沙初作鬻海鹽。"

【按】俗字作"盐"。

與"住"有關的部首

冂（宀,mián,七,269）

《文》:"交覆突(深)屋也。象形。"

【按】甲文 冂 一期　　 介 三期

屋子的象形,"△"爲屋頂,兩邊爲墙。王筠:一極兩宇兩墙之形。于省吾:"宅"的初文。卜辭中獨用,金文始作偏旁,多爲義符。

卜辭中"宀"、"宅"互見,但用法有别。"宀"是名詞,"宅舍";"宅"是動詞,與"居"意同。後來"宅"通行而"宀"只作偏旁用。

例字:

寡。金文作 西周早期,林義光《文源》:"象衆人在屋下, 顛沛見於顏面之形,爲鰥寡之寡。"銘文中鰥寡及少義。小篆才加"分"。从"頒"。頒,分賦也,故本義爲"少"(《説文》)。

寮。西周早期金文作 ,銘文中爲官名(如"大史寮",見毛公鼎),从宀,尞聲。《爾雅·釋詁》郭璞注"同官爲寮",今尚有"同僚"之用。字又作僚。

宅。甲文 一期　 一期　金文 西周早期　 西周晚期

*"宅"在卜辭中是動詞,與"居"意同。作名詞"宅舍"是取代了"宀"而成。詳見"宀"説解。

家。甲文 一期　 一期　金文 商　 西周中期

*从"宀"从"豕",屋内有豬的意思。因上古之人以遊獵爲生,生活

很不安定。後來進化到把獵得的活獸豢養以備用,這才定居下來。於是屋内養豬者,都是定居的人家。又,甲金文圈内之豕多爲牡(才)即豭。後省去牡器變而爲家。假豭爲家,从宀,豭聲。卜辭中爲宗廟、人名。

宗。甲文 〔图〕一期　〔图〕五期　金文 〔图〕西周早期

＊从"宀"从"示"。"示",神主,表示與祭祀有關,爲宗廟。卜辭中用本義。因古人祭祀多祀祖先,故爲"祖宗"、"宗祠"的"宗"。

字。金文 〔图〕西周早期　〔图〕西周晚期　〔图〕春秋

＊从"宀"从"子",即屋内育兒之形。今作"慈",引申爲"孳生"的意思。盧植:"古者名字相配。"所以"字"是由"名"孳生而來,是與"名"相配、有關的。如冉耕,字伯牛。

寍(寧)。甲文作〔图〕、〔图〕等形,象室内置飲食器皿以示安定。本義安寧。卜辭用本義、地名,金文加心作〔图〕(西周早),銘文中用安寧義。《説文》:"此安寧正字。""从宀,心在皿上。人之飲食器,所以安人,本義安也。"

官。甲文 〔图〕一期　〔图〕三期　金文 〔图〕西周中期　戰國簡 〔图〕

＊从"宀"从"𠂤"。"𠂤",古"師"字,即"衆"也。字形本義是官吏治事所居之處,銘文中有的作"官舍"講。後來引申爲一切有官職者之稱。

宦。金文 〔图〕西周晚期

＊从"宀"从"臣",是在室内勞作的奴隸。後來成爲小官之稱。引申爲學習做官吏。專用爲宦官之稱。

宰。甲文 〔图〕四期　〔图〕五期　金文 〔图〕商　〔图〕西周中期

＊从"宀"从"辛"。一説是在室内勞動的奴隸。侍奉主人飲食起居的奴隸最受信任,故自古以來太監專權者極多。後來臣子中的最受信任的宰輔亦稱爲"宰",如"宰相";或説室内有刑具,故爲"宰割"的"宰"。總之,"膳宰"爲其本義。

宄(guǐ)。甲文,從宀從九聲。袚除室内不祥之祭。金文從宫九聲。銘文中有窮究義。人名,小篆,"内姦,外盗"(《説文》)。文獻中爲内部作亂,劫竊。《國語·晋語》:"亂在内爲宄,在外爲姦。禦宄以德,禦姦以刑。"

守。金文從宀從又(或寸),作。銘文作官名、人名。小篆"從宀從寸,寺府之事者,寸,法度也"(《説文》)。本義"守官也"(《説文》),即主管某事之官,動詞。官名(太守)音 shǒu。

客。金文西周中期　春秋

* "各"是一隻脚向"凵",表示到來之意。"各"加"宀"(房子)成"客",即到房子裏來的客人。銘文中寄住、賓客。

宜。甲文一期　一期　二期　金文商　春秋

* 古"宜"、"俎"同字。本義是下酒的菜肴,故字形從"且"(几,類似今天的"茶几",見"且"説解),即几上有肉。卜辭中爲用牲法,也作祭名。又,几上放肉有安置的意思,故引申爲"相宜"的"宜"。

宿。甲文三期　三期

* 室内,人卧在蓆子上,本義是"住宿之處"。卜辭中用本義,亦祭名。

寒。金文西周中期

* 人在屋子裏的草中(爲保暖而多墊草),人下(即室外)爲冰,説明寒冷。引申有貧困、微賤、戰慄等義項。亦爲謙詞。

賓。甲文一期　一期

* 從宀從人止象人至屋下,賓客、賓敬之意。卜辭作人名用,作動詞用。

奥。

* 《説文》:"宛也。室之西南隅,從宀,釆聲。"古時西南隅爲祭時放神主或尊長居坐處,故深秘不易窺見。從"釆"(獸足迹),入室則

辨明尊卑,從廾(拱),敬也。

宮(宮,gōng,七,270)

《文》:"室也。從宀,躬省聲。"

【按】甲文㿟一期　　五期　金文宮西周早期　春秋石鼓宮

古人穴居時代的洞窟之形。"宀"象洞口,"呂"象彼此相通的小窟,故爲一切房屋的通稱。《爾雅·釋宮》:"古者貴賤同稱宮,秦漢以來,惟王者所居稱宮焉。"總之,帝王所居稱"宮",是從秦始皇開始的。卜辭中亦爲祭祀場所。

陳夢家:西周銘文中"宮"(王居住於宮)、"室"(大室,治理政事策命之所)、"廟"(藏"神主"即祖宗牌位之所)、"寢"(字形又作"寢",是宴享之所。亦爲寢宮)。

又,趙誠以爲"宮"從"宀","呂"("雍"古字)聲,則爲形聲字。"寢"(寢)甲文作宀,從宀從帚。卜辭中多假帚爲歸。日入而歸於宀,爿(床),即寢臥也。

穴(穴,xuè,七,272)

《文》:"土室也。從宀,八聲。"

【按】從"突"字的甲文宀一期看,是犬從洞穴中衝出之形。又,從"空"的金文宀戰國晚期、"窴"(深)的金文宀西周晚期、"穿"的戰國印文宀等看出"穴"是覆蓋之下有孔洞之形。

予(予,yǔ,四,127)

《文》:"推予也。象相予之形。"

【按】戰國印區　　戰國古陶呂

字形從"呂",這就要從"呂"入手講。于省吾:甲文中呂、呂是連環之形,即"雍"(亦作"雝")的本字,意思是"合"、"貫通"。

"雍"在卜辭中是地名、人名。在周代銘文中以"雍"爲"饔"(《說文》:"饔,熟食。")即進獻熟食以祭祀的祭名,祭祀即指神與人之間相溝通的關係,所以是"貫通"義的繼續沿用。

"互相溝通"也就有疊代、交叉的意思,故又可引申爲"給予"的"予",所以從""的字義就有"給予"的意思了,字形也由"雍"另造一"予"字。

(邑,yì,六,229)

《文》:"國也。從口。先王之制,尊卑有大小,從卩('節制'的'節')。"

【按】甲文一期　三期　金文西周早期　戰國印

從"口"(圍)從"人",表示是人所聚居的一個範圍或圈子,"城邑"、"都邑"爲本義。作偏旁時在字的右邊,寫作"阝"。從"邑"的字大多爲形聲字,如邗(邢)、郇、邪、邸、郿等。

例字:

邦。甲文一期　一期　金文西周早期　西周晚期

*《说文》"邦"作""。古人在邊境種樹封疆之形(参看"封"字説解)。古代諸侯接受分封的土地,必種樹以爲標記,故甲文字形從"田"從""(樹),金文則從""(樹)從"邑"。王國維:古封、邦一字。

(冂,jiōng,五,188)

《文》:"邑外謂之郊,郊外謂之野,野外謂之林,林外謂之。象遠介(界)也。古文,從口,象國邑。、或從土。"

【按】金文西周早期

王筠:"古坰字,亦作冋。遠界也。"章炳麟《文始》:"爲遠界,又有遠義,故孳乳爲迥、遠也。"于省吾《釋冂膏》:"自然界物色遥遠。"綜各家説之共同點,即"冂"當"遙遠"講。

因爲邦國必有四界,而"冂"只畫三邊,那是爲了怕與"囗"(圍、口)字形相混的緣故,所以"同"字後來從"囗"以象國(國都)形。"囗"外的"冂"象國家的邊界。因此,没有裏子的單衣爲"絅",拴鎖外門的門閂爲"扃"。

而“坰”爲遠野（故字从“土”）、“迥”爲遥遠（故字从“辵”）。

（京，jīng，五，190）

《文》：“人所爲絶高丘也。从高省，丨象高形。”

【按】甲文一期　五期　金文西周早期　戰國

洪水時代，上古之人居住在山上以避洪水，一個部落住一個山頭，故部落酋長也稱“嶽”，即一個山頭的意思。

酋長所居必最高最安全，正如許慎所説，是“人所爲絶高（最高）丘”稱“京”。後來因爲是酋長所居，故爲國都之稱。

字形是巍然高聳的樣子；“亠”是“絶高”即最高的意思。或説字形爲高大的屋宇之形，亦可。《白虎通·京師》：“京，大也，師，衆也。天子所居，故太衆言之。……《春秋傳》曰：京曰天子之居也。”

把《白虎通》與《説文》對比，可看出今文字派與古文字派説解字形之不同。又，朱駿聲《説文通訓定聲》：“按對文則人力所作者爲京，地勢自然者爲丘。散文則亦通稱。”

例字：

亳。甲文一期　

＊草生臺觀之下形，是“堡”的初文。小城之上築有觀景臺，保護人之安全。亳是城主政治之開始（丁山），卜辭中作地名、人名。

（高，gāo，五，187）

《文》：“崇也。象臺觀高之形。从门口。與倉舍同意。”

【按】甲文一期　三期　金文商　戰國

“高”與“京”頭同足異，頭象屋宇之形狀。“京”底下的三竪代表屋宇的基礎，表示基礎堆得“絶高”；而“高”的基礎从“冋”（jiǒng，遥遠），即基礎遠（即“大”），這樣才能堆得高，故本義是“高”。

（章，guō，五，189）

《文》：“度也。民所度居也。从⊙，象城郭之重（chóng），兩亭相對也。或但从〇。”

【按】甲文 ⬦一期　☖一期　☖一期　金文 ☖西周晚期

“城郭”的“郭”。字形象从内城向四外擴展,後來簡化成向兩邊擴展。或説爲“廓”的本字。

“高”指高度,“郭”指廣度、指外城。

門(門,mén,十二,438)

《文》:“聞也。从二户。象形。”

【按】甲文 门一期　門二期　金文 門西周早期　門門西周晚期

字形上面門框、下面是兩扇門之形。後來省去門框而寫成“門”。

例字:

閒。金文 門西周晚期　閒春秋

　*《説文》:“閒作閑。”字形是用月光从門的縫隙中漏進來表示“間
　　隙”。又因爲無論是月光从門縫中透入或日光从門縫中透入,其
　　意思都是一樣的,所以“間”、“閒”古通。

閉。金文 門西周中期　閉戰國

　*把門拴上爲“閉”。

闢。金文 門西周早期　闢戰國

　*《説文》闢亦作 闢。字形是雙手把門推開,故本義是開門。後來
　　引申爲較爲抽象的“開闢”。

關。金文 關戰國　戰國印 關

　*把兩扇門用繩子拴上是“關”。所以字从“門”从“䍁”。

户(户,hù,十二,437)

《文》:“護也。半門曰户,象形。 户古文户,从木。”

【按】甲文 户三期　金文 户戰國

許慎的説解準確,“户”是一扇(即“半門”)門的形象,故有“小户人家”

（即清貧之家）與"高門大宅"對稱。

例字：

雇。甲文 一期　五期

　　＊鳥回首作回顧狀。本義回顧。户聲，後又加"頁"。

（囪，chuāng，十，385）

　　《文》："在墙曰牖，在屋曰囪。象形。　古文。"

【按】古"窗"字。

（囧，jiǒng，七，240）

　　《文》："窗牖麗廔闓明也。象形。讀若獷。賈侍中説讀與明同。"

【按】甲文 一期　四期　金文 商

"囧"是火神"祝融"二字連讀的合音，二字連讀文獻中屢見。如《詩·邶風·新臺》："魚網之設，鴻則離之，燕婉之求，得此戚施。""鴻"，聞一多考證，爲"苦蚩"（蛤蟆）合音。郭沫若譯詩："魚網張來打魚蝦，打到一隻臭蛤蟆。心想配上多情郎，配上一位駝背爺。"《新臺》是衛人刺衛宣公佔娶其子"伋"的妻子的政治諷刺詩。故"囧"爲火神（光明）的標記。《考工記·畫繢之事》載"火以圜"，故字形爲圓形。本義是光明。許慎由於歷史局限採用了後人附會的"窗格象形"説。

例字：

盟。甲文 二期　四期　金文 西周早期　西周早期　西周中期　戰國盟書

　　＊甲文、金文早期均从囧从皿。卜辭中疑用盟會本義。囧，表明心迹明白之義。西周早期至春秋，字形加"月"，而从囧月皿。戰國才成从明从皿之形聲兼會意字。

（焱，yì，三，97）

　　《文》："二爻也。"

【按】“爻”兩畫交錯，顯出中間有孔隙。即多孔通明之形。字形象門户疏窗之形而不是八卦爻辭的意思。《集韵》：“爻爾，分佈明白貌。按古讀如麗爾，猶靡麗也。爲窗牖離（爻）婁（婁，中空器，見“履”字説解）通明之意。”所以後來“離婁”就成爲古代視力極好的人的名字。如《孟子》：“離婁之明、公輸子之巧。”而“爻”是“離”的本字。

φ（瓦，wǎ，十二，462）

《文》：“土器已燒之總名。象形。”

【按】屋瓦之象形。俗稱“秦磚漢瓦”，故甲、金文中均未見。東漢時已成爲“土器已燒”即瓦器的總名。

冓（冓，gòu，四，122）

《文》：“交積材也。象對交之形。”

【按】甲文　一期　　四期　　金文　西周早期　　春秋

象屋架兩面對構之形，“構造”用的是本義。或説象兩魚相遇之形，《説文》：“遘，遇也。”

厂（广，ān，九，353）

《文》：“因厂爲屋也。从厂，象對刺高屋之形。讀若儼然之儼。”

【按】金文　西周晚期

古人穴居或借山崖爲一面墙，再加上一個頂和另一面墙以蔽風雨。與“厂”同源。

例字：

庶。甲文　一期　　一期　　先周　　金文　西周早期　　戰國

* 字形从宀从石从火。或説屋以燒熱之石投入水中煮物（裘錫圭），或説屋内有火塘。總之是人人生活中不可少之普遍之事，故有“衆多”之義，後字形訛爲从“广”从“炗”（“光”的古體），火光滿屋，無所不至，仍有普遍的意思，所以“庶人”即“普遍存在的人”也就是“衆人”。“庶子”即衆多的非嫡系的孩子，因而又引申

爲無地位的人,如"庶民"。

康。甲文 ![字形] 五期　金文 ![字形] 西周早期

* 用畚箕簸米之形,落下的"點兒"是"穅"(亦寫作"糠")。後來省寫成"康"。

廟。金文 ![字形] 西周早期　![字形] 西周中期　![字形] 戰國

* 从"广"从"朝"。"朝",朝廷。段玉裁:"古者廟以祀先祖,凡神不爲廟也。爲神立廟,始三代以後。……从广朝,謂居之與朝廷同尊者爲會意。"所以許慎説"廟"是"从广朝聲"不够準確。

![字形] (厂,hǎn,九,354)

《文》:"山石之厓嵒人可尻(居)。象形。![字形],籀文从干。"

【按】甲文 ![字形] 一期　![字形] 一期　金文 ![字形] 西周早期　![字形] 西周早期

借山崖爲一面牆,有頂的居室之形。與"广"同源。或以爲此即"石"的古文(如李孝定)。

陳夢家《綜述》以爲,卜辭不以厂、广構成居住建築的名稱,可證明商代人不以厓岸爲窟穴,而是在平地上立壁架而構成房屋的,亦即"家室""宫室"。

例字:

石。甲文 ![字形] 一期

* 李孝定:"此字从口無義,書者任意爲之耳。"从卜辭證明 ![字形]、![字形] 爲一字,至小篆才孳乳分化爲兩個字。

![字形] (宁,zhù,十四,504)

《文》:"辨積物也。象形。"

【按】甲文 ![字形] 一期　![字形] 三期　金文 ![字形] 商　![字形] 西周中期

古"貯"字,貯存物品的地方。羅振玉:"上下及兩空有楮柱,中空,可貯物。"後來字形變化加"貝"成"貯";加"亻"成"佇"、又作"竚"。本義是

“積貯”，“佇（竚）”是引申義。

ㅿㅿ（厽，lěi，十四，502）

《文》：“絫坺土爲墙壁。象形。”

【按】象積累之形。王筠《文字蒙求》：“厽，力軌切。絫，坺土爲墙壁也。坺，一臿（畐，又作“插”，鐵鍬）土也。吾鄉河邊生莎（沙），以畐裁其土爲方，發而乾之以絫墻，謂之莎墼，即此坺也。厽象衆坺重絫之形，目巧所成，不能正方，故作鐵形。”

又，今山西、青海等地，把土坯稱爲“户墼”或“户墼（jī）”。《詩經·七月》“塞向墐户”即“以土坯塞北向窗”的意思。爲押韵而將“户墼”顛倒而成“墐户”。從毛亨傳就將“墐户”拆開説“墐”是動詞，就完全背謬了。

與“用”有關的部首

用（用，yòng，三，95）

《文》：“可施行也。从卜中。衛宏説。　用古文用。”

【按】甲文**用**一期　**用**四期　金文**用**西周早期　**甬**（甬）西周中期

于省吾《釋用》，大意如下：甲文**用**乃用之初文，象有柄之甬（桶）形。左象甬體，右象把手，出土之雲夢秦簡可證。古代祭祖先時，把殺好之牲，盛在桶裹；因而引申爲施用之用。“用”、“甬”本一字，所以甲文以“通”爲“通”。字形變化是：**用→用→用→用**。周代金文中由“用”分化出“甬”。秦漢以來，“用”、“甬”並行，後世遂不知“用”、“甬”初文相同。

刀（刀，dāo，四，137）

《文》：“兵也。象形。”

【按】甲文**刀**一期　**刀**一期

象形。羅振玉《三代吉金文存》有**刀**形。王辰《續殷文存》有**刀**形，甲文時代已成**刀**形。作偏旁寫作“刂”或“刀”。

例字:

　　刖。甲文 [甲骨文字形]一期　[甲骨文字形]一期　[甲骨文字形]一期

　　　＊第一形爲右手持鋸鋸斷人足;第二形省去右手;第三形以"刂"
　　　（刀）斷人足。總之,"刖",是商代砍足的刑法的寫照。

　　利。甲文 [甲骨文字形]一期　[甲骨文字形]三期　金文 [金文字形]西周中期

　　　＊从"又"（右手）、从"土"、从"刀"或从"禾"（三期）,收穫莊稼是有
　　　利的事。又,因黑土肥沃、收穫多,故从"利"的字又引申爲有黑
　　　色之義。如"驪馬"爲黑黄色的馬;又如"面色驪黑",再如"黎民"
　　　等。黎,甲文 [甲骨文字形];犁,甲文 [甲骨文字形]、[甲骨文字形]。

　　則。金文 [金文字形]西周中期　[金文字形]春秋　戰國盟書 [字形]

　　　＊刻（或鑄）在鼎（刑鼎）上的法則,所以本義是"法則"、"規則"。最
　　　初字形从"鼎"从"刂"作"劓",因古"貝"、"鼎"通用。後來才寫作
　　　"則"。

刂（刃,rèn,四,138)

　　　《文》:"刀鋻（堅）也。象刀有刃之形。"

　　【按】王筠:"丶既不象刃形,故爲指事。

丯（丰,jiè,四,140)

　　　《文》:"艸蔡（段玉裁:草芥）,象艸生之散亂也。讀若介。"

　　【按】甲文 [甲骨文字形]一期　金文 [金文字形]西周早期（與甲文五期 [甲骨文字形]同）　戰國印 [字形]

　　古"丯"（qì,契的初文）和"丰"（jiè）爲兩個字。"丰"（jiè）象草木茂盛
形,字形下面的肥筆表示根株肥碩,根壯則苗盛。後來肥筆變成一橫,於
是字形成"丰"。又,于省吾《釋丯》,从戴侗《六書故》説:"丯即契也,丯象
所刻之齒。"此説亦可備爲一説。

　　狼爲了躲避天敵或獵人的追捕,在外出時將所卧之草弄得亂七八糟、
使之散落於各處,使獵犬等嗅不出它的氣味。故"狼藉"（"藉"从"丯"）有亂
七八糟的意思。又,因狼是肉食獸,糞便中多含脂肪,一則易燃,二則所燃之

火火勢旺而且煙濃直上於天，不易被風吹散，所以古代用爲烽火臺的燃料，故稱戰火爲"狼烟"。

𡂖（㓤，qià，四，139）

　　《文》："巧㓤也。从刀、丰聲。"

　　【按】甲文 𡂖 一期

　　古"刻"字。字形是用刀刻出齒狀痕跡之意。是"契刻"、"雕刻"的"刻"的本字。至於所刻的東西，最早是"木"或"竹"。刻的方法是在木或竹上刻出缺齒，然後從中間剖開，借貸的雙方各執一半以爲憑證，有的契約除刻齒外也寫字迹於其側，謂之"書契"。故"契"一字有三義："刻"，動詞；"契約"（中剖，雙方各執其半），名詞；文字（"書契"），名詞。于省吾：栔、契、鍥古通，是古"刻"字。

耒（耒，lěi，四，141）

　　《文》："耕曲木也。从木推丰，古者垂作耒耜以振民也。"

　　【按】挖窖穴、開溝渠不可少的掘土工具。從出土的青銅耒看，作"𠀎"形，耒頭有二齒，可知遠古時以樹杈爲耒，後來才用青銅澆鑄。考古證明了這一點：五千年前大汶口文化發現雙齒木耒及鹿角制的鋤、蚌鋤、石鋤等耘田器。

　　古代，黄河流域降雨集中，河流常氾濫，平原坡度小，排水不暢，故沼澤多、鹽碱地多，發展農業要排水洗碱，故商周時修建溝洫，這要從田間排水小溝——畎開始。在一定面積的田地中，開一定數量的"畎"，"畎畝"成了上古農業的代稱。禾苗種在長壟上，故用耒耜耕。直至農耕的平翻土地代替了耒耜的畎畝結構，農業又進了一步。

例字：

　　耤（jí 耕）。甲文 𦓝 一期　　𦓝 一期　　金文 𦓝 西周早期

　　*人持耒耕地之形，"耕"的本字。卜辭中"耤臣"即種田的農奴。

　　銘文中"耤"亦當耕種講。

力（力，lì，十三，488）

《文》："筋也。象人筋之形。治功曰力，能禦大災。"

【按】甲文 ↗ 一期　↘ 四期　金文 ↙ 戰國　戰國印 ↑

起土用的木制農具。尖頭、有齒，即"耒"。高鴻縉説字象以肩、臂、肘、掌用力之形表示力量。備考。

例字：

勛。金文 西周早期　戰國

＊從"耒"（力）從"鼎"。古人以耕、戰有功而受賞曰"勳"。"勳"古文從"員"作"勛"（園鼎記有功）。

勅。金文 西周晚期

＊從"力"（耒），即耕而有功者受賞。《集韵》："勅，誠也。"《説文》無此字。

劦（劦，xié，十三，489）

《文》："同力也。從三力。《山海經》曰：惟號之山，其風若劦。"

【按】甲文 一期　川 一期　五期　金文 西周中期

字形爲三耒並耕之形，有的字從"曰"作"魯"，即象三耒（多數）置於"笘（曰，架子）上。卜辭、銘文中均作祭名。"協同"、"協作"是後起的引申義。

凵（凵，qū，五，171）

《文》："凵盧。飯器。以柳作之，象形。凷，凵或從竹，去聲。"

【按】"凵"象飯籮之形。參看"去"字説解。

去（去，qù，五，172）

《文》："人相違也。從大凵聲。"

【按】甲文 一期　三期　金文 戰國

"凵"（飯籮）上加一個"大"（蓋子）爲"去"。本義是吃完飯把飯籮蓋上,即蓋藏不用之意,因而以爲"棄去"、"離去"之意。作爲"來去"的"去"是後起義。又,王延林以爲卜辭中作"蓋"者用"⌒"(集)。而"大"爲人形,"凵"爲人居之穴,故"去"當爲人離開穴居之處;李孝定則按許慎之説以爲"凵"只是聲符,故"去"爲形聲字,卜辭中多用爲人相違或地名。

箕(箕,jī,五,144)

　　《文》:"所以簸者也。从竹;甘,象形。丌,其下也。甘古文箕。𠀐亦古文箕。𠵺籀文箕。𥫶籀文箕。"

　　【按】王筠:其,古箕字。"其",甲文甘一期　甘五期　金文甘西周早期　𠀐西周中期　丌戰國　竹(箕)戰國

　　總之,"其"、"箕"是簸箕之象形,後來"其"借爲虛詞,才又造出一個"箕"字。

丌(丌,jī,五,145)

　　《文》:"下基也。荐物之丌,象形。讀若箕同。"

　　【按】古"其"字。見"箕"字説解。

皿(皿,mǐn,五,170)

　　《文》:"飯食之用器也。象形,與豆同意。讀若猛。"

　　【按】甲文皿三期　皿三期　金文皿皿戰國

　　象盆、碗之形,古代是飯食器之通稱。

例字:

　　益。甲文益二期　金文益西周晚期

　　*水溢出於器皿之外,是"溢"的本字。"增益"的"益"是引申義。

　　盛。甲文盛三期　金文盛西周中期　盛春秋

　　*从"戌"从"皿"。李孝定以爲"盛"本義是水溢出的意思,與"益"同意。不過"益"是會意而"盛"是形聲,二者關係正如"泪"(會意)和"淚"一樣是異體字。"盛大"、"豐盛"是引申義。

監。甲文 ⿰ 一期　 ⿰ 三期　金文 ⿰ 西周早期　 ⿰ 西周中期

　　*一人用盛水器皿照影之形。古代没有鏡子,故以水爲鏡。後來才
　　用銅鑄成鏡子,字形也寫成"鑑"。"借鑑"則爲引申義。

盡。甲文 ⿰ 一期　 ⿰ 一期　金文 ⿰ 戰國

　　*羅振玉:洗滌器皿之形。器空了才洗,故有"終盡"的意思。總
　　之,器空爲本義、終盡爲引申義。

盞。金文 ⿰ 春秋

　　*字形從"戔"("殘"之省寫)從"皿"。"盞"字甲文無。據文獻載,
　　商亡國的重要原因之一是貴族酗酒。故周初的法令是酗酒者殺
　　(見《書·酒誥》),故出現了"盞"(酒器中容量小者,故從"殘"

　　省)、"盉"(金文 ⿰ 西周中期,形聲字,一種往酒中摻水的器皿)
　　等酒器。

盜。金文 ⿰ 春秋

　　*字形從"次"("涎"的古字)從"皿"。即人見到器皿而垂涎三尺之
　　意,故有偷盜的意思,字形後來寫作"盜"。

盥。甲文 ⿰ 一期　 ⿰ 四期　金文 ⿰ 春秋

　　*手放在器皿中洗手之形。春秋時發展成一人以"匜"注水,一人
　　洗雙手,下面一人捧器皿接污水(如《左傳·僖公二十三年》:"奉
　　匜沃盥"),因而字形也相應發生變化成"盥"(雙手洗之形)。

⿱ (缶,fǒu,五,185)

　　《文》:"瓦器所以盛酒漿。秦人鼓之以節謌(歌)。象形。"

　　【按】甲文 ⿱ 一期　 ⿱ 二期　金文 ⿱ 西周早期　 ⿱ 春秋　 ⿰ 春秋
　　商代至戰國均有青銅缶,其形廣肩、斂口、高體、平底、有蓋。後來成
　　爲盆罐一類器皿的通稱。古代用石做,後來用陶。"缶"可以舂、亦可以盛
　　酒漿。甲文字形"∧"象蓋,"⊔"或"∪"象器。

束（橐，hùn，六，225）

《文》："橐也。从束，圂聲。"

【按】甲文 束 一期　束 一期　金文 束 西周晚期

"束"即"橐"之形，上下束口，中空可盛物。字形至小篆則爲在 束 的上部加"口"，象捆住小口的繩索形的小圈而成 束 形。"橐"是从橐的初文，从圂省聲。《史記·酈生陸賈傳·索隱》引《埤蒼》"有底曰囊，無底曰橐"。因橐無底，所以盛物時要縛住兩頭。于省吾：橐即包、苞的古字。漢以後包、苞通行而橐廢。"橐"，从 束、缶聲。囊，商金作 束，象盛有貝之囊。

貝（貝，bèi，六，228）

《文》："海介蟲也。居陸名猋，在水名蜬。象形。古者貨貝而寶龜。周而有泉。至秦廢貝行錢。"

【按】甲文 貝 一期　貝 三期　金文 貝 商　貝 西周中期　貝 西周晚期

貝殼的象形。從出土看，有海貝、石貝、骨貝（發現於青海）。海貝出現在奴隸社會和國家誕生之初——夏代（《中國文化精要》204 頁），古代作爲貨幣（許慎說到秦時廢除貝而通行錢）。據報載今所羅門群島中的勞拉齊小島上，居民們至今仍以貝殼作爲貨幣進行交換。"貝"當"寶貝"講當爲引申義。

郭沫若："貝，朋之由頸飾化爲貨幣，當在殷周之際。"（《釋朋》）

例字：

貯。甲文 貯 一期　貯 三期　金文 貯 商

＊把"貝"貯存於" 宁 "（宁，zhù，見"宁"字解）中，與"宁"爲古今字。

責。甲文 責 一期　責 一期

＊"債"的初文。从"貝""束"聲。卜辭中亦爲地名。銘文中有積貯之義。

買。甲文 ⛾ 一期　⛾ 一期　⛾ 三期　金文 ⛾ 商　戰國陶 ⛾

＊以網網貝之形，即去買貨物品時以網盛貝，故本義是“買賣”的
“買”。

賓。甲文 ⛾ 一期　⛾ 五期　金文 ⛾ 西周早期

＊王國維：甲文“賓”從屋下從人從止，象人至屋下，故爲賓客之義。
義與“各”、“客”同。金文始從“貝”，因爲賓客要帶禮物，贈禮之
事謂之賓，故從貝。卜辭中作地名。

丗（丗，guàn，七，243）

《文》：“穿物持之也。從一橫冂，冂象寶貨之形。讀若冠。”

【按】甲文 ⛾ 一期　⛾ 二期　金文 ⛾⛾ 商

“貫”的初文。本爲一串錢，從商代金文看，字形作“⛾”（貝），用繩穿
着成“丗”形。卜辭中寫成了“申”，以後字形橫轉成“丗”。孫詒讓以爲申
亦丗的初文，本從大小兩個“口”相含，後來成爲二口直列成“串”。今天
“十五貫”的“貫”用的是本義。

⛾（录，lù，七，252）

《文》：“刻木录录也。象形。”

【按】甲文 ⛾ 一期　⛾ 四期　金文 ⛾ 西周早期　⛾ 西周中期　戰國
印 ⛾

古“录”、“禄”同字。又，從古“山麓”之“麓”作 ⛾，知“鹿”、“禄”古通。
故“逐鹿中原”即追逐“禄”（權力）於中原之意。古人慶賀喜事用鹿皮爲贄
（參看“慶”字說解），故“禄”、“鹿”、“录”皆有美好之意。

字形一是以爲井上打水的轆轤之形，上象桔槔、下象汲水器、“點兒”
爲水滴；二是以爲鑽木之形，“點兒”爲木屑，故加“刂”爲“剝”、加“金”爲
“錄”，即刻剝雕鏤之意。我以爲是鑿鑽龜甲獸骨的砣輪形。

⛾（臼，jiù，七，259）

《文》:"舂臼也。古者掘地爲臼,其後穿木石,象形。中象米也。"

【按】戰國陶 ⿱ 戰國石刻 ⿱

象形。《易·繫辭》:"斷木爲杵,掘地爲臼。"石臼是後起的。"臼"中的齒形,有人以爲是表示"臼"的裏面粗糙不平;有人以爲是米的形狀。均可。

例字:

舂。甲文 ⿱ 一期　　⿱ 三期　　金文 ⿱ 西周中期

＊一人雙手捧杵臨臼搗粟之形,本義是"舂米"。

臽。甲文 ⿱ 一期　　金文 ⿱ 西周晚期

＊人陷入坑中,是"陷"的初文。或以爲是古代活埋人(如殉葬)之形。

⿱(壺,hú,十,395)

《文》:"昆吾圜器也。象形。从大,象其蓋也。"段注曰:"古者昆吾(人名)作匋(陶)。壺者,昆吾始爲之。《聘禮》注曰:'壺,酒尊也。'《公羊傳》注曰:'壺,禮器。'"從出土看,陶器早在六千年前仰韶文化時就已出現(彩陶)。《呂氏春秋·君守》把製陶、農耕、城市出現、車的發明、文字應用、刑法之施並稱,足見製陶之重要。

【按】甲文 ⿱ 一期　　⿱ 一期　　⿱ 三期　　金文 ⿱ 西周中期

象形。大腹小口,上面"大"象蓋,古爲盛酒漿之器。後亦盛水、盛冰。如王昌齡《芙蓉樓送辛漸》:"寒雨連江夜入吳,平明送客楚山孤,洛陽親友如相問,一片冰心在玉壺。""壺"和"壼"(kǔn)是兩個字,不可混淆。"壼",宮中里弄小道,故帝王后妃所居之處稱爲"壼闈",宮中政事爲"壼政"。

⿱(壹,yī,十,396)

《文》:"嫥壹也。从壺吉,吉亦聲。"

【按】王筠《文字蒙求》:"易曰天地壹壹,今本作絪緼,他書或作煙熅。以合兩字乃成義者,爲會意之奇變。壹壹者,交密之狀。元氣渾然,吉凶未分,一从'吉'一从'凶',不定詞也。而吉凶皆在壺中。壺,盛物之器,壹

壹將泄未泄之時,故从之也。"王筠所説"爲會意之奇變"指聯緜詞。足見雙音節詞出現較早。

疒(疒,chuáng,七,274)

《文》:"倚也。人有疾痛也。象倚箸之形。"

【按】甲文 [字形]一期　[字形]一期　[字形]一期

人躺在床上生病(第二、三甲文身上的"點"是出汗)之意。丁山以爲是"疾"的初文。葉玉森説"點"象血,人體流血倚床寢息之義,亦可。

凡與疾病有關的字,均以"疒"爲意符。

例字:

疾。甲文 [字形]一期　[字形]西周早期　金文 [字形]西周晚期　[字形]戰國

*"疾"古亦作"炗"。人受箭傷之形,卜辭中用作被兵器所傷之疾。

古代"炗"爲外傷,"疾"是内臟有病,故人身上的"點"應是出汗。後來"炗"消亡,"疾"包括内、外科一切疾病了。

又,商承祚以爲"疾"本義是"速",因爲速度最快者莫如矢。引申爲"患"。備考。

片(片,piàn,七,249)

《文》:"判木也。从半木。"

【按】甲文 [字形]一期　[字形]四期

《説文》有"片"無"爿",而从"爿"之字多以"爿"爲聲,如將、墙、狀、戕……段玉裁據《六書故》補"片"本爲牀形,後來才代表一切扁平之物。

册(册,cè,二,44)

《文》:"符命也。諸侯進受於王者也。象其札一長一短,中有二編之形。 [字形]古文册,从竹。"

【按】甲文 [字形]一期　[字形]一期　[字形]三期　金文 [字形]西周早期　[字形]西周晚期

古人將若干竹簡用"韋"(熟皮)編在一起稱"册";從文獻看,商代有典

有册,不過竹比龜甲易朽,故至今未見出土而已。或以爲"册"是卜甲之形。備考。從字形看,甲文中有從"丁"(示)者,故知與祭祀、占卜有關。又從字形看竹簡的長短不一,《漢志》載劉向以中古文校今文尚書,古文簡有二十五字者、有二十二字者。鄭玄注:"尚書三十字一簡文。"段玉裁:"漢制簡長一尺、短者半之。古制,詩、書、禮、樂、易、春秋皆長 2 尺 4 寸,孝經謙,半之(即 1 尺 2 寸)。論語又謙,爲八寸。"從出土的竹簡看,簡長短不一,總以合用爲原則。字數亦隨簡之長短、字體的大小而多寡不同,不必拘泥。段玉裁的説法牽強。

例字:

典。甲文 四期　五期　金文 商　西周中期

　　＊手持"册"置於几案上之形。《説文》以爲接受王的册命封爵之意。因爲封爵有儀式,故又有典禮的意思。"典籍"則爲後起義。

嗣(辭)。甲文作 ,隸定作 ,即从子大册會意,亦"子"聲。是後代"嗣"之本字。卜辭中借爲辭。如"其用舊 卄牛受年"(用舊册二十牛祭則會有好收成之意)(《甲骨文簡明詞典》286 頁)。

(网,wǎng,七,279)

　　《文》:"庖犧氏所結繩以田(田獵)以漁也。从冖,下象网交文。 网或加亡, 或从糸。古文网从冖亡聲。籀文从門。"

　　【按】甲文 一期　一期　金文 西周早期

網之象形。古人用網田獵、捕魚。卜辭中用爲動詞"网獵"。作偏旁時有罒、网、冈、門四種寫法。

例字:

羅。甲文 一期　戰國印

　　＊田獵時以網捕鳥之形。卜辭中亦作方國名。

罹。金文 戰國　戰國

　　＊憂愁悲感如羅雀般纏住(籠罩)了心。屈原《離騷》的"離"的

本字。

月（舟，zhōu，八，309）

《文》："船也。古者共鼓貨狄刳木爲舟，剡木爲楫，以濟不通。象形。"

【按】甲文一期　四期　金文商　西周中期

船的象形。古代"舟"是在渡口爲江河兩岸橫渡而用，即許愼説的"以濟不通"。如韋應物的《滁州西澗》："春潮帶雨晚來急，野渡無人舟自橫。"用的是"舟"的本義。"船"則是沿江河湖海航行的工具。"舟"和"船"後來才通用。

例字：

船。金文春秋

　　＊从"舟""㕣"聲。古代航行的工具。

凡。甲文一期　一期　金文西周早期　西周晚期

　　＊本象舟形。卜辭中已借爲侵犯義。有説爲"帆"形，非，因爲帆始自漢代，爲形聲字。

般。甲文一期　三期　金文西周中期　春秋

　　＊右手拿工具使船動起來；或以爲是搬動船舵。總之，是"搬"的本字。

朕（艇）。甲文一期　一期　金文西周早期　春秋

　　＊葉玉森：手捧火以釁舟之縫，字亦作"艇"。王延林説不是捧火，可解爲捧器釁舟之形。

　　　總之，本義與釁舟有關，後來借爲第一人稱。秦始皇定爲帝王專用的自稱詞。

（兩，liǎng，七，278）

《文》："再也。从冖从从从丨。易曰：參天兩地。"

【按】金文 西周中期　　西周晚期

一説爲秤鉈之象形。古代秤鉈由兩個形小錢合成,兩小錢的形狀象兩個"入"字,所以是"斤兩"的"兩"。因由兩小錢合成,故引申爲數目。王筠《文字蒙求》:"此字似从古熒切(jiōng)之冂,非莫狄切(mí)之冂。冂(jiōng)者,界也。界中之丨分之,入其中者有二,各佔一區,故爲网也。今通用兩。鎦、銖、斤、兩皆權名也。"

二説認爲作輕重單位的"兩"是假借義,本義是數目字"兩個"的"兩"。

三説卜辭有作者,上象衡,衡上有二軛,一轅二馬。因由二馬軛合成,故引申爲數字"兩"。

(匚,fāng,十二,459)

《文》:"受物之器。讀若方。籒文匚。"

【按】甲文一期　金文西周早期　西周早期

衆説紛紜。王國維以爲字形象盛神主牌的匣子,因而以爲一切通器的通稱(即許慎所説"受物器"),中間的綫條象編竹的紋路。王筠"器口不在旁,此避去魚切(qù)之厶、口犯切(qiǎn)之凵,因作此形。"在卜辭中"匚"是祭名,唐蘭以爲是"祊"祭。

例字:

匜。金文西周中期　春秋

＊洗臉洗手的盛水器,亦可盛酒。

匿。金文商　西周早期

＊字形从"匚"从"若"(若,本義是女子梳頭梳洗之形),梳洗於内室隱蔽之處,故本義是"隱匿"。或説爲形聲字,从匚、若聲。

匡。金文西周中期　西周中期

＊銘文中方形器多稱爲"匡"。引申爲"匡正"之"匡"。

匹。金文西周中期　西周晚期

＊字形象一匹布摺疊數層之形。因古代送禮物常用馬、帛、奴隸。“馬”與“帛”常同時出現，故稱布帛的“匹”後來假借爲“馬匹”之“匹”。

區。甲文 一期　一期　三期　金文戰國　戰國盟書戰國印

＊“㗊”或“品”表示衆多的物品，在“匚”中，故有藏匿意。字形後來才固定成“品”。朱芳圃以爲“甌”之初文，亦可。

医。甲文一期　戰國印

＊盛弓矢之器。如《國語》：“兵不解医。”卜辭中亦地名。注意，今天的簡化字“医藥”的“医”古作“醫”（藥酒），不要和此“医”相混。

（曲，qǔ，十二，460）

《文》：“象器曲受物之形也。或説曲，蠶簿也。　古文曲。”

【按】甲文一期　金文西周早期

彎曲的受物器之形，一面彎曲的如畚箕，兩面彎曲的如養蠶的團簸，江浙人稱之爲“曲”。于省吾以爲乃後起的字形。後來一切曲而不直的均稱“曲”。

（甾，yóu，十二，461）

《文》：“東楚名缶曰由，象形也。　古文由。”

【按】甲文一期　一期　一期

構形不明。在卜辭中作地名，也可作動詞，與今之“載”意近，故于省吾以爲是“載”的古字，異體作“戈”；在卜辭中還可以作助詞或起指代作用，王國維認爲即“由”的本字，讀如“甾”；郭沫若以爲是“鹽”的初文。今學者多同意王國維之説。

對字形的説解有代表性者爲徐灝：“此當从《玉篇》作，隸變作甾，因上之三歧爲曲筆，遂與艸部之甾相混，故《廣韵》誤爲一字。”

▮（丶，zhǔ，五，174）

《文》：“有所絶止。▮而識之也。”

【按】甲文 ♉ 二期（《合集》5,289,10450）“主”古字，燈中火也。“丶”獨用時音“主”，古音“豆”，即“句讀”之“讀”。也有人説因爲燈的形狀象祭器“豆”，所以聲音也同“豆”。參看例字“主”字解。

例字：

主。戰國陶 ♉

* ♉，燈的象形。▮，火頭之形。因爲火頭是燈中最主要的部分，故稱“主”。後來又借爲“賓主”之“主”，亦有説“賓主”之“主”是引申義。

酋（酋，qiú，十四，538）

《文》：“繹酒也。从酉，水半見於上。禮有大酋，掌酒官也。”

【按】“酉”（甲文 ♉ 一期　金文 ♉ 商，酒罎之象形，見“酉”字説解）。上加“八”，是酒罎中酒已釀熟香氣外溢之形。《月令》：“酒熟曰酋。”《方言》：“熟也，自河以北趙魏之間，久熟曰酋。”因而有成熟老練之意，古代稱酒官之長爲“酋”，所以“酋長”又是魁帥之稱。

斤（斤，jīn，十四，495）

《文》：“斫木斧也。象形。”

【按】甲文 ♉ 一期　♉ 一期　金文 ♉ 西周早期　♉ 春秋

唐蘭《古文字學導論》中談到甲文中从“斤”的許多字，其中“所”作 ♉，看出“斤”作“♉”，是砍木用的短斧。1954 年從湖南寧鄉出土的商代圓刃青銅小斧就稱爲“斤”，足以證明“斤”是短斧。

字形變化，于省吾以爲初文作 ♉（手持斤柄之形）變爲 ♉，三變爲 ♉，四變省作 ♉，《説文》作 ♉。因甲文時代字形就有訛變，故看不出短斧之形。

重量單位“斤兩”的“斤”本作“釿”。吳大澂《字説》中提到，“釿”从金斤,指砍斷的銅塊,即錢幣的標準重量。有人以爲"斤兩"的"斤"是假借義。

例字:

斧。甲文 🔣 一期　金文 🔣 商　🔣 商　🔣 春秋

　　* 从"斤"、"父"聲。于省吾:"🔣 字象橫列的斧形,即'斧'之初文。商代金文縱形斧屢見和出土實物相符。"甲文中已變爲形聲字。

斯。金文 🔣 春秋

　　* 林義光以爲"其","箕也"。析竹爲之,故本義是以斤(斧)治箕。後來被借爲代詞。或説从"其"(代詞)"斤"聲,故爲代詞。"斯"在魯地方言中是代詞,《論語》中有"斯"無"此"。

所。金文 🔣 春秋　🔣 戰國　戰國印 🔣

　　* 从"户"(指貯藏室之門)从"斤"。放工具的處所,故本義是處所。名詞。

新。甲文 🔣 一期　🔣 三期　金文 🔣 西周中期　🔣 戰國

　　* "新"的本義是以"斤"(斧)砍柴薪,動詞。後來"新"被假借爲"新舊"的"新",於是又造了一個名詞"薪"(柴)。

🔣 (斗,dǒu,十四,496)

　　《文》:"十升也。象形,有柄。"

　　【按】甲文 🔣 一期　🔣 一期　金文 🔣 春秋　🔣 春秋　🔣 戰國

象形。从"升"也可證明。許慎説解正確。"升",甲文 🔣 一期　🔣 三期 金文 🔣 西周晚期　🔣 戰國字形是"斗"中一小横表示"升"是"斗"容量的一部分,因此可知"斗"、"升"都是容器、量器。

🔣 (勺,shuò,十四,492)

　　《文》:"枓(斗)也。所以挹取也。象形。中有實,與包同意。"

　　【按】王筠:"勺,柄在下,與匕(bǐ,柶也,祭祀用的匙,參看"匕"字説

解)同形。ヒ,柄在上而已。"

几(几,jī,十四,493)

《文》:"尻(居)几也。《周禮》五几:玉几、雕几、彤几、鬃(漆)几、繅(素)几。"

【按】段玉裁:"古人坐而憑几。""几"有炕几、琴几等。羅振玉:且、几古同。

與器用有關的其他部首

乚(乚,yǐn,十二,456)

《文》:"匿也。象迟曲隱蔽形。讀若隱。"

【按】王筠:"迟,曲行也。乚,古隱字。"段玉裁:"迟音企,迟,曲行避敵也。"

"匸"或省作"乚",拖長成"乚"。小篆作乚,今引申作"隱"、"匿"的意思。

乚(匸,xì,十二,458)

《文》:"衺徯有所夾藏也。从乚上有一覆之。讀若徯同。"

【按】從許慎之説。

丏(丏,miǎn,九,327)

《文》:"不見也。象雝蔽之形。"

【按】闕疑待考。只介紹兩種説法,黄約齋:"長"(兂)去了頭髮成爲平頭人(丆)後,頸部成拉一直(丆),臂部分離成一勹而成了"丏",不見面目的意思;王筠:眄、糸、宀、沔从之。黄説指"丏"的字義,王説指出"丏"作聲符的情況。我以爲"丏"作聲符時還兼有意義。如"眄""小視"即眯着眼睛的意思,王勃《滕王閣序》:"窮睇眄於中天,極娱游之暇日。""窮",窮盡,因爲極目而視必然眯縫着眼睛,即使眼睛有所隱,這就是"小視"(眄)的含義。當然,"昒"亦從"丏"得聲。

介(入,rù,五,184)

　　《文》:"内也。象從上俱下也。"

【按】甲文　人一期　　人一期　　介一期　　金文人西周早期　　介西周晚期

古"入"、"内"同字。"介",進入的意思。頭尖則鋒利易進(如楔子),故畫一尖頭之形。尖頭在"介"成"内"。

肉(商,nà,三,50)

　　《文》:"言之訥也。從口入。"

【按】甲文　肉三期　　肉四期　　戰國印肉

王筠:"同訥。""口"在"内"之中。"内"本爲進入的意思,故又當"裏面"講,"内"加"口"即有話藏於内難出口的意思。後來寫作"訥"。

丿(丿,piě,十二,446)

　　《文》:"又(右)戾也。象丿(左)引之形。"

【按】王筠:右戾也,象左引之形。即今"一撇"的"丿",不能成字亦不能成部首。《説文》此部之下所收"乂"、"刈"二字實爲一字,即左、右去之,爲"芟草"之意。

例字:

乂(刈)。甲文乂一期　　乂五期

　*丁山:象剪刀之形。《説文》:"芟艸也。從丿乀相交。乂或從刀成刈。"

乁(乁,yì,十二,447)

　　《文》:"抴也。朙(明)也,象抴引之形。虒字從此。"

抴,横着牽引之意。段注:抴者,捈也。捈者,卧引也。卧引者,横引之……依此,則"朙也"爲衍文。

【按】陸宗達老師以爲"乁"是"曳"的古字,牽引之形。

乁（乁，yí，十二，448）

《文》：“流也。从反厂，讀若移。”

《玉篇》：“乁，移也，徙也。”即移動的意思。

【按】此部下所收之字乁（秦刻石“也”）知爲“也”的末筆。不能獨立成字，也不能成部首。

奢（奢，shē，十，398）

《文》：“張也。从大、者聲。奓籀文。”

【按】金文奢西周晚期　戰國詛楚文奓

本義張弓。至於“鋪張、夸大於人”之義，《論語·八佾》“禮，與其奢，寧儉”，已與“儉”對稱。“奢侈”合爲一詞，段玉裁以爲始於李登《聲類》。

血（血，xiě，五，173）

《文》：“祭所薦牲血也。从皿。一象血（血）形。”

【按】甲文血二期　血四期　戰國陶血

血是液體，以祭祀時所列之牲血置於器皿中來表示。“○”、“丨”爲“血”。

丹（丹，dān，五，175）

《文》：“巴越之赤石也。象采丹井。■象丹形。丹古文丹。彤亦古文丹。”

【按】甲文丹一期　金文丹西周早期　戰國印丹

“丹”是一種作顔料用的礦石，即朱砂。赤色。“口”象穴，俗稱爲“丹井”，“一”、“●”是礦石。

例字：

彤。金文彤西周中期　彤西周晚期

＊赤色的裝飾，故字从“丹”从“彡”（文采，見“彡”字説解）。郭沫若：肜、彤均彤之異文。

青（青，qīng，五，176）

《文》："東方色也。木生火、从生丹。丹青之信言必然。 古文青。"

【按】金文西周中期　西周中期　戰國印

"坐"爲草木的顏色，"井"爲礦穴。即從礦中提取草木色的顏料。又，青色還可以從藍草中提取，荀子《勸學》："青出於藍而青於藍"即是證明。

古人常從草木中提取顏色，如《雲谷雜記》載，殷紂王時，從燕地的紅藍花汁中提取紅色，婦人塗頰甚美，因名"燕支"又寫作"燕汁"（燕地草之汁）、"燕脂"後來寫作"胭脂"。直至《紅樓夢》中仍有用花制取胭脂的描寫。匈奴王單于之妻妾稱"閼支"，即言此女之美也。這也可以看出兩個民族文化交流詞彙互借的一斑。

從李賀詩看，又指戰場血迹。

菫（菫，jǐn，十三，482）

《文》："黏土也。從黃省，從土。古文菫。亦古文。"

【按】甲文一期　四期　春秋

李圃：象人兩手交叉捧腹，張大其口，象人饑饉而呈飢餓捧腹貌。下從火，會水火之災而成饑饉（《甲骨文選注》94頁）。黃約齋以爲"菫"的底下是火，上頭是光，中間被縛的動物在火中烤熟。後來"火"訛變成"土"，於是字形成"菫"。意思是下力氣從事某事而受煎熬。"菫"的別體作"熯"。又，李孝定以爲象人正立，兩手交叉於胸前，象人謹飭肅立之狀，或即"謹"的初文。

卜辭習見"降菫"。如""（甲辰卜行貞西土其有降菫）。陳夢家據此以爲是旱災（《綜言十》564頁），而艱（羅振玉）、饉（郭沫若）、嘆（旱）（唐蘭）、謹（李孝定）等均非本義。

例字：

勤。金文 ![字形] 戰國

　　* 從“力”（耒也）從“堇”，即下力氣耕作進行農事，“勤苦”、“勤勞”
　　爲本義。

![字形]（黄，huáng，十三，486）

　　《文》：“地之色也。从田，芡聲。芡古文光。 ![字形] 古文黄。”

【按】甲文 ![字形] 一期　![字形] 一期　金文 ![字形] 西周中期

　　“堇”（堇）下去“火”，在雙手縛處加一橫（繩索），本指被火烤得乾枯焦黄
之色。故患重病而面色萎黄稱“玄黄”，如《詩經》：“我馬玄黄。”後來因避康
熙（玄燁）名諱而寫成“元黄”。又，郭沫若以爲象人佩雙珩之形，自殷以來均
用此意，後來被借爲“黄白”之“黄”，卒至借義行而本義廢。郭説亦可通。

![字形]（火，huǒ，十，382）

　　《文》：“焜也。南方之行，炎而上。象形。”

【按】甲文 ![字形] 一期　![字形] 四期　戰國陶 ![字形]

　　火燄之形。作偏旁時寫作“灬”或“火”。

　　焜，即煨。《白虎通·五行》：“火在南方，南方者，陽在上，萬物垂
枝，火之言委隨也，言萬物布施。火之言化也，陽氣用事，萬物變化也。”
又星名。心宿二。據天文學計算，三千年前的商丘附近，春分前後黄昏
時，大火處東方地平綫上，成爲商代人定春耕季節的標誌星，故後世稱
商星（《甲骨文選注》24頁）。《詩·七月》“七月流火”者，火向下走了。

例字：

焦。金文 ![字形] 春秋

　　* 火燒鳥之形。或説火燒鳥毛爲“焦”。

然。金文 ![字形] 春秋　![字形] 戰國

　　* 春秋金文的字形是以火燒鳥（隹）而顔色發黄的意思。戰國金文

則是火燒犬肉之形。“燃”的本字,後來被借爲語詞。

焚。甲文 一期　一期　二期　三期

* 字形是以火燒林、草。胡厚宣:殷人常燒草以田獵,糾正“燒田”爲本義之説。卜辭中是以火燒林以事田獵之義。後來才有“燒田”(即刀耕火種),並引申與“燒”同意。

栽(灾)。甲文 一期　一期

* 大火燒屋之形,故爲“灾害”。字或從“火”,“才”聲。《説文》“栽”別作“灾”(參看“災”字説解)。

寮。甲文 一期　一期　金文 西周早期

* 羅振玉:“字從木在火上,木旁諸點象火燄上騰之形(或以爲是飛灰)。”卜辭中是以火祭祀之義,故爲寮祭的名稱。後來也引申爲“慎”的意思。

(炎,yán,十,383)

《文》:“火光上也。從重火。”

【按】甲文 一期　五期　金文 西周早期　戰國帛

銘文中“炎”爲古國名,字又作“郯”。“火炎”的“炎”是引申義。

(焱,yàn,十,386)

《文》:“火華(花)也。從三火。”

【按】甲文 一期　一期

俗謂燭花、燈花之類。

(赤,chì,十,388)

《文》:“南方色也。從大火。烾古文從炎土。”

【按】甲文 一期　五期　金文 西周早期　西周中期

大火叫“赤”,有光明的意思,這個意思後來字形寫成“赫”。又,大火的顏色也叫“赤”,形容詞。《禮·月令》:“色淺曰赤,色深曰朱。”

界 （黑，hē 或 hēi，十，384）

《文》：“北方色也。火所熏之色也。从炎上出囧（窗）。”

【按】金文 界 西周早期　界 春秋　戰國印 界

“囧”象烟囪中的點點烟灰，下从“炎”。用烟灰表示黑色。王筠：“从炎上出囧。囧，古窗字。此則音聰。煙囧，竈突也。”所以“黑”字上半一定要寫成“囧”。

界 （炙，zhì，十，387）

《文》：“炙肉也。从肉在火上。 䏑 ，籀文。”

【按】戰國印 炙

《詩經・小雅・瓠葉》：“燔之炙之。”傳曰：“炕火曰炙。”疏：“炕，擧也。謂以物貫之而擧於火上以炙之。”从《説文》所引籀文看出《傳》、《疏》正確。後來字形簡化成从“肉”从“火”。

ㄙ （厶，sī，九，348）

《文》：“姦衺也。韓非曰：倉頡作字，自營爲厶（私）。”

【按】戰國印 ㄅ　戰國簡 ㄥ　戰國簡 ㄥ

黃約齋：象犂頭，是“耒耜”的“耜”的本字，小篆作“目”，或照古文作“厶”即“私”的本字。備考。韓非子“背私爲公”的“私”是後起義。

川 （小，xiǎo，二，15）

《文》：“物之微也。从八，丨見而八分之。”

【按】甲文 小 四期　八 五期　金文 小 西周早期　小 西周晚期

字形説解一是以爲是細小的砂粒之形，是“沙”的本字；二是以小點表示“小”的意思。字形至西周晚期已變爲“小”。

卜辭中“小”、“少”無別。如“少牢”、“小牢”同。“小”、“少”二字的分化是春秋以後的事。

例字：

少。甲文 ⿰ 一期　金文 ⿰ 春秋　⿰ 戰國

＊沙粒之形。戰國金文从“水”从“子”更證明是“沙”的形狀。與“小”本爲一字。

⿱ （半，bàn，二，18）

《文》：“物中分也。从八牛。牛爲物大可以分也。”

【按】金文 ⿱ 春秋　戰國印 ⿱　⿱

“八”在這裏不是數字，而是“分別”、“分割”之義（見“八”字説解），本義是“分割牛”的意思。“一半”的“半”是引申義。

⊞ （田，tián，十三，484）

《文》：“陳也。樹穀曰田。象形。口十，千百（阡陌）之制也。”

【按】甲文 ⊞ 一期　⊞ 三期　⊞ 四期　⊞ 四期　金文 ⊞ 商

一説“田”是古代打獵的園囿之形；二説“田”的外圍表示田區、“十”代表人工開鑿的阡陌。古代在農業社會時，打獵的目的之一是清除危害莊稼的野獸，故稱爲“田獵”，字亦作“畋”。卜辭中田亦爲田官之名，如“比多田於多白征盂方白（⿰⊞⿰⿰走拍）”。

例字：

畋。甲文 ⿰ 一期　⿰ 一期

＊在“田”中捕打野獸之形。“田”或指園囿，或指莊稼地。王國維以爲田獵之田應作“畋”（羅振玉《殷墟書契考釋》序言），可以《書·夏書·五子之歌》證。古人之田制分爲三等，輪種休耕。田獵可在休耕之荒田上，故田獵與農田關係密切。從社會發展進程看，“田”作爲“農田”爲後起。總之，隨着歷史發展階段的不同，“田”的含義不同。

畯。甲文 ⿰ 一期　金文 ⿰ 西周早期　⿰ 春秋

　　＊从"田"从"人"从"口"，即在田邊吆喝的人，也就是管農事的小

　　官。如《詩經・七月》："田畯至喜"的"畯"，即指管農事的小官。

　　後來字形訛變成从"田"、"夋"聲。

畮。金文 西周中期　　西周晚期

　　＊从"田"、"每"聲，"畞"的本字。

疇。甲文 一期　　二期

　　＊象耕田時犁道彎彎曲曲之形。《説文》中"疇"別作" "。卜辭

　　中多作祭名。

畕（畕，jiāng，十三，485）

　　《文》："比田也。从二田。闕。"

【按】甲文 二期　　金文 西周晚期

董作賓：田之異文。王筠：即疆字。容庚：畕、畺爲一字。

里（里，lǐ，十三，483）

　　《文》："凥（居）也。从田从土。一曰土聲也。"

【按】金文 西周早期　　西周中期

邑中居處稱"里"。"田"在字形中是分界畫的意思而非"田野"意。所

以"里"加"玉"爲"理"，是"文理"、"治理"的意思。

《毛傳》："里，居也，二十五家爲里。"《管子》："百家爲里。"《書》："七十

二家爲里。"《風俗通》："五十家所居止。"總之，"里"的大小不必拘泥，因爲

區分邑的大小並不固定，只要説明"里"是民户所聚之處即可。

"里"在銘文中也作量詞，如"五十里"。

开（开，jiān，十四，491）

　　《文》："平也。象二干對冓。上平也。"

【按】古文中未見，从許説。

上（上，shàng，一，2）

　　《文》：“高也。此古文上。指事也。丄篆文上。”

　　【按】甲文 二 一期　金文 二 西周早期　上 春秋　⿱ 戰國

是較抽象的方位詞。戰國時曾出現過从“尚”得聲的形聲字。卜辭中
上指上帝、神明、先祖；下或指地祇。

叕（叕，zhuó，十四，505）

　　《文》：“綴聯也。象形。”

　　【按】王筠：此互相牽連之狀。“叕”部下只收了一個“綴”字。

兂(尤)
貞令旅从倉（倉）侯撲周

兂(尤)
貞令恭虫（人名）執

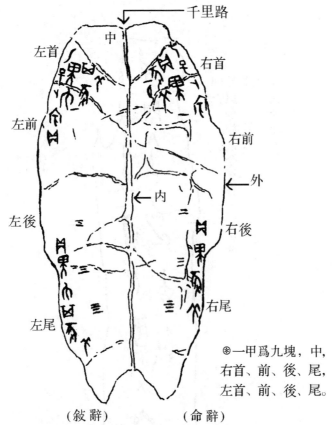

⊗一甲爲九塊，中，
右首、前、後、尾，
左首、前、後、尾。

　　（敍辭）　　　　　（命辭）
左首：乙巳卜㱿（賓）貞。㠱（人名）不其隻羌

　　（敍辭）　　　　　（驗辭）
右首：乙巳卜㱿貞。㠱隻（穫）羌一月

　　　（敍）　（命辭）
左後（尾）：貞。㠱不其隻羌

　　　（敍）（驗辭）
右尾：貞。㠱隻羌

美本字。以杖撲擊形
——入深山以"辛"撲
擊山石取金玉之形。

乙卯卜允（允）

貞令多子

族及大

族璞（撲）（唐蘭：即伐）

周古（馘，福）王

事五月

三、以動物爲内容的部首

與飛禽有關的部首

（鳥，niǎo，四，119）

《文》："長尾禽總名也。象形。鳥之足似匕，从匕。"

【按】甲文　一期　金文　商　春秋

象形。"鳥"並非如許慎所説一定是"長尾"。如俗話稱"禿尾巴鵪鶉"鵪鶉二字就从"鳥"，可證。

例字：

鳴。甲文　一期　四期

* 鳥鳴叫之形，故字从"口"从"鳥"。

（烏，wū，四，120）

《文》："孝鳥也。象形。孔子曰：烏亏呼也。取其助氣，故以爲烏呼。　古文烏。象形。　象古文烏省。"

【按】金文　西周早期　西周晚期　春秋

比"鳥"頭上多"╫"（剛毛）。後假借爲"烏呼"的"烏"及黑色的"烏"。

（隹，zhuī，四，109）

《文》："鳥之短尾總名也。象形。"

【按】甲文　一期　四期　五期　金文　西周早期　西周晚期

從字形上看，"鳥"與"隹"的區別不在長尾、短尾，而是有翼無翼。康殷以爲从"隹"的鳥多不善鳴,故疑爲不鳴鳥之總名。康説不當,因爲"雞"从"隹"而以善鳴著稱。

例字:

雉。甲文 一期　一期　春秋石鼓

* 象箭射鳥之形。卜辭中有"殺"、"傷"、"滅"之意。又爲鳥名,形似雞。既然要射纔可得,證明是野鳥。漢代因避吕后(名"雉")諱,改此鳥名爲"野雞"。

雇。甲文 一期　二期

* 一説鳥回頭形表示回顧之意。或説鳥从"户"中飛出(或飛入),故本爲一種候鳥的名稱。後來借爲"僱傭"的"僱"。又,"回顧"的"顧"以"雇"爲聲符、亦兼有意,是"雇"的後起字。

集。 商金　甲文 一期　三期

* 群鳥落在樹上之形,本義是衆鳥栖在木上。"聚集"的"集"是引申義。

離。戰國布貨 　戰國印

* 用捕鳥的工具捕捉林中鳥之形。與"罹"(遭受)意同,如屈原《離騷》的"離"。至於"離别"、"分離"則是假借義。

(雔,chóu,四,117)

《文》:"雙鳥也。从二隹。讀若讎。"

【按】金文 商

彼此相對的兩只鳥,故有兩個意思:一是彼此、配偶等;二是相對,如匹敵、雔敵。"雔"加"言"成"讎","讎對"、"讎敵"的"讎"。

(雥,zá,四,118)

《文》:"群鳥也。从三隹。"

【按】甲文 三期

有集合會聚之意。字又作"雜"、"襍"。

奞（奞，suí，四，110）

《文》："鳥張毛羽自奮奞也。从大隹。讀若睢。"

【按】金文西周早期

"衣"内有"隹"（鳥），後來"衣"寫成"大"（→→大）。按傳統的説法是鳥從包裹中飛出以表示其張羽奮飛之意。闕疑待考。

例字：

奮。从奞在田。《説文》"翬也"。段注："羽部曰：翬，大飛也。"是鳥在田獵時，避獵人而奮力疾飛。

萑（萑，huán，四，111）

《文》："鴟屬。从隹，从丫。有毛角。所鳴其民有旤（禍）。讀若和。"

【按】甲文三期　三期

猫頭鷹之類眼睛特別大的猛禽。或説頭上有毛角的鳥。"萑"是"雈"的重文。楊樹達：雈是"觀"的省文。

或説"萑"是鳥在萑中，即《詩經》"八月萑葦"的"萑"（甲文一期　一期）。備考。

例字：

舊。甲文一期　三期

＊"舊"本爲鳥名。在卜辭中就被借爲"新舊"的"舊"。

乚（乚，shū，三，88）

《文》："鳥之短羽飛乚乚也。象形。讀若殊。"

【按】黃約齋：鳥飛時的一種簡單的形象。是簡筆字。如"燕"可寫成"乚"。備考。

燕（燕，yàn，十一，426）

《文》:"燕燕,玄鳥也。䉓口,布翄(翅),枝尾,象形。"

【按】甲文 一期

象形。"燕"還有一個簡筆字"乙"(yà)。

出土的銅器中多有"匽侯"字樣(如《菫鼎》),知"燕"古作"妟"、"匽"(甲文 一期　金文 西周晚期),象徵太陽神照耀下的婦女,引申爲閒適、安逸,這是母系社會的遺風。《詩·商頌·玄鳥》:"天命玄鳥,降而生商,宅殷土茫茫。"所以"燕"是商族的圖騰,被商奉爲始祖。燕地是殷商氏族的發祥地。

《説文》在"燕"部首之下未收一個字,説明"燕"字反映了古代重要的政治生活的内容,是一個極其重要的字(參看"民"、"臣"的説解)。

(乙,yà,十二,431)

《文》:"燕燕,乙鳥也。齊魯謂之乙,取其鳴自謼(呼),象形也。

乙或从鳥。"

【按】王筠:"燕也。亦作鳦。"

(風,fēng,十三,474)

《文》:"八風也。東方曰明庶風,東南曰清明風,南方曰景風,西南曰涼風,西方曰閶闔風,西北曰不周風,北方曰廣莫風,東北曰融風。从虫凡聲。風動蟲生,故蟲八日而匕(化)。　 古文風。"

【按】卜辭中"鳳"通作"風"。"鳳",甲文 一期　 四期。

從"鳳"的字形看出是一種有華麗羽冠的鷙鳥。古人認爲鳳鳥就是風神,這種認識反映了古人對"風"這種影響農作物的自然力的崇拜。"鳳"从"H"(凡,的古字,本是航帆的象形。古時以"凡"代表"風"。"凡"後來被借爲虛詞,參看"凡"字説解),因鳳鳥飛而帶風,故字形从"凡",遂以"鳳"代表"風"。後來因爲古人以爲蟲爲風化而生,故又造一从"凡"从"蟲"的新字"風"。

飛（飛,fēi,十一,428）

《文》："鳥翥也。象形。"

【按】段玉裁："羽部曰:翥者,飛舉也。古或假蜚爲飛"。王筠："此直刺上飛之狀,頸上翁開張,兩羽奮揚。""蜚",戰國印作 。

卂（卂,xùn,十一,430）

《文》："疾飛也。从飛而羽不見。"

【按】金文 卂 西周中期

鳥疾飛時看不清羽毛、雙翼,故本義是"快",後來字形加"辵"爲"迅速"的"迅"。銘文中亦作人名。

羽（羽,yǔ,四,108）

《文》："鳥長毛也。象形。"

【按】甲文 羽 一期　羽 三期　戰國簡 羽

鳥毛和蟲翼的象形。

習（習,xí,四,107）

《文》："數飛也。从羽、白(自)聲。"

【按】甲文 習 三期　習 三期　戰國印 習

从"羽"从"日",即日出之時鳥撲翅振羽欲離巢飛去。因爲是屢次鼓翅,故有重複之意,這在卜辭中就常用。又如《論語》："學而時習之"的"習"即重複的意思。後由此引申爲"學習"。

字形至小篆訛變爲从"白"得聲。

苹（苹,bān,四,121）

《文》："箕屬。所以推糞之器也。象形。官溥説。"

【按】从"畢"(甲文 畢 一期　畢 一期　金文 畢 西周中期)看出"苹"是古代捕鳥獸的網,長柄。後來加"田"成"畢",表明是田獵時所用的網。古人秋天時爲保護莊稼而獵取野獸,所以稱"田獵"。

率（率，shuài，或 shuò，十三，470）

《文》："捕鳥畢也。象絲網，上下其竿柄也。"

【按】甲文一期 一期　金文西周早期　西周晚期　戰國
從西周晚期（毛公鼎）的金文字形看出："率"從"行"（表示"道路"或
"行走"）從"8"（繩索），故有"牽引"即"率領"的意思。

卵（卵，luǎn，十三，478）

《文》："凡物無乳者卵生。象形。古文卵。"

【按】黃約齋："睪丸之形，俗稱'卵子'。"因與繁殖後代有關，所以後來
當作鳥、魚、蟲類所生卵之通稱。

西（西，xī，十二，434）

《文》："鳥在巢上也。象形。日在西方而鳥西（栖），故因以爲東
西之西。"

【按】甲文一期 三期　金文西周中期　西周晚期

王筠："古栖字，象鳥在巢上。"王國維："西，鳥窩之形。"《箕單卣》
有，象鳥在巢下而用"畢"（捕鳥的網）掩取之，故知爲鳥巢之形。又，
因爲日落西方鳥才歸巢，故以爲方位詞"東西"之"西"。漢字隸定時字形
才加"木"、"巛"（三只鳥之形）成"巢"。於是又造了形聲字"棲"。

巢（巢，cháo，六，222）

《文》："鳥在木上曰巢，在穴曰窠。从木，象形。"

【按】甲文先周　金文西周早期
樹上有鳥巢之形。

與家畜有關的部首

牛（牛，niú，二，19）

《文》:"事也。理也。象角頭三,封尾之形也。"

【按】甲文 ✲ 一期　✲ 四期　金文 ✲ 西周中期

許慎對字形的説解正確。

例字:

牢。甲文 ✲ 一期　✲ 一期　✲ 四期　金文 ✲ 商　✲ 西周早期

* 關養牛、馬、羊的牲畜圈。故甲文字形可从"牛"、可从"羊"、亦可
  从"馬"。卜辭中用爲祭祀中的用牲如"太牢"(即"大牢",用牛)、
  "少牢"(即"小牢",用羊)是很嚴格的。字形最後固定爲从"牛"。
  "監牢"的"牢"是引申義。

牝。甲文 ✲ 一期　✲ 一期　✲ 一期　✲ 一期　✲ 四期

* 字形从"匕"(雌性。見"匕"字説解),从牛、馬、虎、豕、羊均可。
  故知爲一切雌性動物之稱。字形最後才固定从"牛"成"牝"。

牡。甲文 ✲ 一期　✲ 一期　✲ 四期

* 字形从"土"(陽具。見"土"字説解),从牛、豕、鹿、羊均可。故知
  爲一切雄性動物之稱。字形最後才固定从"牛"成"牡"。

牲。甲文 ✲ 一期　金文 ✲ 西周早期

* "牡"的變體。本義是雄性動物,後來引申爲一切牲畜之稱(見
  "牡"字説解)。

物。甲文 ✲ 三期　✲ 一期　✲ 四期

* 王延林:字形象屠牛時刀上有血滴之形,故本義爲屠殺,卜辭中
  就有此意。又,王國維:卜辭中"物"爲雜色牛之稱(見"勿"字説
  解)。作爲"萬物"的"物"是引申義。

犛(犛,lí,二,20)

《文》:"西南夷長髦牛也。从牛,犛聲。"

【按】从"犛(犛)"(甲文 ✲ 三期　✲ 三期)看,象手持工具打麥,使麥脱

穗去殼爲粒之形。故字形从"來"（"麥"的本字）、从"人"或"又"（右手），从"攴"（撲打）。"來"亦兼聲。

收穫麥子當然是有福的好事，故"麳"爲充實、有福的意思。又，因爲牛的使用大大促進了農業的豐收，帶來更大的"福"，所以"麳"加"牛"成"牟"。《説文》所録就是這後起的字形。

王筠："牦即其俗字。"

屯（叀，zhuān，四，125）

《文》："小謹也。从幺省，从屮。屮，財（才）見也。　田象謹形，屮亦聲。　古文叀。　亦古文叀。"

【按】甲文 一期　五期　金文 西周中期　春秋

"叀"、"惠"古同字。對"叀"的本義衆説紛紜。因卜辭中多"叀牛"、"叀羊"，所以王國維以爲是"劃"（殺牛而祭）字。唐蘭以爲"叀"在卜辭中是語詞，與惟、唯、隹同。

"叀"加"寸"（手）成"專"，本義是牽牛。

丫（丫，guǎ，四，112）

《文》："羊角也。象形。讀若乖。"

【按】今"丫"寫作"拐"，"丫"消亡。

羊（羊，yáng，四，114）

《文》："祥也。从丫，象四足尾之形。孔子曰，牛羊之字，以形舉也。"

【按】甲文 一期　一期　二期　金文 商　西周早期

以羊頭（角、頭）之形代表整個的"羊"。

例字：

羌。甲文 一期　四期　五期　金文 西周早期　戰國

＊牧羊的民族，故字形作羊頭人。殷商時的戰俘、奴隸多爲羌人，

故有的字形上有桎梏或繩索。參看"苟"字的説解。

美。甲文 🦌三期　🦌三期　金文 🦌西周早期

* 一説象人頭上有毛羽裝飾，故有美麗的意思。或説因爲羊是古
人主要的肉食，其味甘美，故有美好的意思。卜辭中"美"也作人
名。

羔。甲文 🐑一期　🐑四期　金文 🐑西周早期　🐑西周中期

* 字形從"羊"從"火"，以火燒羊之形。因爲小羊肉嫩味美，故又爲
小羊之稱。卜辭中亦作地名。

羞。甲文 🐑一期　🐑三期　金文 🐑西周早期　🐑春秋

* 字形是以手拿羊頭（即羊肉）。"饈"的本字。

羴（羴，shān，四，115）

《文》："羊臭也。從三羊。🐑羴或從亶。"

【按】甲文 🐑一期　金文 🐑商

王筠：同"羶"。其實這是引申義，卜辭中多作人名、方國名。

豕（豕，shǐ，九，362）

《文》："彘也。竭其尾，故謂之豕。象毛足而後有尾。讀與豨同。
按今世字誤以豕爲彘，以象爲豕。何以明之，爲啄、琢，從豕。蠡從
象。皆取其聲，以是明之。🐗古文。"

【按】甲文 🐗一期　🐗四期　🐗四期　金文 🐗西周中期　戰國簡 🐗
象形。今稱"豕"爲"豬"。

例字：

彘。甲文 🐗一期　🐗一期　金文 🐗西周中期　戰國盟書 🐗

* 羅振玉："從豕身着矢，乃彘字也。彘殆野豕，非射不可得。"所以
"彘"是野豬的名稱。

互（互，jì，九，364）

《文》：“豕之頭。象其鋭而上見也。讀若罽。”

【按】從“彘”（甲文一期，箭射中豕身，可見是野豬）、“彝”（甲文二

期　雙手捧着一隻雙翅被捆上的鷄，鷄嘴邊有米粒，是祭祀用的福物。後

來“彝”成爲一切祭器的總稱）等字看，是獸（如野豬）、禽（如鷄）的頭部的

象形。

（希，yì，九，363）

《文》：“脩豪獸。一曰河内名豕也。從彑，下象毛足。讀若弟。

，籀文。，古文。”

【按】甲文一期　一期　金文西周早期　西周中期

金文爲“豩”，故從一個“希”看，許慎之説可信。

（豚，tún，九，365）

《文》：“小豕也。從古文豕，從又持肉，以給祠祀也。”

【按】甲文三期　三期　金文西周早期

“豚”是專供祭祀用的肉豬（即肥豬），故字形從“肉”從“豕”。後來也

指一般食用的肥豬。

（馬，mǎ，十，370）

《文》：“怒也。武也。象馬頭髦尾四足之形。古文。籀文

馬，與影同有髦。”

【按】甲文一期　三期　金文西周中期　西周中期

例字：

馭。甲文一期　金文西周早期　西周晚期

＊右手持鞭趕馬之形。本義是“駕馭”。

駕。春秋石鼓

＊從“馬”從“力”（鞭、棍之形）從“口”（吆喝）。或説從“馬”、“加”聲。

　　亦可。總之是“駕馬”之意，字形比“馭”出現得晚。

駒（金文 西周中期）、駭（春秋石鼓 ）、駟（金文 西周晚期）等均爲形聲字。

（犬，quǎn，十，377）

《文》：“狗之有縣蹏（蹄）者也。象形。孔子曰：視犬之字如畫狗也。”

【按】甲文 一期　 四期　金文 商　 西周中期

狗尾上翹，象形。作偏旁作“犭”或“犬”。

例字：

狂。甲文 三期　戰國印

＊從“犬”、“王”聲。卜辭中用爲“往來”之“往”。“瘋狂”的“狂”是假借義。

猶。甲文 三期　戰國印 西周中期

＊從“犬”、“酋”聲，本爲獸名。卜辭中作方國名，後世借爲“如”、“同”的意思。

厭。金文 西周早期　 西周晚期

＊從“犬”“月”（肉）從“甘”，即食狗肉甘美，故有“飽”的意思。吃過了頭即吃“傷”了，故又引申爲“討厭”的“厭”。

（狀，yén，十，378）

《文》：“兩犬相齧也。從二犬。”

【按】甲文 四期　金文 西周中期

意未明，闕疑待考。

與走獸有關的部首

（罵，sì，九，367）

《文》：“如野牛。青色。其皮堅厚，可制鎧。㲋頭與禽离頭同。

象形。 𠑹 古文从儿。"

【按】甲文 🐾 一期　 🐾 一期

犀牛的象形。堅甲、獨角。

�象（象，xiàng，九，369）

《文》："南越大獸。長鼻牙。三年一乳。象耳牙四足尾之形。"

【按】甲文 🐘 一期　金文 🐘 商　 🐘 西周中期

象形字。"形象"的"象"是假借義。

𧆞（虍，hū，五，167）

《文》："虎文也。象形。讀若《春秋傳》曰虍有餘。"

【按】"虍"爲虎頭之形。虎形見下面的"虎"字。

例字：

處。甲文 𠀎 一期　金文 🐅 西周中期　 🐅 西周晚期

　＊林潔明：字在甲文从止入門（屋）之形，是居止之意。金文中加聲
　　符"虍"成"處"，仍爲止處之意。

𧆞（虎，hǔ，五，168）

《文》："山獸之君。从虍从儿。虎足象人足也。 � 古文虎。 𠀎
亦古文虎。"

【按】甲文 🐅 一期　 🐅 一期　金文 🐅 西周早期　 🐅 西周晚期

象形。許慎説"虎足象人足"故从"儿"，非。

𧈫（虤，yán，五，169）

《文》："虎怒也。从二虎。"

【按】甲文 🐅 三期　 🐅 三期　金文 🐅 西周中期

从字形看，本義不明。從唐代孟郊《懊惱詩》"求閑未得閑，衆誚嗔虤
虤"（虤虤，怒視之狀）看，竊以爲甲文字形是虎發情時兩雄虎怒視相鬥之
形。故許慎的説解較準確。

𢊾（廌，zhì，十，371）

《文》："解廌獸也。似牛一角。古者決訟令觸不直者。象形。从豸省。"

【按】甲文𢊾四期 𢊾四期 春秋盟書𢊾

例字：

法。金文𢊾西周早期

*"法"古字形作"灋"，从廌从去从水。古人以爲"廌"能辨別是非曲直，決斷訟獄時"廌"會用角觸理虧者，故"灋"字从"廌"、从"去"又从"水"（表示廌公平如水）。

𢊾（鹿，lù，十，372）

《文》："鹿獸也。象頭角四足之形。鳥鹿足相比，从比。"

【按】甲文𢊾一期 𢊾三期 金文𢊾西周早期 𢊾西周中期

例字：

麗。甲文𢊾先周 金文𢊾西周中期 𢊾西周晚期

*鹿毛色華麗，故"麗"的本義爲華麗。字形則从鹿，麗聲。又，林義光從西周晚期金文"麗"字多作𢊾、𢊾等形以爲象鹿兩兩相依之形，故本義爲"耦"，如"伉儷"的"儷"用的是"麗"的聲兼義。

𢊾（麤，cū，十，373）

《文》："行超遠也。从三鹿。"

【按】甲文𢊾𢊾一期

是鹿群奔馳之形。段玉裁："三鹿齊跳，有超遠之意。"

𢊾（莧，huán，十，376）

《文》："山羊細角者。从兔足，从苜聲。讀若丸。寬字从此。"

【按】是鹿的一種，後來寫成"麢"。

𢊾（兔，tù，十，375）

《文》："兔獸也。象兔踞，後其尾形，兔頭與兔頭同。"

【按】甲文 一期　一期　春秋石鼓

兔子的象形。

（兔，chuò，十，374）

《文》："兔獸也。似兔青色而大。象形。頭與兔同，足與鹿同。

，籀文。"

許慎説"兔""足與鹿同"，是説"兔"跑得快的意思。所以"兔"是兔子中善跑的狡兔。"兔"也用以形容兔行之迅速。

（鼠，shǔ，十，379）

《文》："穴蟲之總名也。象形。"

【按】王筠："此字當横看，大首、伏身、曳尾。"

（能，néng，十，380）

《文》："熊屬。足似鹿。从肉，㠯聲。能獸堅中，故稱賢能。而彊壯俑能傑也。"

【按】金文 西周早期　西周晚期

"能"是"熊"的象形，是"熊"的本字。熊性耐寒，故以爲"能耐"的"能"。於是又造一"熊"字，即"能"下加"火"表示其能耐寒的特性作爲"熊"這種野獸的名稱。

（熊，xióng，十，381）

《文》："熊獸。似豕。山尻（居）。冬蟄。从能、炎省聲。"

【按】戰國詛楚文

"能"、"熊"古爲一字，"熊"後起。

（釆，biàn，二，17）

《文》："辨别也。象獸指爪分别也。讀若辨。"

【按】甲文: 一期　四期　金文 商　西周早期

以獸類的足跡之形代表獸類的脚掌（見"番"字説解）。

注意將采（𤓔，"採"本字）、米（𣏾）、采（biàn）三個字區分開。

例字：

番。金文𤲱西周晚期

 ＊田獵場上獸類的足跡，故字从"田"从"采"。"番"是獸類脚掌之義。如《左傳》"宰夫胹熊蹯不熟"的"熊蹯"即是"熊掌"。

禸（内，rǒu，十四，511）

 《文》："獸足蹂地也。象形（段玉裁，此指𠃉）、九聲。厹疋（段玉裁：小徐本作爾雅）曰：狐狸貛貉醜其足蹞其迹厽（厹，即内）。"

【按】金文中凡有爪有尾的動物字形多从"朮"，後來形體變成"内"。

例字：

禽。甲文𤯎一期　金文𤳉西周早期　𤴞西周中期　戰國石鼓𥝲

 ＊"𠆢"象罩，"𤲑"是捕鳥獸的網。"罩"與"網"合成天羅地網。故本義是捕鳥獸，"擒拿"的"擒"的本字。動詞。同時也是擒拿的對象鳥獸的總名，這時"禽"是名詞。只作"飛禽"講是後起義。

萬。甲文𤳟一期　金文𤳤商　𤳬西周中期

 ＊蠍子的象形。蠍子穴居而且數量多，後來借爲"億萬"的"萬"。

禹。金文𤴇西周中期　𤴈西周晚期　𤴉春秋

 ＊周代銘文中有"弔向父禹"，"向"是蟲名，即"䖵"。禹借爲人名後，不再作蟲名。

嘼（嘼，xiù，十四，512）

 《文》："獸牲也。象耳頭足厹地之形。古人嘼下从厹。"

【按】甲文𤴓一期　𤴕四期　金文𤴗西周早期　𤴙西周早期

"嘼"、"獸"古通用。本爲以"干"（干、單古同字，見"干"字説解）獵取野嘼之形，動詞。獵取的對象也叫"嘼"，名詞。後來又造一形聲字"狩"當動

詞"嘼"講,而"獸"則加"犬"旁專作名詞用了。

例字:

戰。金文 戰國　　戰國

　　*商承祚:戰,魏三體石經之古文作,隸作戲,亦从嘼。羅振玉:
　　甲文獸、狩實爲一字,从。古時以田狩習戰争列陣,故字形从
　　戰省,以犬助田狩,故字从犬。作"戰争"之意是引申,表示戰争
　　如獵嘼而已。

與爬蟲、鱗甲動物有關的部首

(虫,huǐ,十三,471)

　　《文》:"一名蝮。博三寸。首大如擘指。象其卧形。物之敳(微)
細,或行、或飛、或毛、或蠃、或介、或鱗。以虫爲象。"

【按】甲文一期　一期　一期　金文西周中期　戰國
"虫"即古"它"(蛇)字,象形。東周以後"它"又寫作"也"。"虫"、
"它"、"也"三字同源。

例字:

虹。甲文一期　一期　春秋石鼓

　　*于省吾:卜辭中以"有希"(祟)與"虹"連文,即古人以爲虹能作祟;
　　又説虹是有生命的東西而且能飲,這在典籍中均有證明。字形爲
　　象形,與杠樑、玉璜頗相類。晚周金文中曾爲形聲字"䖟",後來消
　　亡,"虹"通行。

蜀。甲文一期　一期　金文西周早期

　　*本爲蜷曲的蟲子之名稱。卜辭中作地名。

蟬(甲文四期)、蠶(甲文一期　二期)均爲象形,後來才成爲形聲
字。

𧊥（䗌，kūn，十三，472）

《文》：“蟲之總名也。从二虫。讀若昆。”

【按】甲文 𧉫 一期　𧉪 一期　𧉪 四期　金文 𧉬 戰國

王筠：“昆蟲之昆正字。”徐灝《説文注箋》謂䗌非昆字，又引戴仲達説，謂虫、䗌皆蟲之省。“䗌”在卜辭中作人名，陳邦福以爲即湯之左相仲虺。

𧑵（蟲，chóng，十三，473）

《文》：“有足謂之蟲，無足謂之豸。从三虫。”

【按】王筠：“小蟲之屬好類聚，故三之，用爲偏旁則不便書寫，故作虫。非必虫爲蝮之專名也。大頭屈身垂尾，蟲形皆然。融、䗀一字，是徵（證）虫、蟲一字矣。”王筠之説正確，“虫”、“䗌”、“蟲”本爲一字。

𧉞（它，shé，十三，475）

《文》：“虫也。从虫而長，象冤曲垂尾形。上古艸尻（草居）患它（蛇），故相問無它乎？ 𧍙 ，它或从虫。”

【按】甲文 𧊒 一期　𧊓 一期　金文 𧊔 西周早期　𧊕 春秋

“蛇”的本字。許慎説“它，从虫而長”，今民間俗稱“蛇”爲“長虫”可證。

高明《古文字類編》：“兇（甲文 𧊖 一期　𧊗 四期）猶足踏蛇。《説文》以‘它’代之。卜辭‘亡兇’，許慎‘上古草居患它（蛇），故相問無它乎？’”因此，“它”後來成爲第三人稱代詞。

古“它”、“也”同字。如《左傳・隱公元年》“佗邑唯命”，證明“佗”、“他”古同字。又如《説文》“也”的別體作“𧊘”。

𧊚（豸，zhì，九，366）

《文》：“獸。長脊。行豸豸然。欲有所司殺也。”

【按】甲文 𧊛 一期　𧊜 一期

巨口長牙，肉食獸之形。後來爲“蟲豸”（一切蟲子）的通稱。《爾雅・釋蟲》：“有足謂之蟲、無足謂之豸。”金文中从“豸”的字如貉、貘、貙、貂等均爲形聲字。

易（易,yì,九,368）

《文》:"蜥易、蝘蜓,守宫也。象形。祕書説日月爲易。象会（陰）易（陽）也。一曰从勿。"

【按】甲文 ⟨圖⟩一期　⟨圖⟩一期　金文 ⟨圖⟩西周中期　⟨圖⟩戰國

甲文字形爲傾倒之形,故有變易之意。

古"易"、"賜"、"錫"同字。"易",蜥蜴。由於善於随環境的變化而改變其保護色,故爲"變易"。於是又造"蜴"以爲蟲之名。參看"三"的説解。

黽（黽,mǐn,十三,477）

《文》:"鼃黽也。从它,象形。黽頭與它頭同。"

【按】甲文 ⟨圖⟩一期　⟨圖⟩一期

青蛙的象形。《爾雅·釋魚》:"在水者黽。"王筠:"蝦蟇也,鋭首大腹,籀文加足。"聞一多等人均釋"黽"爲"蛙"。

因爲"蛙"是大腹之蟲類,故加"虫"爲"蠅"。

魚（魚,yú,十一,424）

《文》:"水蟲也。象形。魚尾與燕尾相似。"

【按】甲文 ⟨圖⟩一期　⟨圖⟩一期　金文 ⟨圖⟩西周早期　⟨圖⟩春秋

例字:

漁。甲文 ⟨圖⟩一期　⟨圖⟩一期　⟨圖⟩一期　金文 ⟨圖⟩商　⟨圖⟩西周中期　⟨圖⟩西周中期

＊網魚、釣魚或雙手捉魚之形。"打漁"是本義。字亦作"敍"。

鱻（鱻,yú,十一,425）

《文》:"二魚也。"

【按】"魚"的繁文。段玉裁:"二魚重而不並,《易》所謂貫魚也。"

"鱻"、"鮮"古今字。《廣韻》:"煮食煎食曰五侯鯖,謂之以新魚爲肴也。凡鮮明、新鮮字皆作鱻,自漢人始作鮮代鱻。"

龍（龍，lóng，十一，427）

《文》："鱗蟲之長。能幽能明，能細能巨，能短能長。春分而登天，秋分而潛淵。从肉，㲋，肉飛之形。童省聲。"

【按】甲文 （一期）　 （四期）　金文 （西周早期）　 （春秋）　戰國印 龍

古人圖騰中的一種大爬蟲，頭上有頂毛， 象張開之口， 象鱗、鰭。

龜（龜，guī，十三，476）

《文》："舊也。外骨內肉者也。从它。龜頭與它頭同。天地之性，廣肩無雄。龜鱉之類，以它（蛇）爲雄。 象足甲尾之形。 古文龜。"

【按】甲文 （一期）　 （一期）

象形。一形爲側視、二形爲正視。隸定後的"龜"是側視之形。

許慎説"龜頭與它（蛇）頭同"，"以蛇爲雄"。那是由於許慎哲學思想的核心是儒道相爲表裏的陰陽五行説，所以對道家所奉的真武帝也很尊崇。道家祠真武，輒象龜蛇，二物於其旁。真武帝，原爲玄武，宋時避諱改玄爲真。

玄武，北方七宿（斗、牛、女、虛、危、室、壁）之總名，因以爲北方神名。洪興祖《楚辭遠游補注》："玄武謂龜蛇，位在北方故曰玄，身有鱗甲故曰武。"蔡邕："北方玄武，介蟲之長。"《文選》注："龜與蛇交曰玄武。"《後漢書·王梁傳》注："玄武北方之神，龜蛇合體。"可見龜蛇合體是古人一貫的認識。

四、以植物爲内容的部首

與草木有關的部首

Ψ（屮，chè，一，11）

《文》：“艸木初生也。象丨出形有枝莖也。古文或以爲艸字。讀若徹，尹彤説。”

【按】甲文↓一期　Ψ二期　金文Ψ商

草莖之形。甲文本來不拘形體的多寡，所以有艸（草）、艸（卉，huì）、艸（莽）等形。後來字義才有“草”、“卉”、“莽”的區別。

“屮”在《漢書》中還在單獨使用。

艸（艸，cǎo，一，12）

《文》：“百卉（卉，huì）也。从二屮。”

【按】戰國陶艸　艸

俗作“草”，作偏旁寫作“艹”，俗稱“草頭”。

例字：

草。春秋石鼓艸

＊从“艸”得義，从“早”得聲。字形較後起。

艸（莽，mǎng，一，14）

《文》：“衆艸（草）也。从四屮。讀若與冈（王筠：冈音網）同。”

【按】甲文莽四期　金文艸西周晚期

叢生的草莖之形，字形後來變成“莽”（草莽）。

蓐（蓐,rù,一,13）

《文》："陳艸復生也。从艸,辱聲。一曰蔟也。 蓐籒文蓐从茻。"

【按】甲文 蓐一期　 蓐一期

"蓐"从"丱"、"⺕"(手)、"辰"("辰",本義爲片狀、刃部較寬的除草工具。最早爲大的蚌片,後爲青銅所制;或説"辰"爲介殼蟲,參看"辰"字説解)。所以"蓐"的本義是除草或用手捉介殼類害蟲(如蝸牛)。

吳紹珣、郭沫若等認爲蓐、農(農古字)古爲一字。"農",甲文 農一期 農一期。

"蓐"又引申爲薦席之"蓐"。《禮·少儀》："茵者,蓐也。"此爲"坐蓐",這個"蓐"後來寫作"褥"。

艸（竹,zhú,五,143）

《文》："冬生艸也。象形。下垂者箁箬也。"

【按】金文 竹戰國
象兩張竹葉分成兩片之形。

例字:

箙。甲文 箙一期　 箙一期　 金文 箙商　 箙商　 箙西周早期
　　＊盛矢器。古代用獸皮或用竹、木做成。後來變成了形聲字,从
　　"竹""服"聲。卜辭中讀作"副",即"副"字(一種殺牲祭祀的祭
　　名)。

節。金文 節戰國　 節戰國
　　＊竹節。後來凡植物枝榦約束之處都稱爲"節"。"節約"、"節制"、
　　"節省"等均爲引申義。

木（木,mù,六,206）

《文》："冒也。冒地而生,東方之行。从屮,下象其根。"

【按】甲文 木一期　 木五期　 金文 木西周早期　 木西周晚期

象形。上象枝葉、下象根。作偏旁可在左邊或下面。

例字：

　析。甲文 〔字〕一期　〔字〕一期　金文 〔字〕西周中期　戰國印 〔字〕
　　＊以"斤"（斧）劈木之形，故"分析"爲本義。

　果。甲文 〔字〕一期　金文 〔字〕西周中期　戰國印 〔字〕
　　＊果實成熟之形。又引申爲"結果""終結"之意。卜辭中亦作人
　　　名。

　采。甲文 〔字〕一期　〔字〕一期　〔字〕四期　金文 〔字〕西周早期
　　＊手采摘果實之形，故字从"爪"，从"木"。後來引申爲樵采及采取
　　　之意。

　棄。甲文 〔字〕一期　〔字〕三期　金文 〔字〕西周晚期　戰國印 〔字〕
　　＊雙手推畚箕抛棄嬰兒之形（甲文一期字形還帶血水）。《詩經》載
　　　周始祖名"棄"。後來當"抛棄"講。字形从"去"（tū，倒子。見
　　　"去"字説解）。

　榮。金文 〔字〕西周早期　〔字〕西周早期　〔字〕西周中期
　　＊兩只火把交叉照耀，顯出火光明耀之意。後來加"火"成"熒"；加
　　　"口"成"營"；加"木"成"榮"。

　樂。甲文 〔字〕二期　〔字〕四期　金文 〔字〕西周晚期　〔字〕春秋
　　＊周谷城：玩的小鼓，用繩繫起來懸在架子上，本義是樂器。"音
　　　樂"的"樂"是引申義。

〔字〕（林，lín，六，208）

　　《文》："平土有叢木曰林。从二木。"

　【按】甲文 〔字〕一期　〔字〕二期　金文 〔字〕西周中期　〔字〕西周晚期

　雙木成"林"，三木成"森"，還有四木合成的"〔囷〕"（〔字〕）、"麓"（甲文
〔字〕五期）等字。

〔字〕（叒，ruò，六，210）

《文》:"日初出東方湯谷所登榑桑。叒木也。象形。 籀文。"

【按】甲文 一期　金文 西周早期　西周中期

王筠:"若木之若之正字。當以鐘鼎文( )爲正。""叒"、"若"是一女子用手梳理頭髮之形。本義是"柔順"。金文中有的字形體加" ",隸變後字形與從艸、右的"若"相混了。在甲、金文中,"艹"即"叒"。又,"叒"、"叒"同。

例字:

桑。甲文 三期　五期

＊卜辭中"桑"一是地名、二是人名、三借爲"喪亡"的"喪"。

(桼,qī,六,223)

《文》:"木汁可以鬃(漆)物也。从木,象形。桼如水滴而下也。"

【按】王筠:"木名,點象其汁之下滴也。漆,水名,今通用。"《書·禹貢》中記有漆水,源出陝西同官縣東北大神山,是渭水的支流。今天"油漆"的"漆"是借此水之名爲稱。

與植物有關的其他部首

(束,shù,六,224)

《文》:"縛也。从口木。"

【按】甲文 一期　三期　四期　金文 西周早期　西周中期　西周中期

"木"上加一個"○",象用繩捆住,因而表示一切束縛。

(朿,cì,七,248)

《文》:"木芒也。象形。讀若刺。"

【按】甲文 一期　五期　金文 西周中期

段玉裁："古衹（只）作芒，今作刺，刺行而朿廢。"《方言》："凡草木刺人，北燕、朝鮮謂之萊，或謂之壯；自關而東謂之梗、或謂之劇；自關而西謂之刺；江湘之間謂之棘。"王筠："又作莿。"

才（才，cái，六，209）

《文》："艸木之初也。从丨上貫一，將生枝葉也。一，地也。"

【按】甲文 中 一期　　五期　金文 西周早期　 西周早期　戰國印

古"才"、"在"同字。這要从"災"（灾）説起。

"災"甲文 一期　 五期　是水道（川）壅塞而釀成水灾的意思。从"災"的甲文第五期的字形看，从"川"从"才"。是水道剛有堵塞之形、即水灾剛剛（才）出現。這個"才"就是"才"字。因爲最大的灾害莫過於"水"、"火"，所以"災"上从"巛"（水，川也）而下从"火"。

又，李孝定根據《説文》以爲"才"象 ψ（草）在地下初出地上之形。亦可。

例字：

昔。甲文 一期　 一期

* "〰"洪水横流之形。

古代人類經歷過難忘可怕的洪水灾害，這在各民族的文獻中均有記載。"〰"加"日"表示這已是成爲過去的日子，所以"昔"的本義是"往昔"，卜辭中多用此義。另外，卜辭中也作人名。

之（之，zhī，六，211）

《文》："出也。象艸過屮，枝葉漸益大，有所之也。一者，地也。"

【按】甲文 三期　 二期　金文 西周晚期

羅振玉："甲文从止从一，人所之也。""之"本義是動詞"往"。卜辭中也是一種祭名（侑祭）；或以爲"之"是草長出地面之形。與"屮"的區別在於"之"是向上長，動詞。"屮"是初生的草，名詞。後來"之"又被借爲虚詞。

屮（生，shēng，六，215）

《文》："進也。象艸木生出土上。"

【按】甲文 Ψ 一期　土 一期　Ψ 四期　金文 Ψ 西周中期　生 春秋

"土"上加"屮"，是植物生長的意思，動詞。金文中於"Ψ"下加一"•"，後來"•"變成一橫，遂成"生"形。

例字：

產。金文 戰國　戰國盟書

*郭沫若：屵，古圃字，彥聲（彎、產古韻同在元部）。田產的"產"。

乇（乇，zhé，六，216）

《文》："艸葉也。巫（垂）采。上丗（貫）一，下有根。象形字。"

【按】段玉裁："艸葉當作艸華（花），故乇即艸華。"黃約齋以爲是草木一面向下生根，一面向上抽長，加"扌"成"托"（花托）。又，《六書正僞》："借爲寄乇、委乇字。隸作侂、託。"

耑（耑，duān，七，265）

《文》："物初生之題也。上象生形，下象其根。"

【按】甲文 一期　金文 西周晚期　戰國陶

孫詒讓：耑、端古今字。朱駿聲：今俗以爲耑字。羅振玉：草木初出枝葉漸生之形。上象"止"代表枝葉，下是根，中間的"一"是地面，地下兩點（甲文）代表水。羅說爲是。

又，加"立"成"兩端"的"端"，以及"開端"的"端"均爲引申義。

不（不，bù，十二，432）

《文》："鳥飛上翔不下來也。从一，一猶天也。象形。"

【按】甲文 一期　四期　三期　金文 西周早期　戰國

吳大澂《字說·帝字說》：帝，古書作 、（不），均象花蒂之形。"不"

的本義是"花蒂"。所以用木制的形狀象花蒂的飲具叫"杯"(从"木"从"不"),"杯"又作"盃"、"桮"。

又,《紅樓夢》中黛玉葬花辭中:"天盡頭,何處有香丘,未若錦囊裝艷骨,一抔净土掩風流"的"抔"應解爲"捧"〔即手作成花蒂狀,故字从"扌"(手)从"不"〕,即"一捧净土",而絶非某些注家所説是"一堆净土"。

"不"後來又被借爲否定詞。

許慎對"不"的説解不正確。

例字:

坏。金文 🖼 西周中期　　🖼 春秋　　🖼 春秋

    *字形从"土"从"不"。"不",花蒂爲其本義(参看"不"字説解),因爲花蒂是"枝葉之所由生、萬物之所由發"(吴大澂《字説》),所以有最早、最原始(亦引申爲最大)的意思。如"丕"(曹操長子名"丕")、"胚"("胚胎"也是最早的)。因此"坏"的本義是未燒的磚坏,即土坏。"坏"是"坯"的本字。"不"在"坏"中既兼聲又兼有義。

🖼 (烾,chuí,六,217)

    《文》:"艸木華(花)葉垂。象形。　🖼 古文。"

【按】金文 🖼 西周晚期

象枝葉下垂之狀,動詞。今借"邊垂"字作"下烾"的"烾",而别借"陲危"的"陲"作"邊垂"的"垂"。這樣,"烾"就逐漸少用,最後僅僅成爲偏旁了,同時字形也發生了變化。如"埀"寫作"垂"、"㸚"寫作"差","綵"寫作"素"。

🖼 (𠌶,huā,六,218)

    《文》:"艸木華也。从烾,亏聲。𠌶𠌶或从艸从夸。"

【按】金文 🖼 西周晚期　🖼 春秋　　春秋石鼓 🖼

从石鼓文更證明是衆多草木的"花"。名詞。後來字形變成"花"。

🖼 (華,huá,六,219)

《文》:"榮也。从艸从琴。"

【按】"琴"、"華"實爲一字。"琴"(花),名詞。"鄻"(華),形容詞。如"繁華"、"華麗"、"華美"等。有時"花"、"華"也通用,如春華秋實。

ꑓ(马,hàn,七,244)

《文》:"嘾也。艸木之琴(花),未發函然也。象形。讀若含。"

【按】王筠:"音含,又乎感切(hàn)。舌形也。又花蕊形也。"徐灝:"華之菡萏謂马。芙蕖花最大,遂專其名。马即菡萏之合聲,其小者謂之蓓蕾。"

枀(東,hàn,七,245)

《文》:"艸木巫琴(垂花)實也。从木马、巳亦聲。"

【按】甲文枀一期　金文枀戰國

枝葉繁盛的樣子。王筠:"胡感切,木垂花實也。从木马(ān),马亦聲。""東"後來消亡。

卤(卤,tiáo,七,246)

《文》:"艸木實垂卤卤然。象形。讀若調。　贔,籀文。"

【按】甲文⚷一期　⚶一期　⚷三期　金文⚶西周早期　⚶西周晚期

"卤"本來是一種果實的形象,此果上小下大,形如梨。有一種盛物的器皿形狀象"卤",稱爲"卣"(yǒu)。所以"卣"、"卤"古同字,後來才分化爲兩個字:"卣",盛酒器,名詞。"卤",形容詞。

齊(齊,qí,七,247)

《文》:"禾麥吐穗上平也。象形。"

【按】甲文⚘一期　⚙一期　金文⚚⚛西周早期　⚜春秋

許慎所説"齊"的本義可通,故从之。又,銘文中"齊"、"劑"通。如《考工記》中青銅之"六齊"(即青銅中六種銅錫含量的配方)。青銅的硬度隨錫含量的增高而加強,但也因此而變脆。故鐘鼎、斧斤、大刀……的含錫量都各不相同。現將馬承源《中國古代青銅器》中所錄的"六齊"表及説明鈔錄於下:

《考工記》六齊合金比例	含銅量%	含錫量%
鐘鼎之齊六分其金而錫居一	85.71	14.29
斧斤之齊五分其金而錫居一	83.33	16.67
戈戟之齊四分其金而錫居一	80.00	20.00
大刃之齊三分其金而錫居一	75.00	25.00
削殺矢之齊五分其金而錫居二	71.43	28.57
鑒燧之齊金錫半	66.66	33.33

以上係青銅的配料比例，而不是鑄造成青銅後的比例，因爲在熔鑄過程中，錫很容易氧化而降低其含量的百分比。上表中的"鑒"最初是平面鏡，至漢代有凸面鏡。"燧"是陽燧，即用於向太陽取火的凹面鏡。據上海博物館所藏的幾面古代陽燧的測量，其凹面都是抛物面。

𣎵〔宋（市），pò，六，214〕

《文》："艸木盛宋宋然。象形。八聲。讀若輩。"

【按】段玉裁："宋宋者，枝葉茂盛，因風舒散之貌。旆旆、渒渒均宋宋之假借。""宋"是草木蓬勃生長的意思，因而也當"地氣盛"講，加"氵"成"沛"。後來一切氣盛之意均可用"沛"。

帀（帀，zā，六，212）

《文》："匊也。从反业而帀也。周盛説。"

【按】甲文丕二期　　ℬ天先周　　金文于西周晚期　　卧西周晚期

古"帀"、"師"同字。字形説解從許慎説，即將"业"（之）倒寫表示從出發點又回到出發點，即繞一個圈之意，故爲"周帀"的"帀"。

帝（夲，tāo，十，400）

《文》："進趣也。从大十。大十者，猶兼十人也。讀若滔。"

【按】甲文宋二期

花木繁盛之狀態。與"夆"（hū，金文宋西周晚期）同源，指比一般的花開得更繁茂。

〔(句,gōu,三,51)

《文》:"曲也。从口,丩聲。"

【按】甲文 一期　 先周　金文 西周晚期　 戰國

"句"、"鉤"通。俗稱"勾"。蔓生植物相糾結之形。後來"句"當"句讀"之"句"講,於是又造出"勾"爲其本字。後來"勾"又加"金"成"鉤"。

〔(丩,jiū,三,52)

《文》:"相糾繚也。一曰瓜瓟結丩起。象形。"

【按】王筠:"相糾纏也。"又,从"糾"(金文作 西周晚期)爲二絲相糾纏之形,可證明"丩"象瓜藤糾纏之形。

東(東,dōng,六,207)

《文》:"動也。从木。官溥説,从日在木中。"

【按】甲文 一期　 一期　 三期　戰國印東

丁山、徐中舒:橐的初文。《埤倉》:"有底曰囊,無底曰橐。""東"字形象兩端無底用繩捆束之形。在卜辭中作神祇名、地名、祭名外,已借爲"東西"之"東",於是才又造一"橐"字。故王筠:"从日在木中,日昇扶桑之謂。"即日初出之形。而《説文》是據後起字形之強解,不準確。由於卜辭中已借爲"東方",故文獻中有向東義。又,古時主位在東,故主人稱東家。

重(重,zhòng,八,296)

《文》:"厚也。从壬,東聲。"

【按】金文 西周早期　 春秋　 戰國

俞敏老師説"重"實爲"童"的異體。"童"原作 ,爲奴隸負戴之形。後加配筆成 、加"東"聲成 。"重"頭上無所戴,省寫也。《檀弓》"童汪踦"作"重汪踦"可證。

五、以自然界爲内容的部首

與天象有關的部首

日（日，rì，七，231）

《文》："實也。大昜（太陽）之精不虧。从⃝一，象形。 ⃝古文象形。"

【按】甲文⊟一期　⊟五期　金文⊟西周中期　春秋

例字：

時。金文戰國　春秋石鼓　戰國印

　＊李孝定：从之从日，之亦聲。"之日"急言爲"時"，緩言爲"之日"。

　《釋詁》："時，是也。"所以"之日"就是"是日"，即"此時"的意思。

量。甲文一期　一期　一期

　＊太陽被雲層緊緊包住。後來成了形聲字：从"日"得義，从"軍"得聲，但"軍"亦兼有義：即雲層象戰車團團圍成營壘那樣圍住太陽（參看"軍"字的説解）。

旦（旦，dàn，七，232）

《文》："明也。从日見一上。一，地也。"

【按】甲文二期　三期　金文西周早期　西周晚期

太陽剛剛昇起尚未完全離開地面，故有一團陰影相連。後來陰影寫成一横，而且與太陽分開了，於是字形成"旦"。卜辭中作"晨"講。

倝（倝，gàn，七，233）

《文》:"日始出,光倝倝也。从旦,㫃聲。"

【按】黄約齋《字源》:"上是㫃,下是易(甲文 ☐ 一期　金文 ☐ 春秋)表示日光上昇如旗旛飄颺之狀。乾、幹、翰以爲聲符。"

☐(冥,mǐng,七,235)

《文》:"窈也。从日六,从冖。日數十,十六日而月始虧,冥也。冖亦聲。"

【按】甲文 ☐ 一期　　☐ 三期

卜辭中爲分娩(婦人生子)之義。字形从"日"从 ☐("六",即雙手)从" ☐ "(冖)隸定爲"冥"。或以爲此是"奄"的本字,備考。

☐(晶,jīng,七,236)

《文》:"精光也。从三日。"

【按】甲文 ☐ 一期　　☐ 三期

卜辭中爲"星"字。"星"又有光明晶瑩的意義,後來"晶瑩"之意通行,"星座"的意思消失。

例字:

星。甲文 ☐ 一期　　☐ 一期

*字形从三個(多數)"日",表示是繁星。又加" ☐ "(生)爲聲旁。

或説" ☐ "爲一個"座",使繁星相連成爲"星座"。亦可。

☐(月,yuè,七,237)

《文》:"闕也。大會(陰)之精。象形。"

【按】甲文 ☐ 一期　☐ 五期　金文 ☐ 商　☐ 春秋　☐ 春秋

爲了與"日"分開,只作半月之形。月中的一點可有可無。卜辭一期至四期"月"多作"夕",而"夕"則多寫作"月"。至第五期才反過來把"月"寫成"月","夕"寫作"夕"。

例字：

期。金文 🔣 春秋　　🔣 春秋

* 从"其"从"日"，"其"亦聲。"其日"即表示時間的"期"。後來字
形才从"月"而成"期"。

夜。金文 🔣 西周中期　　🔣 西周晚期　　🔣 西周晚期

* 从"月"，"亦"聲。段玉裁："夜與夕渾言不別，析言則殊……朝夕
猶夙夜也。"

🔣 (夕,xī,七,241)

《文》："莫(暮)也。从月半見。"

【按】甲文 🔣 一期　🔣 二期　🔣 五期　金文 🔣 西周早期　🔣 西周晚期

甲文一期至四期"夕"字形作"月"，五期以後才固定爲"夕"。卜辭中
"夕"多訓爲"暮"。

例字：

外。金文 🔣 西周中期　　🔣 西周晚期　　🔣 戰國

* 卜辭中"外"省"夕"作"卜"(如"外丙"作"🔣")。"外"的意思是：
卜,應在平旦時進行但却夕(暮)卜,這對事情來説是離題萬里了。
所以"外"本義是"遠"。今天"外行"的"外"用的是本義。

🔣 (多,duō,七,242)

《文》："緟(重)也。从緟夕。夕者,相繹也,故爲多。緟夕爲多,
緟日爲疊。 🔣 ,古文,並夕。"

【按】甲文 🔣 一期　🔣 四期　🔣 五期　金文 🔣 西周早期　🔣 西周中期

林義光：重夕不是"多"的本義,許説不確。"多"與"品"同義,表示物
品之衆多。卜辭、銘文中"多"均當"衆多"講。

🔣 (明,míng,七,239)

《文》："照也。从日囧(jiǒng)。 🔣 古文从日。"

【按】甲文 ⬡ 一期　⬡ 一期　⬡ 一期　金文 ⬡ 西周早期　⬡ 春秋

一説字形是月光從窗中透進來,故字從"囧"(窗)從"月";二説"囧"是光明的意思(參看"囧"字説解)。而字形所以又從"月",則是因爲白天到處都明亮,反而不如黑夜的月光才更能顯出是真正的明亮,所以字形從"月"。至於"明"的左半邊從"日"那是由"囧"訛變而成。

雨(雨,yǔ,十一,422)

《文》:"水從雲下也。一,象天,冂象雲,水霝其間也。 ⬡ 古文。"

【按】甲文 ⬡ 一期　⬡ 五期　金文 ⬡ 商　春秋石鼓 ⬡

雨點下落之形。頂上的一横不必拘泥一定説指"天",因爲甲文中加一横的現象很多。

例字:

電。金文 ⬡ 西周晚期

＊從"雨"從"申","申"象閃電之形(參看"申"字説解)。

霝。甲文 ⬡ 一期　⬡ 一期　金文 ⬡ 西周早期　⬡ 春秋　⬡ 春秋

＊"零"的本字。本義是下雨。

霸。金文 ⬡ 西周早期　⬡ 西周中期　⬡ 西周中期

＊字形或從"雨"、"革"、"月";或從"雨"、"革"、"帛"聲。"魄"的本字,本義是"月之魄",故字形從"月"。

周代一個月分成四段:初吉(一日～七、八日)、既生霸(八、九日～十四、十五日)、既望(十五日～二十二、二十三日)、既死霸(二十三日～晦)(見王國維《生霸死霸考》)。

"霸主"爲引申義。亦有人説爲假借義。

雲(雲,yún,十一,423)

《文》:"山川气也。從雨,云象回轉之形。 ⬡ ,古文省雨。 ⬡ ,亦古文雲。"

【按】甲文 ⬡ 一期　⬡ 一期　金文 ⬡ 春秋　戰國印 ⬡

上二横代表雲層，下面是雲氣繚繞之形。後來因爲"云"多和"雨"有關，故加"雨"頭而成"雲"。"云"則被借爲虚詞。

气（气，qì，一，8）

《文》："雲气也。象形。"

【按】甲文 气 一期　 气 一期　金文 气 春秋　 气 春秋

古"气"、"乞"同字。王筠："此雲气之正字，經典作乞而訓爲求。本是假借，借用遂久，遂以氣代气，氣乃餼之古字。"

字形變化：爲了與"三"區别，第一横向上翹而第三横向下拖，遂成"气"字。

與地輿有關的部首

山（山，shān，九，350）

《文》："宣也。謂能宣散气，生萬物也。有石而高。象形。"

【按】金文 山 商　 山 商　 山 西周晚期

象山峰之形。三個山峰表示多數，即群峰起伏之狀，故爲"大山"之稱。

例字：

𨹞。金文 𨹞 戰國　 𨹞 戰國

　＊"𨹞"同"阿"。銘文及文獻中一是大山，如《詩》"菁菁者莪，在彼中阿"；二是山的曲隅，如《山鬼》："若有人兮山之阿。"二意並存。

嵒（yán） 嵒 。品，非物品，象山峰上有怪石嶙峋，且上大下小，以示山之險峻。卜辭中作地名。《説文》："山巖也。"

丘（丘，qiū，八，293）

《文》："土之高也。非人所爲也。从北，从一。一，地也。从尻（居）在丘南，故从北。中邦之尻在崑崙東南。一曰四方高中央下爲丘。象形。 坴 古文从土。"

【按】甲文 ⋀ 一期　⋀ 一期　金文 ⵁ 春秋　ⵕ 戰國

因避孔丘諱，故《説文》“丘”下闕文，此説解是後人所補。

古人避諱分兩大類：一是避皇帝與孔丘諱，稱“國諱”或“公諱”。如秦始皇名“政”，故“正月”讀爲“征（zhēng）月”寫作“端月”。再如漢文帝名“恒”，故改“恒山”爲“常山”、“姮娥”爲“嫦娥”。又如唐太宗名“世民”，唐人以“代”替“世”、以“人”替“民”，“觀世音”則略稱“觀音”、“民部”改爲“户部”。又如唐代宗名“豫”，“薯蕷”改稱“薯藥”。宋英宗名“曙”，“薯藥”改稱“山藥”；二是避祖父、父母諱稱“家諱”或“私諱”。如漢司馬遷父名“談”，《史記·季布傳》中“趙談”改爲“趙同”。後世援此例，改與父同名者皆爲“同”。再如白居易父名“鍠”，與“宏”音近，所以考試時不應“博學宏詞科”而改爲“書判拔萃科”。又如唐杜甫母名“海棠”，故杜詩中絶無海棠詩。又如宋蘇軾祖父名“序”，爲人撰寫序文改用“叙”字，等等。限於篇幅，不再舉例（關於“丘”請參看“屾”字解）。

屾（屾，shēn，九，351）

《文》：“二山也。闕（闕讀音）。”

【按】《六書精藴》：“兩山對峙，各止其所，静之極也。”

其實“屾”是“丘”的異體字，理由有三：一是從字形看：“丘”是兩山並立之形。因丘陵多爲起伏一片，孤峰突起者極少，如有孤峰，多伴有神話傳説，如杭州的“飛來峰”等。二是從同形重疊的情況考察：凡同形重疊者在字義變化上有三種情況：一爲向同方向引申，如林、森、蟲（數量加多），又如叩、晶（分量加重）；二爲向反方向引申，如雔（仇）、瓜等；三是變成一個新的東西如棗、戔、多、晶、秝等。而“屾”屬第一種，即一片山頭（或丘陵）或大阻塞的意思。而“丘”也有“大”的意思，如“丘嫂”即“長嫂”。三是凡“丘”含有“小”意時，一般加修飾之詞。如《列子·湯問》：“魁父之丘。”《永州八記》中《鈷鉧潭西小丘記》等。可見“丘”有“小”的意思是後起義。所以“屾”是“丘”的異體。

嵬（嵬，wéi，九，349）

《文》:"山石崔嵬,高而不平也。从山,鬼聲。"

【按】後起的形聲字。許説正確。

广 (户,è,九,352)

《文》:"岸高也,从山厂,厂亦聲。"

【按】从許慎之説。

𠂤 (自,duī,十四,499)

《文》:"小𠂤也。象形。"

【按】甲文 𠂤 一期　𠂤 五期　金文 𠂤 西周早期　𠂤 西周晚期

傳統説法"𠂤"是矮的土山之形,與"自"字一樣應當横看作 ⌣⌣ 、 ⌣⌣⌣ ,以山峰之多少而區别其大小。在卜辭、銘文中通假作"師"(衆)。如"丁酉貞,王作三𠂤,右、中、左"。羅振玉、商承祚:"𠂤與自爲一字,即古師字。"錢大昕《舌音類隔之説不可信》:"古讀追如堆。"錢説證明"追"的聲符"𠂤"的讀音是"堆"。

例字:

師。甲文 𥅀 二期　𥅀 先周　金文 𥅀 西周早期　𥅀 西周晚期

* 古"帀"、"師"同字。本義是"師衆",今天説"師範"即衆人的規範之意,是引申義。

𨸏 (阜,fǔ,十四,500)

《文》:"大陸也。山無石者。象形。 𨸏 古文。"

【按】甲文 𨸏 一期　𨸏 一期　𨸏 四期　𨸏 四期

與"𠂤"本爲一字(參看"𠂤"字解),隸定後作偏旁作"阝"用在字的左邊。

例字:

降。甲文 𨽮 一期　𨽮 四期　金文 𨽮 西周早期　𨽮 西周晚期

* 雙足下山之形。本義是"昇降"的"降"。

陟。甲文 𨙈 一期　𨙈 四期　金文 𨙈 西周早期　𨙈 春秋

＊登山、登高之形。

陵。甲文 四期　金文 西周晚期　 戰國

＊攀登之形（一個人一足在地面，一足向"阜"攀登）本義是動詞"攀
登"。如《左傳》"齊侯親鼓士陵城"意思是："齊侯親自擊鼓（以激
勵士氣），士兵攀登城墙。"後來引申爲大的土堆（如陵墓），名詞。
於是動詞的"陵"就借"冰凌"的"凌"字爲之。如杜甫《望嶽》"會
當凌絕頂，一覽衆山小"的"凌"就當"攀登"講。又今天的"凌駕"
的"凌"也用的是動詞"陵"的本義。

墮。甲文 一期　 一期　戰國盟書

＊一人頭向下從山下跌落之形，字形或從倒子（古）。本義是"落"，
後來才引申有抽象意義的"墮落"。

陸。金文 商　 春秋

＊隆然高起的陸地。或説從"阜"、"六"聲。

（𨸏，fù，十四，501）

《文》："兩阜之閒（間）也。從二𨸏。"

【按】甲、金文中未見。但知"隧"（燧）、"隘"均從"𨸏"省，故知可能是
兩山之間狹隘的通道。

（危，wēi，九，356）

《文》："在高而懼也。從厃。人在崖上自卪（節）止之。"

【按】除許慎説法外，或説"厂"代表房檐。

土（土，tǔ，十三，480）

《文》："地之吐萬物者也。二，象地之上地之中。｜，物出形也。"

【按】甲文 一期　 金文 西周早期　 西周中期　 西周晚期
象地面突出的土塊。吳大澂："杜、土古通用。"又，郭沫若："象陽具，
故雄性動物稱牡。"（參看"牡"字説解）。

例字：

城。金文𩫰西周早期　　𢦏春秋

　　＊从"郭"（城郭）从"成"得聲。後來字形才變成从"土"从"成"。

基。甲文𠱤一期　　金文基春秋

　　＊本爲箕中有土之形。銘文中借爲"期"，字形亦成爲形聲字。

埜（野）。甲文林一期　　金文埜西周晚期

　　＊"野"的本字。邑外是郊，郊外是野，在"野"則只有樹林和土地，
　　故字从"林"从"土"。

坒。金文𩫖西周中期　　𩫧西周中期

　　＊城郭相比次（即土地大片相連）之意，所以字形从"𩫖"（郭）从
　　"比"。是"陛"的初文。"陛"還有陛高階的意思，故字从"阜"。

垚（垚，yáo，十三，481）

　　《文》："土高皃。从三土。"

【按】甲文垚一期

"垚"、"堯"古今字。堯禪位於舜，且以二女娥皇、女英爲舜之妻。這
説明尚有母系社會向父系社會過渡的痕迹。"堯"實爲父系社會的始祖，
故郭沫若説"从三土"表示是父系的代表。卜辭中"堯"从三土从卪（節）。

《説文》古文堯作�。

𠂆（石，shí，九，357）

　　《文》："山石也。在厂之下。口象形。"

【按】甲文𠂆一期　　𥒥一期　　金文𥒥西周早期　　𥒥春秋

"𠂆"象崖角，是崖下石塊之形。

金（金，jīn，十四，490）

　　《文》："五色金也。黄爲之長。久薶（埋）不生衣，百鍊不輕。从
　　革不韋。西方之行。生於土。从土、ナ（左）、又（右）注象金在土中

形,今聲。古文金。”

【按】金文西周早期　西周晚期　春秋　戰國簡

“亼”(三合也,音 jí)下“土”,即土中埋藏之意,加“·”表示金屬的顆粒。後來“亼”訛變成“今”,才成爲以“今”爲聲的形聲字。

例字:

錫。金文春秋　春秋

*　因青銅中含錫比例影響青銅器的硬度與脆度(見“齊”字的説解),故“錫”在周代很重要。卜辭、銘文中與“賜”通(或説借爲“賜”,亦可)。

鑊。甲文一期　一期　金文商　春秋

*　鼎中煮禽之形。甲文中第二形冒着蒸氣(羅振玉以爲是加水)、商金下有火,都説明是烹器而非容器。《周禮·天官·亨人》“掌共鼎鑊”,鄭玄注:“鑊,所以煮肉及魚臘之器,既熟,乃脀於鼎。”因爲鼎上往往鑄有銘文,經火煮易毀壞,故古人用“鑊”煮好之後再盛於鼎中食用,即“列鼎而食”。

　　今江西人稱“鍋”爲“鑊”,即可證明。

鑄。甲文五期　金文西周中期(加聲符“壽”)　西周晚期

*　从“𦥑”(雙手)从“𠷎”从“金”、“壽”聲。字形中的“皿”即“範”,字形表示雙手舉“丂”倒銅汁於“範”之中。故“鑄造”爲本義。

鑞。金文戰國

*《玉篇》:“鑞,錫鑞也。”《西厢記》中有“銀樣鑞槍頭”。因爲錫質軟,故“銀樣鑞槍頭”是中看不中用之意。又如,今北京八面槽有“錫拉衚衕”,“錫拉”即“錫鑞”。這都證明“鑞”就是“錫”。“鑞”是形聲字。

鑑。金文春秋

*　盛水或冰的大容器,形如大缸,二耳或四耳。古人間或用以沐

浴,亦可作盥器;又,水中可照影,故可引申爲影子、借鑑之意。
"鑑"古作"監"(甲文 [字形] 一期),參看"監"字説解。

[字形] (水,shuǐ,十一,410)

《文》:"準也。北方之行。象衆水並流中有微陽之氣也。"

【按】甲文 [字形] 一期　[字形] 三期　[字形] 三期　金文 [字形] 戰國
中間是水脈,兩邊是水點。水點多少不固定。

例字:

沫。甲文 [字形] 一期　[字形] 四期　金文 [字形] 春秋
　*甲文字形是洗臉或洗頭髮。《説文》:"沫,洒面也。""沫"實爲
　"盥"字本義(金文可證),後來"盥"成爲器物名稱,才又造形聲字
　"沫"。

浴。甲文 [字形] 一期
　*一人洗浴之形。

涉。甲文 [字形] 一期　[字形] 一期　[字形] 四期　金文 [字形] 西周晚期
　*涉水過河。

涕。金文 [字形] 戰國
　*古"弟"、"弔"通(參看"弟"、"弔"説解)。弟年幼爲兄長送葬時泪
　落如雨狀。"弟"又兼聲。

湯。金文 [字形] 西周中期　[字形] 西周晚期
　*从"日"从"水"从"勿"("勿"在這裏指沸水的蒸氣如旗旛飄颻,請
　參看"勿"字説解),故"湯"本義是沸水。如"金城湯池"中的"湯"。

涇。甲文 [字形] 一期　[字形] 一期　金文 [字形] 西周中期　春秋石鼓 [字形]
　*葉玉森:从水从 [字形]〔即 [字形](絶本字)〕,表示水流絶流之處。金文
　字形加"土",更説明是涇潮的土地。"隰"、"涇"義同。

浮。金文 [字形] 西周晚期　戰國印 [字形]
　*手拉溺水的小孩的頭部,使之浮於水。

〲〲〲（㴇，zhuǐ，十一，411）

　　《文》："二水也。闕（指闕讀音）。"

【按】甲文 〲〲〲 一期

意不明。闕疑待考。

顋（頻，pín，十一，412）

　　《文》："水厓。人所賓附也。顰戚不前而止。从頁从涉。"

【按】《説文古本考》："頻爲瀕之省，濱乃瀕之別體字。"《説文》也説頻"从頁从涉"即"瀕"。王筠："此顰蹙之古字隸變成頻、瀕二字。瀕又作濱。"

字形是人在水濱想涉河而未能成行故皺眉之狀。也就是許慎所説"顰戚不前而止"。所以"頻"有兩個意思：一是"皺眉"。如"顰"（又作"嚬"）即从"頻"得義兼得聲。所以《紅樓夢》中賈寶玉初見林黛玉時，見黛玉有"兩彎似蹙非蹙籠煙眉"就給她取了一個表字"顰顰"。寶玉解釋説："古今人物通考曰西方有石名黛，可代畫眉之墨，況這妹妹眉尖若蹙，取這個字豈不美？"又如，成語"東施效顰"的"顰"也是皺眉之意；二是"臨近"。如"瀕臨"、"海濱"等。

〈（〈，quǎn，十一，413）

　　《文》："水小流也。《周禮》：'匠人爲溝洫，相廣五寸，二相爲耦，一耦之伐，廣尺深尺謂之〈。'倍〈謂之遂，倍遂曰溝，倍溝曰洫，倍洫曰〈〈。 〈〈〈 古文〈，从田川，田之川也。 畎 篆文〈。从田，犬聲。六畎爲一畮（畝）。"

【按】王筠："古畎字。""畎"金文 𤰃 戰國，是田地中間的水溝。《説文·〈部》下只收兩個重文而未收字。《康熙字典》〈部下無一例句，在"甽"、"畎"下則均有例句（其中最早者爲《尚書》），故可以看出許慎對"〈"的説解或由分析得出。"〈"本身並不單獨成字。

〈〈（〈〈，kuài，十一，414）

《文》：“水流澮澮也。方百里爲巜，廣二尋、深二仞。”

【按】王筠：“古澮字。川，篆作巛，省一筆爲巜，小於川也。再省一筆爲く，又小於巜也。”王說是也，至於水之大小則不必拘泥，因甲文字形本不論形體的多寡。“澮”，戰國簡𤁉。

巛（川，chuān，十一，415）

　　《文》：“毌（貫）穿通流水也。《虞書》曰：く巜距巛。言深く巜之水會爲川也。”

【按】甲文≋一期　𓏾一期　𓏾一期　金文巛西周早期

《考工記》：“兩山之間必有川焉。”“巜”只作偏旁如“巡”，戰國印𪊗𪊗。表示巡行如川流之暢。

𤽃（泉，quán，十一，416）

　　《文》：“水原也。象水流出成川形。”

【按】甲文𤽃一期　𤽃一期　𤽃四期

從山洞中流出水的形狀。《集韻》：“或作灥。”本義是山泉。

又，《周禮·地官》疏：“泉與錢今古異名。”把“錢”（貨幣）稱作“泉”，是説貨幣流行如泉，是引申義。

灥（灥，xūn，十一，417）

　　《文》：“三泉也。闕。”

【按】“泉”的異體字。見“泉”字説解。

𧮫（谷，gǔ，十一，420）

　　《文》：“泉出通川爲谷，从水半見出於口。”

【按】甲文谷一期二期五期　金文谷西周早期　谷西周中期

“公”象“水”字但不完全，表示從山中剛流出洞尚未成流的泉脈，因以指明泉之所在地。《爾雅·釋水》：“水注川曰谿，注谿曰谷。”《韻會》：“兩山間流水之道也。”又，因中國的水向東流，故東風又稱“谷風”，又稱“穀風”,即生長之風。

（永,yǒng,十一,418）

《文》:“水長也。象水巠理之長永也。《詩》曰:江之永矣。”

【按】甲文一期　四期　金文西周早期　西周晚期

古“永”、“辰”同字。字形象水脈曲折之形,从氵、彳、人。人向左向右本無區別。後來分化,向左爲“永”、向右爲“辰”。“永”,水行的意思,因水流不會枯竭,故引申爲“永遠”。或説爲“泳”的本字。

例字:

羕。金文春秋　春秋

＊水流長而美,羊聲。“漾”的本字。

（辰,pài,十一,419）

《文》:“水之衺流,別也。从反永。讀若稗縣。”

【按】古“永”、“辰”同字。“辰”、“派”音義同。“派”後出。今“一派大水”的“派”即“辰”的今字。參看上面“永”字説解。

（仌,bīng,十一,421）

《文》:“凍也。象水冰之形。”

【按】甲文一期　金文商　戰國陶

象冰凍時的坼紋,後加意符“水”成“冰”。凡冰(金文春秋)、凍、凝等从“仌”,後省作“冫”。

例字:

冶。金文西周中期　戰國

＊本義是冰凍融化。如木玄虛《海賦》:“陽冰不冶(海上向陽之處有不化的冰)。”後來引申爲金屬熔化的“冶”,如“冶鐵”、“冶煉”、“冶金”。

六、以數字爲内容的部首

《周易·十二消息卦》：

年方二八

三	六	九	十二	十五	十六－十八

复　臨　泰　大壯　夬　　乾

每長三年增一分真（陽）氣

二六	三四	四二	五十	五八	六十六

姤　　遁　否　觀　剝　坤

每長八年增一分陰氣（耗一分陽氣）

後地先天者得地中一陽之氣，上昇於天，天有二陰之氣，下降於地。二氣相交，發生萬物則爲泰卦，二氣不交，則爲否卦。

一（一，yī，一，1）

《文》：“惟初大極，道立於一，造分天地，化成萬物。”

【按】甲文、金文均作一，是數字的開始。

由於許慎的哲學思想集中地反映在他的數字觀中，所以我將詳細闡述他對數字的説解。

“惟”，發語詞。“初”，開始，這裏指天地未分之初。“極”，頂點。（極（亟）甲文作𠄎。《甲骨文字集釋》十三·3967 頁：“于省吾：古極字，又爲亟之初文。中从人，而上下有二畫，畫上極於頂，下極於踵，極之本義昭然可覩矣。”李孝定：指事也。）頂天立地，頂點。許訓“敏疾”爲後起之假借義。“大極”即“太極”，最初的頂點，《易·繫辭》孔穎達疏：“太極謂天地未分之前,元氣混而爲一,即太初、太一也。"所以,"惟初大極"是指天地未分的渾沌時期,即開天辟地之初,世界起源的意思。

"道"指道家所説主宰天地的天數、天道。注意! 許慎所説之"道",和老子所説先天地生的"道"已不同。許説是被漢代人用"天人感應"改裝過的"道"——即主宰天地的天數、天道,也就是東漢盛行之《太平經》。東漢道家學説盛行,道家《太平經》:"天數起於一終於十。""道立於一"是説天道從"一"開始分化。按《易》的説法,元氣初分,氣之輕清上浮而爲天,氣之重濁下沉而爲地,於是世界由一個渾沌的元氣中"製造"、"分解"爲天地("造分天地"),有了天和地就"變化"出萬物了("化成萬物")。所以世界是從"一"(天道)中分化出來的。"一"指天道。

二 (二,èr,十三,479)

《文》:"二,地之數也。从耦一。"

耦,偶也。兩個"一"。因地是從渾沌中分化出來,是"等分",故爲兩個"一"。

【按】甲文 **二** 一期

記數的"二"是平行、等長的兩條橫綫。《易》"天一地二",有一然後有二。所以許慎説:"二,地之數也。"就是説"二"指地。如果在"二"的兩橫中加入別的成分,就代表一天一地。如"亘"。

三 (三,sān,一,4)

《文》:"數名。天地人之道也。於文一耦二爲三,成數也。"

【按】甲文金文均作三,數字。

許慎的説解如下:段玉裁:"陳焕曰,數者,易數也。三兼陰陽之數言……老子曰一生二、二生三、三生萬物,此釋三之意。"所以要理解許慎對"三"的説解,首先要對《易》(又稱《周易》)有一個概括的認識。

顧炎武《日知録》:"《周易》相傳是伏羲畫卦、文王作彖辭(彖,一種牙齒鋒利的獸,因齒利善斷物,故當"斷"講。彖辭:每一卦的斷辭),周公作爻辭(一卦由六爻組成,如夬䷪。爻辭是對每一卦的六爻中的每一爻含義的説解），謂之經，經分上下二篇。孔子作十翼（十翼：彖傳上、下，卦辭説解，象傳上、下，卦象，繫辭傳上、下，易整體之概説，文言傳，對乾坤二卦之説明。説卦傳，前半部分是對易整體概説，後半説八卦象徵的現象。序卦傳，六十四卦排列意義。雜卦傳。六十四卦每卦特色。因順序錯雜，故曰雜），謂之傳，傳分十篇。”對易本經的作者，歷代學者有四種説法：伏羲（魏王弼，晋韓康伯）、神農（漢鄭玄）、夏禹（漢孫盛）、周文王（漢司馬遷）。這場歷史上有關易本經作者的爭論爲什麼會發生？孰是孰非？作者到底是誰？關係到對《周易》本身的理解，也關係到對許慎“三”的説解的認識，故有必要作簡略的説明。

　　首先考察《周易》産生的社會條件，即成書目的。

　　《周易正義》：“聖人作易，本以垂教。”“孔子曰，上古之世，人民無別（“人”，貴族，“民”，奴隸，“人民無別”即没有等級貴賤的區別）……故易者，所以斷天地、理人倫而明王道……於是人民乃治（等級，尊卑分清了）、君親以尊、臣子以順、群生和洽、各安其性，此其作易垂教之本義也。”很清楚，《易》是爲維護等級制而作。

　　鄭玄《易論》、《易贊》：“易一名而含三義，易簡一也，變易二也，不易三也。”什麼是“易簡”？孔穎達《正義》：“易則易知，易則易行。”《列子·天瑞》：“渾淪者，言萬物相渾淪而未相離也。視之不見，聽之不聞，循之不得，故曰易也。”總之，“易簡”就是簡單易行，故能無所不包、無所不在，萬物之象皆在其中的意思。

　　什麼是“變易”？孔穎達《正義》：“變化之總名、改換之殊稱。”“生生之道，變而相續。”所以“變易”是變化無窮的意思。

　　什麼是“不易”？孔穎達《正義》：“天尊地卑、君南臣北、父坐子伏。”所以“不易”是不改變等級制度的意思。

　　總括説來，古人認爲“易”是無所不在、無所不包、變化無窮、天經地義、亘古不變的道理。用今天的話説，“易”的三内涵是以“不易”（不改變等級制）爲目的，以變易（適當改良）爲手段適用於天地間萬事萬物亘古不變的道理。

很清楚，易本經是奴隸制走向衰微之際，爲鞏固動搖的等級制度，即爲維護統治階級的利益而作。

第二，從歷史的發展看。《中國歷史大系表》：“燧人氏、有巢氏、伏羲氏、神農氏、夏禹……”夏禹傳位於子，説明私有財産的出現即開始進入階級社會。所以易本經不可能是夏禹之前的伏羲、神農所作。而夏禹又是剛進入階級社會而非奴隸制走向衰微，所以易本經也不可能是夏禹所作。司馬遷的説法較可信，但又失之於太鑿、且佐證不足。故我的老師俞敏先生説是周初人所作是科學的、可信的。

由於古人認爲文字起源於八卦〔“蓋取諸夬”(《説文·叙》)〕，又把階級產生的歷史與文字發生史混爲一談，所以才產生易本經作者的分歧與爭論。

有了對《周易》極概括的瞭解，再來看許慎對“三”的説解就比較容易了。

由於許慎認爲文字起源於八卦(見許慎《説文解字·叙》)，所以“三，數名”的“數”不是一般的數字而是指《周易》所説的“數”，具體説，就是“天、地、人之道也”。這就是《易》圖象中(如乾☰、坤☷)畫三橫道的原因。這三橫道是指天、地、人，也稱爲“三才”。這三道就包括天上、地下、人事一切現象。這就是老子所説“一生二、二生三、三生萬物”的真諦。所以“三”在古文字、古文獻中總是指多數，有包括一切的意思。如 🌾 〰 ⺄ Ϣ 🐛 🐌 均爲以三表多數，故許慎説的“成數”是成卦象的數目。

説字形，“於文一耦二爲三”，三是由一和二這兩(耦)字構成。其中“二”指天地，是不可分之整體，加上“人”成天、地、人。“三”才是構成《易》卦象之數目，故稱“成數”(構成易之數)。

“卦”(《周易序》正義：“卦者，掛也。言懸掛物象以示人，故謂之卦。”)是怎樣畫出來的呢？具體説，易生太極(生於太極，即天)，是生兩儀〔這個“天”，生陰(‐‐)、陽(—)〕，兩儀生四象(⚌、⚏、⚍、⚎)，四象生八卦(每卦都畫三道指天、地、人)：乾☰、坤☷、震☳、艮☶、坎☵、離☲、兑☱、巽☴。所以段玉裁説：“三兼陰陽之數言。”

四 (四，sì，十四，503)

《文》：“陰數也。象四分之形。𠀁古文如此。䖝籀文四。”

【按】甲文☰一期　　☰一期　　金文☰西周早期　　⊗春秋

　　四春秋　　戰國布貨🐚　　戰國簡

　　卜辭中均作☰。于省吾、郭沫若等均以爲西周中後期始有⊗、🐚、⊗、四形。"四"本口中吸氣形,《説文》:"東夷謂息爲呬。"馬敍倫以爲鼻洟(鼻中有洟)即泗。後來以"四"代"☰"才又造出"呬"、"泗"來。

　　許慎説"四"是純粹的"陰"的數字。按《易》的説法,陰、陽是互相轉化的,陽盡而陰生,陰盡而陽生。"四"是一個純粹的陰數。如《紅樓夢》中湘雲與翠縷説陰陽本一物之消長。

🔅(五,wǔ,十四,507)

　　《文》:"五行也。从二,陰陽在天地間交午也。"

【按】甲文🔅一期　　🔅四期　　夏代黑陶✕

　　古人結繩記事,從一至九而五居其中,所以把繩交叉爲五。于省吾:"積至四畫,已覺甚繁,勢不能不化簡,於是五作✕,山東城子崖發現之黑陶屬夏代末期,五作✕。甲文均作🔅,✕爲偶見,五字之演變:由✕而✕,再由✕而🔅(《甲骨文字釋林》98頁)。所以加上下横,以易與✕(爻)混也。"

　　總之,✕(五)是一至九中處中樞地位的數字。"🔅"爲後起的字形。

　　許慎説"五"指金、木、水、火、土這"五行"(行,順天行氣之義)。"交午",《儀禮·大射禮》在談到射者所踏之"十"字時説:"若丹若墨,度尺而午。"鄭注:"一縱一横曰午,謂之畫物也。"許慎認爲"🔅","从二(指天、地)",而陰陽在天地間交叉(✕即"交午")。這就是他對"🔅"字形結構含義的分析。徐中舒:"五"是以束絲相交午之形表示相交相遘之義而爲數詞,是"悟"之借字。

🈁(六,liù,十四,508)

　　《文》:"《易》之數。陰變於六,正於八。从八入。"

【按】甲文🈁一期　　🈁三期　　🈁五期　　金文🈁西周晚期

　　丁山:"數目字六从入借來,六、入古雙聲,殷以前無別字。其字形演變則由八而∩ 八而介。"即"六"是假借字。丁説不可信,因爲人(日、緝)、六(來、覺)相去甚遠,故非假借;又,"内"(泥物)與"六"聲音亦無關。加上甲文一期入、六並存,很難説誰先誰後。且夏末黑陶爲孤證。

于省吾説山東黑陶(時代屬夏末)作八,後因與"入"混(古入、内雙聲且同名)作介形,並非从入借來。于説更可信,但仍不是,因夏陶爲孤證。

俞敏:"六"是从"陸"假借並簡化而來。陸㙟甲五,从阜夰,本義不明。金文𨸲㙟是《説文》籀文𨺅的早期字形。夰、夰《廣韻》作"兺,地蕈(xùn)也",《集韻・入韻》:"兺、蠡,草名。《説文》菌兺草薵,叢生草中,籀文从三兺。"

＊兺,覆蓋着菌類植物隆起之地面,即陸地之陸。从《集韻》看,其中

六又作介。故六是把兺簡化而成。又,六、陸均來自覺韻。

許慎説解的意思是:只有一個"天"、或一個"地"、或一個"人",都不能表示出其變化。只有兩個(一對)才能發生變化。故《周易正義》:"初有三畫,雖有萬物之象,於萬物變通之理猶未盡,故更重之而有六畫,備萬物之形象,窮天下之能事,故六畫成卦也。"又説:"立天之道陰與陽,立地之道柔與剛,立人之道仁與義,三才而兩之(天、地、人這三才每個都成兩個),故易畫六而成卦。"正因爲有了變化,从八卦中才能產生説明萬物變化的八八六十四卦,而每卦都要畫六道(如夬卦䷪)才能成列。因此,"六"是構成"易"卦的數目,所以許慎説"六"是"易之數"。

"陰變於六"的"變"是"減弱"的意思。由於"四"是純粹的"陰",从陰向陽變化(即陰減弱,陽增强)是从"六"開始,發展到"八"就是純粹的陽了,所以"八"是"正","正"是"純粹"的意思。

丅(七,qī,十四,509)

《文》:"陽之正也。从一,微陰从中衺(斜)出也。"

【按】甲文十一期　十四期

丁山:"刻物爲二,自中切斷之形,考其初形,七即切字。自借七爲專名(數字七),不得不加刀於七以爲切斷專字。"也就是説七、切古今字。

“切”不要錯寫成“切”,注意!

　　許慎的説解:“陽之正”的“之”是動詞,當“走向”講。這句話的意思是:陰從六開始減弱,陽到“七”就走向“正”(純粹)了。但“七”本身的陽還不純粹,還有微陰從中斜出。

)((八,bā,二,16)

　　《文》:“別也,象分别相背之形。”

　　【按】甲金文均作)(。在卜辭中一是數字,二是表示聲氣的發舒。

　　許慎在“六”的説解中已指出“陽”是“正於八”,即“八”是純粹的陽。在“八”説解中,許慎則指出“八”的另一含義:“別也”,也就是“分别相背”的意思。換句話説,許慎認爲“八”作爲部首,其部中所收的字有“分别”(如分、公等)、有氣向相反的方向發散(如曾、尚等)兩種意思。于省吾《釋一至十之記數字》“《説文》所釋記數字以八字爲近是……就形言之,許説與初文之義當不相違”。又,許慎的説解啓示我們,古數字從“五”以後,有的可能與假借有關。

九(九,jiǔ,十四,510)

　　《文》:“易(陽)之變,象其屈曲究盡之形。”

　　【按】甲文る一期　金文己西周早期

　　結繩記事,繩子拐兩個彎表示九,因九是十進位中末一個數,故借兩彎表示曲折、究竟之意。又,丁山、于省吾以爲“九”是古“肘”字,借爲數字後更造一“肘”字。亦可。

　　許慎説九是“陽之變”的“之”仍是動詞“走向”。“變”仍是“減弱”的意思。故許慎説“九”是陽走向減弱、即向陰發展,也就是向“一”變化。於是從一至九循環往復,天道、地道、人道無窮。正如《列子・天瑞》所説“一變而爲七,七變而爲九,九變者究也。乃復而爲一。一者,形變之始也”。

十(十,shí,三,54)

　　《文》:“數之具也。一爲東西,丨爲南北,則四方中央備矣。”

　　【按】甲文一期　金文丨西周中期　十春秋

　　結繩打一個結爲十，後因書寫工具(刀)及書寫方法(刻)之故，中間的刻成一橫。漢初"七"作"十"、"十"作"十"，以橫畫的長短區別。稍晚，又爲了與"甲"(十)區別，"七"作"七"，"甲"作"田"，"十"保留原形。

　　許慎説"十"是"數之具"，這"之"仍是"走向"。"具"，具備、完備。就是説數發展到"十"就全部完備了。部首必爲 540 部。6(陰)×9(陽)×10(數完備)＝540。另外他説"十"表示"四方中央備"則是把"十"與五行五方相配，並和"五"呼應。

　　郭沫若《釋支干》："古人以三爲衆，數欲知十，殊非易易。"他還談到今天某些民族中還以七爲最多數。又，我國神話中七日造人的傳説也證明我們祖先也曾經歷過七爲最大數的階段(如七仙女)。外國亦然，如七個小矮人。

　　最後，我把許慎對數字的説解列一簡表：

數	一	二	三	四	五	六	七	八	九	十
許説	天	地	三才(人)	陰數	五行	易之數，陰變(減弱)於六。	陽之(走向)正(純粹)尚有微陰從中衺出。	陽正(純粹)。分別、相背之義。	陽之(走向)變(減弱)。	數之(走向)具(完備)。五方配五行。
佐證			《易》："一生二，二生三，三生萬物。"郭沫若："古人以三爲衆。"《易緯》："二畫之體雖象陰陽之氣，未成萬物之象，未得成卦，必三畫以象三才寫天地雷風水火山澤之象乃謂之卦。"			《周易正義》："初有三畫，雖有萬物之象，但於萬物變通之理猶未盡，更重之以六畫，備萬物之形象，窮天下變化之能事，故易畫六而成卦。"			《列子·天瑞》："一變而爲七，七變而爲九，九變者究也，乃復變而爲一，一者，形變之始也。"＊許慎的結論：陽又向陰、向一變，於是天道、地道、人道循環而無窮。	

＊从表中可以明確看出儒道互爲表裏的陰陽五行説是許慎哲學思想的核心。這，也是我們理解掌握《説文解字》的一把鑰匙。

如想詳細瞭解許慎的哲學思想，請參考拙作《論許慎的哲學思想及其在〈説文解字〉中的表現》，載《北京師範大學學報》1989 年第 4 期。

卅（卅，sà，三，55）

《文》："三十并也。古文省。"

【按】甲文 〔甲文字形〕四期　金文 〔金文字形〕西周早期　〔字形〕春秋

古人結繩記事，打一個結是十，三個結則是三十。〔字形〕、〔字形〕、〔字形〕、〔字形〕、世、枼、葉原爲一字，是樹上有枝葉之形，《説文》"三十年一世"爲後起義。

皕（皕，bì，四，106）

《文》："二百也。讀若逼。"

【按】甲文"二百"作 〔字形〕、〔字形〕等形。金文作 〔字形〕、〔字形〕等形，均不作"皕"形。

《説文》"皕"部下只收一字"奭"（盛也，音 shì，〔字形〕、〔字形〕、〔字形〕、〔字形〕、〔字形〕、〔字形〕），是周初重要政治家召公之名。總之，"皕"在卜辭中是先王的配偶。

七、以干支字爲内容的部首

董仲舒(《精要》63頁):①以儒學爲主體,以陰陽五行理論爲骨架,以天人感應爲核心,天地人相參,儒道法互補,古今一體,萬物一統新型思維格局;②全面、系統吸收、發展了陰陽五行思想,第一個把儒與陰陽五行結爲一體,使儒學第一次有了一個系統的外在的理論框架;③吸收法家尊君集權的思想實質,淡化了其嚴酷冷峻的外在形式,在天人合一的陰陽五行框架中融合儒法思想,開啓此後兩千年封建社會"儒表法裏"或曰"陽儒陰法"的統治思想模式;④從陰陽五行出發,細緻論證了三綱五常,確定封建社會道德價值取向基本原則;⑤儒學向繁瑣和讖緯方向發展是魏晋時"玄學"(對《老子》、《莊子》、《周易》三書的研究和解釋)産生的思想根源;社會動盪、統治者内部的劇烈鬥爭,是玄學産生的社會根源;"清談"是玄學闡述和表現方式(《精要》70頁)。

＊董仲舒是陽儒陰法,儒表法裏;許慎是儒道互爲表裏。

東漢董仲舒天人感應、讖緯神學結合爲"今"服務;許慎之天人感應只用於天支,而不用於政治,爲"史"服務。

許慎將22個干支字全部列爲部首,足見其對它們的重視。現在先略述干支字的基本知識。

1. 名稱由來:

郭沫若《釋支干》:"支干之稱,東漢以前無有也。……周末有五行生勝之説出,日辰與五行相配,遂有母子之稱,《淮南子·天文訓》:'數從甲子始,子母相求。'《史記·律書》稱'十母十二子'。由母子之義變而爲幹枝。《白虎通》:'甲乙者幹也,子丑者枝也'由幹枝省而爲干支。《論衡》:'甲乙有干支。'"

總之,"干支"這一名稱始自東漢,始見於王充《論衡》。其内容則是把"甲"、"子"二組字與陰陽五行相配。天爲陽、爲母、爲干(幹);地爲陰、爲子、爲支(枝)。

2. 干支之用:

古人以干支字記日,其最古最多見者當爲卜辭。在卜辭中發現的"支干表",卜辭中支干表有二種:三旬制(甲子－癸巳)、六旬制(甲子－癸亥)。在出土甲骨中數量等(注意:把這表命名爲"支干表"是後代學者所加,並非卜辭中就有支干這名稱)。就是記日用的,後來漢章帝元和二年(公元 58)才用干支記年。

干支在卜辭中是憲書,即今之曆書。到東漢時已神秘化而講哲學了。

以天干爲内容的部首

口訣:東方甲乙木,南方丙丁火,西方庚辛金,北方壬癸水,中央戊己土。

申(甲,jiǎ,十四,513)

　　《文》:"東方之孟,易(陽)气萌動,从木戴孚甲之象,大一經曰人頭空爲甲。 古文甲。始於一見於十,歲成於木之象。"

【按】甲文、金文均作十,西周晚期有田形。

俞樾《兒笘録》:"鱗甲爲字的本義。"由於鱗甲有間隙,故引申有"裂開"之意。如"早"(見"早"字説解)。

許慎説解的意思是:"甲"與"木"相配,陰陽五行説又以"木"代東方、春天,所以許説"甲"是"東方之孟",即指"孟春"(初春)。

初春萬物復甦,所以他接着説"陽氣萌動"。

接着,他以天人感應的觀點分析字形是"从木戴孚甲之象"。既然"甲""木"相配,所以他分析字形時首先提出"木",在這兒指一切植物。"孚甲"段玉裁指出是指植物種子發芽時頂破的外殼。"从……之象"是説"甲"是六書中的"象形"。

　　爲了説明"孟"春和"萌動"(即"甲",是種子發芽之形),他更引五行家的經典《大一經》(《漢書・藝文志》:"五行家有泰一陰陽二十三卷")爲證:《大一經》曰:人頭空爲甲",把"甲"與"人頭"聯起來。

　　許慎把"天人感應"用在對十個天支字的説解,即只用於人身與自然(因農業與天有關)而不是用在政治(王權神授)方面,這是古文學派和今文學派在哲學觀點上分野之一。

　　最後,許説"始於一見於十,歲成於木之象"是説植物只有在天時適宜時才會發芽,所以"始於一"即从"一"(天道)開始(詳見"一"字説解)。"見"是"現","十"有完備的意思(詳見"十"字説解),所以"見於十"是指植物能夠成長,只有具備天時、地利等一切條件。換句話説,即當一切條件具備時才能有收成,所以他説"歲(收成)成於木之象",這"之象"二字是畫龍點睛把"甲"的字形與"木"相配。

　　爲了更好地理解許慎對天干字的説解,也爲了節約篇幅,我把許慎對干支字的説解列表如下,有此表再看許慎對"乙"至"癸"的説解就比較容易了。

内容＼名稱	甲	乙	丙	丁	戊	己	庚	辛	壬	癸
四時(天)	春			夏			秋			冬
方位(地)	東		南		中		西		北	
五　行	木		火		土		金		水	
人身(人)	頭	頸	肩	心	脅	腹	臍	股	脛	足

乁(乙,yǐ,十四,514)

　　《文》:"象春艸木冤曲而出,侌(陰)气尚彊,其出乙乙也。與丨同意。乙承甲,象人頸。"

【按】甲文 乁三期　⎰三期　乚四期　金文 乙戰國

郭沫若《釋支干》:"甲乙丙丁四字乃最古之象形文字。《爾雅・釋魚》:'魚枕謂之丁、魚腸謂之乙、魚尾謂之丙、魚鱗謂之甲'⋯⋯這四字專屬魚身,當屬漁獵時代文字。"由於《爾雅》是孤證,故學者多未首肯。唐蘭等以爲“乙”是玄鳥形。

　　俞敏老師以爲“乙”是履形。《書·湯誓》孫星衍注：“湯名履。”又曰：“主癸卒，子天乙立，是爲成湯。”《史記·殷本紀》亦載。因古人的名與字是有關係的，故知“乙”即“履”形。俞敏老師説爲是。

丙（丙，bǐng，十四，515）

　　《文》：“位南方。萬物成炳然。侌（陰）气初起，昜（陽）气將虧。从一入冂（mī），一者，昜也。丙承乙，象人肩。”

　　【按】甲文 卂一期　卂五期　金文 ◣西周早期　丙春秋　閃戰國

衆説紛紜。俞樾以爲古“炳”（光明）字；葉玉森以爲是几形；于省吾以爲物之底座。葉、于之説於字形較近而音、義無證。俞説於字形又難解釋，故均闕疑待考。

丁（丁，dīng，十四，516）

　　《文》：“夏時萬物皆丁實。象形。丁承丙，象人心。”

　　【按】甲文 ▬一期　▭五期　金文 ◼西周早期　↑戰國　戰國印 ❚

郭沫若：“魚枕”即“魚睛”，丁則爲“睛”之古字。丁、睛古音同在耕部，且今有“目不識丁”之成語。郭説備考。

　　學者多以爲是釘子的象形，故从衆。但此恐爲後起義。

戊（戊，wù，十四，517）

　　《文》：“中宫也。象六甲五龍相拘絞也。戊承丁，象人脅。”

　　“六甲”：《漢書·律曆志》“日有六甲”，故六甲指日辰。以干支記日，六十日爲一週期，其中地支與“甲”相配有六次：甲子、甲寅、甲辰、甲午、甲申、甲戌，故曰“六甲”。

　　“五龍”：指五行之神。《後漢書·方術傳》載《遁甲開山圖》：“五龍受爰皇后君也，兄弟四人，皆人面龍身。長曰角龍，木仙也；次曰徵龍，火仙也；次曰商龍，金仙也；次曰羽龍，水仙也。父曰宫龍，土仙也。父與諸子同得仙，治在五方，今五行之神也。”故戊字形指日辰與五行相配，故曰交相拘絞在一起。

【按】甲文 𠂤 一期　𠂤 二期　𠂤 五期　金文 𠂤 商　𠂤 西周早期

各種大斧之通稱。郭沫若："象斧鉞之形，蓋即古戚字。"

己（己，jǐ，十四，518）

《文》："中宮也。象萬物辟藏詘形也。己承戊，象人腹。"

【按】甲文 己 一期　𠃉 四期

郭沫若：象雉射之繳。葉玉森：象綸索之形。黃約齋：象人跪踞時身體之三折。後因古音與"躬"（自稱）均屬見紐，爲雙聲，故又借爲自身之稱。記、紀、忌、跽等从己得聲。

字形區別：巳(sì)滿、已(yǐ)半、己(jǐ)開口。

庚（庚，gēng，十四，520）

《文》："位西方。象秋時萬物庚庚有實也。庚承己，象人臍。"

【按】甲文 庚 一期　庚 四期　金文 庚 西周早期　庚 西周晚期

羅振玉等：庚爲農具中揚畚之形，象箕而有柄，故説是"康"（又作"穅"、"糠"）的本字。郭沫若以爲是古代一種有耳可搖的樂器，以聲音考之即"鉦"（"正"耕部，與陽部之"庚"爲旁轉）。《釋名》、《漢書》注中説的"庚，更也"是假借義。

卜辭中"庚"均用以記日，本義不清。

辛（辛，xīn，十四，521）

《文》："秋時萬物成而熟。金剛味辛，辛痛即泣出。从一辛，辛，辠（罪）也。辛承庚象人股。"

【按】甲文 辛 一期、四期　辛 二期、五期　金文 辛 商　辛 西周早期　辛 西周中期

辛 戰國

辛、辛、𥝐爲一字。王國維《釋辥下》指出辛、辛二字的區別"不在橫畫之多寡而在縱畫之曲直"。許慎誤將辛、辛分別立爲部首。

"辛"的本義，郭沫若以爲"刲劂"（jī jué，雕刻用的曲刀）之形。古人對俘虜行黥刑時亦用之，故引申爲罪愆、辛酸。在《子執戈父辛鼎》中有 辛 形，

中象斧鑿，兩邊象木裂卷曲，故證明郭説可信。又，學者亦以爲是"薪"（柴）的本字。成語有"負荆請罪"故知"薪"亦可用爲刑具。總之，在"辛"作爲兵器、刑具這點上衆人無分歧。我將"辛"的本義、引申義、假借義列表如下：

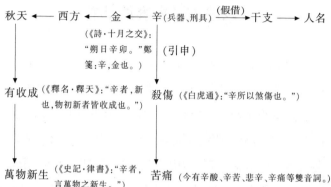

<u>王</u>（壬，rén，十四，523）

　　《文》："位北方也。会（陰）極易（陽）生，故《易》曰：龍戰于野。戰者，接也。象人裹妊之形。承亥壬，以子生之敍也。壬與巫同意。壬承辛，象人脛。脛，任體也。"

　　"承亥壬"：承，接也。亥，《説文》以"亥"有二首六身，即龍也。壬，妊娠。故"壬"是由"龍戰于野"而婦人懷妊。又，古人以生男爲嘉、吉，生女弗嘉。殷商人占卜時以生日斷吉凶，故曰"以子生之敍也"。

　　【按】甲文工一期　金文王西周中期　戰國陶王

孔廣居："壬即古妊字，亦即古任字。"丁山、葉玉森等：壬工同字。郭沫若："鑱"（chán，石針）的初文。同意孔説者爲多。林義光、高亨以爲紡織機持經綫者。

米（癸，guǐ，十四，524）

　　《文》："冬時水土平，可揆度也。象水从四方流入地中之形。癸承壬象人足。"

　　【按】甲文㐅一期　ＸＸ五期　春秋石鼓㳠

朱駿聲、羅振玉等："戣（kuí）本字。"戣，《説文》："《周禮》，侍臣執戣立於東，重兵也。从戈癸聲。"戣是兵器。"戣"三鋒矛、金文作十，正象三鋒，下象著地之柄(見《金文編》下引文)。饒炯:四葉對生。吳其昌:二矢交揆。總之,衆説紛紜,姑从朱、羅之説。

以地支爲内容的部首

十二支亦稱十二辰。《説文》中對十二支的説解有四個含義:一是訓釋十二辰字形的本義;二是以十二辰記月份。這是因爲地支指地上的情況,而月份與萬物(農業爲主)關係密切。許慎認爲萬物的生長則與陰陽二氣有關。以十二辰記月首見於西漢,《淮南子·天文訓》、《史記·律書》、《漢書·律曆志》等可證。(《爾雅·釋天》中十二月之名:陬、如、㝯、余、皋、且、相、壯、玄、陽、辜、涂,與十二支迥異);三是以十二辰記陰陽二氣之消長與萬物(主要是植物)的關係。陰陽家認爲陽氣盛則萬物生長,陰氣肅煞,故陰盛則萬物凋零。當陰氣在地上肆虐時,陽氣則潛入地下黄泉待時而動;四是分析十二辰的字形結構。

下面我將許慎對十二辰的説解列表説明。

内容 名稱	詞義	記月	陰陽之消長	萬物狀況	字形	附:記時 《漢書》載爲漢代人始	附:肖獸 始於 《論衡》 (西漢)
子	人稱	十一月	陽氣動	萬物滋	象形	夜半 11～1 時欠一分	鼠
丑	紐	十二月		萬物動 用事	象手之形	午前 1 時～3 時欠一分	牛
寅	髕	一月	陽氣動,去黄泉,欲上出,陰尚强也		象宀不達髕寅於下	午前 3 時～5 時欠一分	虎
卯	冒	二月		萬物冒地而出	象開門(天門)之形	午前 5 時～7 時欠一分	兔
辰	震	三月	陽氣動,雷電振天時也	民農時,物皆生	从乙匕,厂聲(形聲)	午前 7 時～9 時欠一分	龍
巳	巳	四月	陽氣已出,陰氣已藏	萬物見,成彡彰	爲它(蛇)之象形	午前 9 時～11 時欠一分	蛇
午	牾	五月	陰氣牾逆,陽氣冒地而出		象形	晝間 11 時～1 時欠一分	馬

内容名稱	詞義	記月	陰陽之消長	萬物狀況	字形	附:記時《漢書》載爲漢代人始	附:肖獸始於《論衡》(西漢)
未	味	六月		五行,木老於未	象木重枝葉	午後1時～3時欠一分	羊
申	神	七月	陰氣成體		从臼自持也	午後3時～5時欠一分	猴
酉	就	八月		黍成,可酎酒	象古文酉(酒)之形	午後5時～7時欠一分	鶏
戌	威	九月	陽氣微,陽入於地	萬物畢成,五行土生於戊盛於戌。	从戊一,一亦聲	午後7時～9時欠一分	狗
亥	荄	十月	微陽起,接盛陰		从二(古文上)一人男一人女,从乙,象懷子咳咳之形。	午後9時～11時欠一分	猪

　　“刻”(刻度),古人以漏箭候時,一晝夜作百刻,折合一時爲4.16刻,4舍5入即4.2刻,故一辰≃5刻,一刻約等於24分鐘(故今一時4刻)。“午時三刻”即11時48分,進入第49分,相當於今天的11點48分－12點12分之間,一進入“午時三刻”就馬上到12時了。

　　但從“1975年在湖北雲夢睡虎地出土的秦代竹簡,其中《日書·盜者》記載用生肖占卜”(曹先擢《漢字文化漫筆》101頁)看,秦代已有生肖之制。

　　另外漢代人還以十二辰記時,趙翼《陔餘叢考》“一日十二時始於漢”可證。此說於《漢書·五行志》與《翼奉傳》中首見。郭沫若以爲是漢武帝通西域後受西方影響所致。又,以十二辰記肖獸,一說爲漢武帝通西域時由月氏康居等傳入。故西漢時已流行,見於文字則始於《論衡》。又,郭沫若《釋支干》第27頁(新版)說,巴比侖、埃及、印度均有十二肖獸,然均不甚古,肖獸之輸入至遲在新莽時,《新莽嘉量》有“龍在己巳”爲另一說。記時,記生肖在《說文》中反映不多。記時只在“未”中有,記肖獸只在“亥”中出現。

🐍(子,zǐ,十四,525)

　　《文》:“十一月易气動,萬物滋。人以爲偁。象形。 🐍古文子,从巛,象髮也。　[籀文字形] 籀文子,囟有髮,臂在几上也。"

【按】甲文[字形]一期　[字形]四期　金文[字形]西周早期　[字形]西周中期　[字形]西周晚期

羅振玉:"[字形]與許書所載籀文'子'頗近,但無兩臂及几耳……與卜辭亦略同。惟[字形]、[字形]等形則不見於古金文,蓋字之省略急就者。"

葉玉森、容庚以爲十二辰的"子"和"子某之子"的"子"實爲兩個字。十二辰的"子"是[字形],象子戴頭髮之形。而"子某"的"子"和十二辰的"巳"爲[字形]、[字形]、[字形],是小兒在襁褓之形。二者在卜辭中絶不相混,因"子""巳"音近而二字形體不同之故。容、葉之説爲是。商《小臣艅犀尊》銘文"丁子王省夔畣……"之"丁巳"作"丁子"可證。

卜辭中族長稱"子",王、卿皆然。因爲"在血緣紐帶還起相當大作用的階級社會初期,確切的父系血統,對世襲貴族具有重大意義"(《古文字研究》1集323頁)。不僅中國如此,古代瑪雅人稱貴族爲"父母親的兒子",古羅馬人稱貴族的詞之本義爲"父親的"。

[字形](丑,chǒu,十四,529)

《文》:"紐也。十二月萬物動用事。象手之形。日加丑,亦舉手時也。"

【按】甲文[字形]一期　[字形]三期　金文[字形]西周早期　[字形]春秋

郭沫若:"象爪之形,當即古爪字。"徐灝:"丑之本字象人手有所執持之形,假借爲辰名耳。"葉玉森:"手之古字。"竊以爲葉説爲是,即"手"的古字,爲了與"又"(右手)區別,故曲其三指。又被假借爲十二辰之名,因此又造一"手"字,遂分化爲"手"、"丑"二形。今"丑"爲"醜"之簡化字,切勿將此二字相混。醜从酉从鬼,即酒鬼,故形象醜陋。而丑借爲地支之二位,本爲"扭"之初文。

[字形](寅,yín,十四,530)

《文》:"髕也。正月易气動,去(離開)黃泉欲上出,会尚强也。象[字形]不達髕寅於下也。[字形]古文寅。"

髕，膝。《六書故》引爲膝蓋骨，如古五刑之一是剕，即割去膝蓋骨（夏刑）。商時甲文作剕，周沿用，如孫臏即受此刑者。

《説文》之説：因古人認爲人一歲才生髕，才能走路，所以"寅"是陽氣的髕，陽才開始"去黄泉欲上出"，但因陰氣尚强，所以"宀（mián，深屋）不達"，即達不到走出屋外的程度。故寅在"宀"下，即只能在屋内走動。

夏代曆以寅爲正月，殷曆建丑爲正，周曆子正，秦曆建亥。漢武帝改爲太初曆與夏曆吻合，而沿用至今。

【按】甲文 𡧫 一期　　𡨗 五期　　金文 𡧫 西周早期　　𡩟 西周晚期　　𡩃 戰國

兩手扶矢向前以表示行進之意，後來箭頭擴大作"宀"，字形成了"寅"。郭沫若："寅字最古者爲矢形、弓矢形，與引、射同義。"又，葉玉森以爲 宀 象高屋，𡧫 象一人束帶形，故本義爲"敬束帶於廟堂之上，持身以示敬"。其實"寅"表示"敬"（如《尚書》中的"寅"字在《史記》中多引作"敬"）是引申義，其原因正如郭沫若所説："蓋矢乃急進之物，而躬（射）則古人以之觀德者也。"

𝌆（卯，mǎo，十四，531）

《文》："冒也。二月萬物冒地而出，象開門之形，故二月爲天門。

𝌆 古文卯。"

【按】甲文 𝌆 一期、五期　　金文 𝌆 商　　𝌆 西周晚期

羅振玉："卯之誼不可知，然觀卜辭所載……當爲薦於廟之牲也。"由此有人釋"卯"爲牲體剖爲兩半之形。備考。

王國維："卜辭屢言卯幾牛……以音言之，則古音卯劉同部，疑卯即劉之假借字。《釋詁》：'劉，殺也。'"王國維之説可信。今再引陳直"訓劉爲殺爲殷周人之習語。卜辭省劉爲卯，省其太半，猶盤庚作舟庚也"。這一説法爲王説之旁證。

𠨷（辰，chén，十四，532）

《文》："震也。三月易气動，雷電振，民農時也，物皆生。从乙匕，匕象芒達。厂聲。辰房星，天時也。从二。二，古文上字。𠨷 古文辰。"

【按】甲文 ☐一期　☐四期　☐五期　金文 ☐西周早期　☐西周中期
☐西周晚期

衆説紛紜。顧鐵僧、吴紹瑄、唐蘭等認爲"辰"是厴殼動物（蛤、蝸牛之
類），☐是殼，☐是伸出之肉足；陸懋德以爲是犁頭（☐）；郭沫若："辰之甲
金文形有二類，其一上呈貝殼形作 ☐、☐；又其一作磬折形作 ☐、☐……
余以爲辰實古耕器，其作貝殼形者，蓋厴器也。《淮南子·氾論訓》：'古者
剡耜而耕，摩厴而耨。'其作磬折形，則爲石器也。《本草綱目》：'南方籐州
墾田，以石爲刃。'……要之，辰本耕器，故農、辱、蓐、耨諸字从辰。星之名
辰，蓋星象與農事大有攸關。"

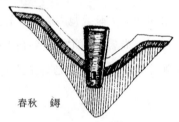

春秋　鎒

郭沫若之説精妙。因爲从出土的青銅鎒看（見上圖），是片狀、刃部較
寬的除草工具。原爲大蚌片（即《淮南子》所載："摩（磨）厴（蚌片）而耨"）
或鋒利的石塊（即《本草綱目》所載"以石爲刃"）。時代發展後爲木制、金
屬制。故"耨"、"耨"、"鎒"古同字。又，从半坡遺址出土的農具有石、木、
骨、陶、蚌、牙制者。總之，考古發掘及古文字都證實郭説正確。

原始農業約發生於一萬年前，是从婦女採集植物的經濟活動而來。
所以農業的發明是婦女的功勞。

☐（巳，sì，十四，533）

《文》："巳也。四月易气已出，会氣已藏，萬物見，成彣彰，故巳爲
它（蛇）象形。"

【按】甲文 ☐一期　☐四期　金文 ☐西周早期　☐西周晚期　☐春秋

小兒在襁褓中之形。葉玉森、郭沫若以爲"子"之異體。詳見"子"字
説解。

＊（午，wǔ，十四，534）

　　《文》："牾也。五月易气牾屰（逆），陽氣冒地而出也。象形。此與矢同意。"

　　【按】甲文 ８ 一期　＊ 三期　＊ 四期　金文 ＊ 商　＊ 西周早期　＊ 戰國

朱駿聲：午，杵也。羅振玉：馬策（馬鞭）之形。郭沫若：索形，而御从之。今人多同意"午"是"杵臼"之"杵"的説法。卜辭中皆用爲支名。

＊（未，wèi，十四，535）

　　《文》："味也。六月滋味也。五行木老於未，象木重枝葉也。"

　　【按】甲文 ＊ 一期　＊ 三期　＊ 五期　金文 ＊ 西周—戰國

李孝定：昧的本字，象樹木枝葉重疊之形，因有"幽昧"、"暗昧"之義；郭沫若："古未、采（穗）實爲一字。"其理由一是从"样""釐"等字形中的"未"作 ＊、＊ 形考證出"未者，采（穗）也"。二是古音未、采可通轉。郭説供參考。

＊（申，shēn，十四，536）

　　《文》："神也。七月会气成體，自印束。从臼，自持也。吏以餔時聽事。申旦政也。＊，古文申。＊，籀文申。"

　　"神"，段玉裁以爲是"申"之誤，因"神"講不通。段説正確。"自印束"，"印"，伸也。"束"，約束、屈詰也。説陰氣成體後自行伸屈。"从臼自持也"講字形从"臼"，臼，《説文》"自持也"。"餔"，申時食、夕食，"朝以聽政，夕以修令"（段注），説古人在夕食之後修令所聽之事。"申"是"旦政"（朝聽政）的體現。申，午後 3 時至 5 時。

　　【按】甲文 ＊ 一期　＊ 三期　金文 ＊ 商　＊ 西周中期　＊ 春秋

《玉篇》、《六書故》："古伸字，象脅骨之伸。"郭沫若："象一綫聯結二物之形。"今人多以爲象閃電激蕩屈伸之形。

　　"申"古義有三：重（《釋詁》）、束（《淮南子·原道訓》）、伸（《廣雅·釋詁》）。

今天只保留一個"伸張"的意思。並又造一"電"爲閃电之意,因爲有閃电必有雨,故加"雨"頭。《説文》所釋的"从臼"的字形是漢代後起字。

西（酉,yǒu,十四,537）

《文》:"就也。八月黍成,可爲酎酒。象古文酉（酒）之形也。

古文酉。从丣。丣爲春門,萬物已出。丣爲秋門,萬物已入。一,閉門象也。

丣,許以爲"酉"之古文。誤。

甲文卯作 僅一見。此説見《釋支干》24 頁。

【按】甲文 一期　 三期　 四期　金文 商　 西周中期

象酒罈中有酒之形。古"酒"字。《六書正譌》:"酉,古酒字,象器中半水。"

戍（戌,xū,十四,539）

《文》:"威也。九月易气微,萬物畢成,易不入地也。五行土生於戊,盛於戌。从戊一,一亦聲。"

威,滅的古字。九月秋天爲萬物滅殺之季節。

【按】甲文 一期　 五期　金文 西周中期　 春秋

平口大斧之形。葉玉森:古"戚"（兵器）字。

亥（亥,hài,十四,540）

《文》:"荄也。十月微易起接盛会。从二。二古文上字也。一人男,一人女也。从乚,象裹（懷）子咳咳之形也。《春秋傳》曰:亥有二首六身。 古文亥。亥爲豕,與豕同。亥而生子,復從一起。"

荄,草根。徐鍇:草木枯莖。

【按】甲文 一期　 五期　金文 西周早期　 西周中期　 戰國陶

郭沫若以爲象異獸之形"但不知何物"。

从甲文字形看,在"豕"的一條腿上加一短畫是爲了説明腿之特殊。故今人多同意"亥"是白蹄豬的説法。

　　從卜辭看，亥除爲地支之外，還爲殷先王亥，字形也作𩾏，表明是"玄鳥"的後裔。《春秋傳》曰亥有二首六身，大約是古王亥之傳説所致。

　　又《吕覽·慎行·求人》："子夏之晋，過衛。有讀《史記》曰'吾師三豕涉河'。子夏曰，非也，是'己亥'也。夫'己'與'三'相近，'豕'與'亥'相似。"故許慎説亥、豕形同（請參閲拙著《从文化學的角度看漢字的史料價值》論述从燕、乙、雥三字構形證商史）。

　　把牛、羊、豕等分得很細，如羒（白羝羊）、羳（黄腹羊）、羖（夏羊雄者）……是遊獵社會生活的遺跡。

＊ ＊ ＊　　　＊ ＊ ＊　　　＊ ＊ ＊

　　總之，求干支字的本義，問題甚多。尚待大家共同努力。

附録一：

甲骨文分期

　　學術界多同意董作賓在《甲骨文斷代研究例》中提出的五期劃分。現在我附上立國年代、在位年數列表如下：

一期：104 年

　　商王武丁（1254B.C,在位 59 年）及其以前諸王。

　　＊以前諸王指盤庚（1324B.C,在位 14 年）、小辛（1296B.C,在位 21 年）、小乙（1275B.C,在位 10 年）。另小乙前有湯（1711B.C）—陽甲共十九位王。

二期：40 年

　　祖庚（1195B.C,在位 7 年）

　　祖甲（1188B.C,在位 33 年）

三期：14 年

　　廩辛（1155B.C,在位 6 年）

　　康丁（1149B.C,在位 8 年）

四期：17 年

　　武乙（1143B.C,在位 4 年）

　　武丁（1139B.C,在位 13 年）

五期：98 年

　　帝乙（1136B.C,在位 35 年）

　　帝辛（1099B.C,在位 63 年）

　　＊①共 273 年。

　　②子、午、自三組根據近年研究,歸入一期。

　　③董作賓分期之根據：世系、稱謂、貞人、坑位、方國、人物、事類、文法、字形、書體。

附録二:

金文分期

銅器分期意見較分歧。現求同存異分期如下:

Ⅰ商代銅器

Ⅱ周代銅器

　1.西周銅器　公元前 11 世紀—公元前 771 年。約 300 年。

　早期:武王發(1066B.C)—昭王瑕(1000B.C)中經成王誦、康王釗。

　中期:穆王滿(976B.C)—夷王燮(869B.C)中經共王繄扈、懿王囏、孝

　　　王辟方。

　晚期:厲王胡(857B.C)—幽王宮湦(781B.C)中經共和(14 年)、宣王

　　　静。

　2.東周銅器

　春秋(770B.C——476B.C)共 294 年,十四位王。平王宜臼、桓王林、

　　　莊王佗、釐王胡齊、惠王閬、襄王鄭、頃王壬臣、匡王班、定王瑜、

　　　簡王夷、靈王泄心、景王貴、悼王猛、敬王匄。

　戰國(475B.C——221B.C)共 254 年,十一位王。元王仁、貞定王介、

　　　哀王去疾、思王叔、考王嵬、威烈王午、安王驕、烈王喜、顯王扁、

　　　慎靚王定、赧王延(59 年),後亂 35 年,秦於 221B.C 滅齊統一全

　　　國。

附録三：

筆畫檢字表

説　明

*《説文解字》部首的筆畫按《説文通檢》的筆畫。有的部首的筆畫與今天的筆畫明顯不合者，在按原筆畫收字的同時，按今天通行的筆畫再收一次。如：

上，《説文通檢》二畫（丄），今爲三畫，則二、三畫中均收之。

㐱，《説文通檢》七畫，今爲八畫，則七、八畫中均收之。

臣，《説文通檢》六畫，今爲八畫。

殺，《説文通檢》十一畫，今爲十畫。

……

* 每一筆畫所收字中，《説文解字》部首放在前面，然後空一行，再收同筆畫的例字。

* 例字偏旁筆畫統一如下：

"艹"（三畫）；"言"（七畫）；"夂"（三畫）；"辶"（三畫）；

"水"（四畫）；"阝"（三畫）；"父"（四畫）；"礻"（四畫）；

"衤"（五畫）；"釒"（八畫）；"忄"（三畫）

* 有些例字是在對部首講解中出現，因此將此部首以括號附於此字之後。如：

内（人），説明"内"字在講解部首"入"字中出現。再如：杵（午）；甽（く）；孕（身）；殷（㫃）；郁（勹）；康、穄、穅（庚），等等。

一　畫

一	209	丨	108	丶	151	く	206
乙	169	丿	154	亅	103	乀	155
乚	153	乙	220				

二　畫

丄(上)	162	八	215	凵	48	丩	194
十	215	又	58	𠂇	66	乛	168
卜	87	刀	137	乃	52	丂	52
入	154	厶	140	冖	111	弓(弔)	192
冂	131	人	1	匕	3	㇗	3
儿	2	卩	6	勹	2	厶	159
厂	136	巛	206	厂	154	匸	153
匚	149	二	210	力	140	几	153
七	214	九	215	丁	221	了	20
乂(刈)	154						

三　畫

三	210	士	19	屮	185	小	159
口	48	彳	80	彑	84	干	100
寸	62	幺	114	刃	138	六	141
工	30	亐(于)	52	亼	123	夊	77
夂	78	久	6	才	189	毛	190
口	75	夕	197	宀	127	冃	111
巾	112	尸	20	彡	33	山	199
广	135	丸	59	彐	174	大	7
扌	8	矢	9	尢	10	川	207
女	15	亡	47	弓	104	廾	170
己	222	子	225	巳	228	土	202
上(上)	162						
凡	148						

四　畫

王	101	气(乞)	199	牛	171	止	72

牙	56	収	68	双	68	爪	66
卂	67	支	65	殳	103	攴	64
爻	87	予	130	爿	138	曰	51
兮	53	丹	155	井	125	木	186
之	189	币	193	釆	193	日	195
月	196	冊	144	片	146	凶	90
朩	117	冃	111	市	112	从	11
比	11	壬	23	毛	29	尺	63
方	32	先	41	欠	56	旡	57
丏	153	文	32	勿	106	犬	176
火	157	夭	9	亢	24	夊	208
夫	10	心	24	水	205	毋	28
不	190	户	133	手	57	斗	152
氏	5	戈	100	斤	151	巴	22
五	213	六	213	内(厹)	180	午	229
壬	223	厷	17	丑	226	冄(冉)	42
介	2	化(匕)	3	弔(弟、叔)	29、123	巨(矩)	30
及	58	尹	61	友	58	引	105
匹	149	升(斗)	152	勾(句)	194	少	160
切(七)	214	瓦	135	内(入)	154	中(史、叀)	60、107

五 畫

示	85	玉	95	半	160	씨	72
正	77	疋	76	只	53	句	194
古	50	史	60	聿	61	皮	118
用	137	目	43	白	38	疒	173
玄	115	少	26	左	66	甘	55
可	53	号	52	皿	141	去	140
矢	104	出	74	生	190	禾	88
旦	195	禾	119	瓜	123	穴	130
疒	146	白	121	北	11	丘	199
兄	21	司	18	厄	91	印	6
卯	11	包	7	屵	201	石	136、203
永	208	夲	193	齐	9	立	19
瓦	135	民	13	氏	5	戊	101
矛	102	它	182	田	160	且	86

丙	221	四	212	宁(貯)	136	甲	219
卯	227	戊	221	未	229	申	229
央	8	勾(勹)	47	主	151	布	112
匝	149	占(卜)	87	乎(号)	53	右(又)	58
市(巿)	113	冬(糹)	115	外	197	由(甾)	150
令	124	丕(不)	191	尼	20	卉(屮)	185
囚	75	幼	114	宄	129	孕(身)	12
尻	20						

六　畫

艸	185	吅	48	此	74	行	79
册	146	舌	55	卅	217	辛	34
共	71	聿	61	臣	14	自	39
羽	170	羊	173	絲	114	受	70
死	27	冎	26	肉	27	刎	139
耒	139	竹	186	旨	56	虍	177
血	155	缶	142	舛	73	灷	187
狄	106	有	59	多	197	束	188
米	122	臼	144	朱	122	网	147
而	112	似	12	冄	13	衣	109
老	22	舟	148	兆	32	先	81
后	18	色	41	由	23	屾	200
危	202	而	41	亦	23	交	10
囟	24	辰	208	至	106	西	171
耳	39	臣(臣)	40	曲	150	弜	105
系	115	虫	181	刕	140	开	161
自	201	厽	137	戍	230	亥	230
企	1	伏(勹)	3	任(壬)	233	夸	8
伐	101	字	128	刖	138	向	48
宅	127	吏(史)	60	夙(奶)	71	托(乇)	190
合	124	迂	83	丞	69	匡	149
好	16	戌	100	在(才)	189	行李(史)	61
迅(卂)	170	早(是)	77	年	120	守	129
回	75	巩	68	冰	208	寺	63
牝	172						

七　畫

八　畫

炙	159	夅	35	㳄	206	雨	198
非	70	門	133	畄	150	弦	106
金	203	阜	201	叕	162	亞	99
庚	222	革	117	臣	40	㡭	113
姓	16	妻	16	妾	16	享	89
兒（儿）	2	姼（㠯）	4	羌	173	垂（𡍮）	191
宗	128	倪（儿）	2	官	128	沫	205
盲（亡）	48	宜	129	或	100	采	187
法（灋）	178	直	43	泳（永）	208	叔	123
杰（傑）	81	沛（米）	193	杵（午）	229	乿	28
果	187	杯（不）	191	受	66	征（正）	77
牧	64	析	187	肺（市）	113	典	147
育（㐬）	18	服（印）	6	其（箕）	141	刻（㓞）	139
物	172	若（叒）	188	刜（副）	26	事	60
迥（冋）	132	延（㢟）	84	彣（彤彡）	155	承	69
所	152	炊（疾）	146	使	60	函	104
爭	67	斧	152	夜	197	甽（く）	206
侖	124	並（竝）	19	帚	112	斦（旂）	107
呬（四）	213	卒（卒）	110	阿（阿）	199	泗（四）	213
取	39	坰（冋）	132	妻（畫）	62	季	120
兩（㒳）	149	臽（陷）	145	奉	69		

九　畫

是	77	品	49	音	54	革	117
夏	44	眉	46	盾	103	自	46
壴	97	食	118	亯	89	畐	89
韋	74	鹵	192	香	121	峀	190
韭	123	重	194	頁	37	面	38
首	38	臮	38	苟	88	兔	178
思	24	泉	207	飛	170	黽	179
垚	203	癸	223	弄	20	風	169
臤	33	臥	33	舁	77	酋	151
鬼	22						
保	1	侶（呂）	29	祐（示）	86	拱（収）	68
拯（㲳）	69	神	229	室（宮）	130	祠（示）	86

旁(方)	32	奚	9	恭(心)	25	殊	26
隻	59	索	115	夏	78	班(頒)	97
瓟	135	倫	124	閉	133	剝(彔)	144
竚(宁)	136	疾	146	般	148	匪	149
託(乇)	190	畢(華)	170	羔	174	羞	174
展	31	師	201	朕(舟关)	148	栽(灾)	158
歆(晦)	161	屢(履)	76	娥	103	狼烟	139
胭脂(青)	156	狼藉(丯)	138				

十一畫

殺	103	教	64	習	170	奞	168
鳥	166	麥	79	巢	171	麻	117
瓠	123	豚	175	鹿	178	魚	183
鹵	126	聟	28	率	171	菫	156
寅	226	黃	157	奢(夸)	155		
敗	64	啟	59	匙(匕)	4	埶(藝)	67
逮(隶)	62	進	82	埶	67	埜(野)	203
埶	67	執	67	第(弟)	30	基	203
苙(立)	19	菽(未)	122	毀(毇)	119	棲(西)	171
梳(臣)	40	栖(不)	191	罔(阿)	199	殍(受)	70
掬(臼)	69	採(采)	180	戚(戊戌)	222、230	陵	202
陷(臽)	145	陲(巠)	191	深(窎)	130	族	108
陸	202	郭(章)	133	綏	113	烹(亨享)	89
宿	129	責	143	理(史)	60	閒	133
兼	208	絅	131	終	115	訥(向)	154
閈	133	春	145	區	150	帚(宫)	130
晨(晨)	71	偪(逼)	90	國(或)	75	梏(告)	50
康	136	處	177	産	190	戕(臧)	100
專	63	窋	40	達	83	堅	34
寇	64						

十二畫

蜉	185	晶	49	羹	34	異	71
畫	61	晌	217	崔	168	筋	28

十三畫

頌(珪)	97	戣(癸)	223	電	198	盐(鹽)	127
盞	142	觡(角)	91	溼(濕)	205	裏	109
載	108	蜀	181	塞	31	雉	167
與	70	搬(般)	148	福(畐)	90	節	186
雍(予)	130	量	195	禽	180	奥	129
夢	46	腹(身)	12	新	152	遲(遲)	84
解	91	遣	83	盟	134	債(責)	143
聞	40						

十四畫

蕁	186	誩	54	㫃	71	熒	118
鼻	39	箕	141	龸	11	齊	192
覞	47	熊	179	辡	55		
監	142	戴(市)	113	蜚(飛)	170	嘉	97
裨	110	慕	25	榮	187	熒	187
蔑	46	貌(皃)	41	聚	12	毓(去)	18
舞(無)	73	樓	76	魄(霸)	198	踞	222
榺(辰)	228	肇	61	數	76	對	34
僕(業)	34	鳳	169	滷(鹵)	126	端(耑)	190
緒	194	賓	129、144	瘦(叟)	59	赫(赤)	158
耤(耕)	139	鳴	166	廓(享)	134	厭	176
寢(帚)	130	箙	186	瘩	47	窬	47
漁	183	夐(夏)	44	疑	41	適	84
寡	127	臧(臤)	100	寧	128	盡	142

十五畫

犛	172	齒	56	楷	88	履	75
歙	57	龜	184	餌	202	冒	180
寮	127	鑄	204	駕	175	駒	176
駟	176	徹	80	遲(遲)	84	稷	120
樊	69	蕊(惢)	26	舊(臿)	46	魯(魯)	97
穈(糠庚)	222	蕽(蕁)	186	黎(㕛)	126	稻	122
熟(孰)	67	盥	142	慶	78	璜(珪)	96

十六畫

十七畫

十八畫

饈（羞）	174	蟬	181	彝（彑）	175	關	133
離	167	雙	59	嚚	49	觴	91
顏	37	題	37	簪（先）	41	雜（雧）	168
鎛（辰）	228	攀（奴）	68				

十九畫

羅	147	瀕	206	鯉	91	獸（嘼）	180
顚	37	羶（羴）	174	贊（先）	81	勴（樂）	55
韡	113	蠅	183				

二十畫

繭（卒）	35	競	54	嚷（襄）	109	鼇	126
譬	36	壤（襄）	110	麗	178	霸（魄）	198
闞	133	攘（襄）	110	懸	38		

二十一畫

癑	46						
鶿	126	瀘（法）	178	鑊	204	驂	176
囂	49						

二十二畫

鱻	183						
懿	25	鑑	142、204	饗（予）	130	囊（橐）	143

二十三畫

鑣	167	龔（恭）	25	鑯	204	顯	37

二十四畫

鑣	167	鹽	127